2021
长江航运发展报告

交通运输部长江航务管理局　编

人民交通出版社股份有限公司
北　京

图书在版编目（CIP）数据

2021长江航运发展报告/交通运输部长江航务管理局编. —北京：人民交通出版社股份有限公司, 2022.6
ISBN 978-7-114-17969-3

Ⅰ.①2… Ⅱ.①交… Ⅲ.①长江—航运—研究报告—2021 Ⅳ.①F552.75

中国版本图书馆CIP数据核字（2022）第080732号

2021 Changjiang Hangyun Fazhan Baogao

书　　名：	2021长江航运发展报告
著　作　者：	交通运输部长江航务管理局
责任编辑：	钱悦良
责任校对：	席少楠
责任印制：	刘高彤
出版发行：	人民交通出版社股份有限公司
地　　址：	（100011）北京市朝阳区安定门外外馆斜街3号
网　　址：	http：//www.ccpcl.com.cn
销售电话：	（010）59757973
总　经　销：	人民交通出版社股份有限公司发行部
经　　销：	各地新华书店
印　　刷：	北京盛通印刷股份有限公司
开　　本：	787×1092　1/16
印　　张：	15.5
字　　数：	340千
版　　次：	2022年6月　第1版
印　　次：	2022年6月　第1次印刷
书　　号：	ISBN 978-7-114-17969-3
定　　价：	238.00元

（有印刷、装订质量问题的图书由本公司负责调换）

主编单位

交通运输部长江航务管理局

参编单位

上海市港航事业发展中心
江苏省交通运输厅
浙江省港航管理中心
安徽省交通运输厅
江西省高等级航道事务中心
山东省交通运输厅
河南省交通事业发展中心
湖北省交通运输厅港航管理局
湖南省水运事务中心
重庆市港航海事事务中心
四川省航务海事管理事务中心
贵州省航务管理局
云南省航务管理局
陕西省水路交通事业发展中心
长江海事局
长江航道局
江苏海事局
长江口航道管理局
长江三峡通航管理局
长江航运公安局
上海海事局
上海组合港管理委员会办公室
舟山市港航和口岸管理局
武汉新港管理委员会
上海航运交易所
重庆航运交易所
宁波航运交易所

编 委 会

主　　任	付绪银

副主任	阮瑞文　魏志刚　邱健华　陈　凯　李　江　黄克艰
	徐开金　严家君　梅正荣　王竹凌　江宗法　易宗发
	高立平　王　东　伍云辉　许足怀　汪伯涛　易　矗
	吴　鹏　唐安慧　唐选科　陈　俊　徐　伟　王建斌
	许贵斌　郑卫力　桂　斌　吴红兵　钱建国　锁旭东
	李　瑛　刘　越　罗忠义　程小龙

委员	关秀光　殷国祥　吴永平　司武国　刘维文　韩　明
	于　宁　刘　迪　李黎明　韩　玲　杨钱梅　周　刚
	陈体前　刘小兵　罗　军　费中强　熊小元　李文正
	孔凡军　严　冬　夏大荣　陈新岩　梅磊落　黎　云
	王海虹　陆　阳　张磊磊　李世刚　甘明玉　王洪峰
	刘方来　李青云　朱学斌　王开荣　徐厚仁　沈延虎
	罗　鹏　李　华　杜经农　金其强　彭书华　欧阳帆
	董鸿瑜

主　编	付绪银
副主编	邱健华
执行主编	金其强　彭书华

编写工作组

组　　长　彭书华

副 组 长　欧阳帆

编　　写　刘　涛　易巧巧　胡　裕　姜丰怡　金新广　邓中辉
　　　　　　　胡　方　郭　君　李　威

成　　员　支　玮　李浩然　付昌辉　代如亮　万　澍　周永盼
　　　　　　　卢巧琳　马　静　陈红梅　延羽丰　王晓明　陈德蔚
　　　　　　　王巍橙　刘冬冬　胡安羚　马国团　朱元章　翁　扬
　　　　　　　朱晶晶　潘　杰　林青涛　杨泽慧　吴紫明　史甜甜
　　　　　　　王家斌　黎　智　赵瑜颉　赵　雨　姜鸿燕　马　斐
　　　　　　　孙　娜　刘　斌　刘　铿　徐以刚　张贵宾　余祖强
　　　　　　　刘尊稳　殷惠广　冯　凯　陈淑媚　张海泉　李　恒
　　　　　　　王　娇　谢　静　刘海嵩

审　　稿　胡利民　沈友竹　阮成堂　彭东方　何兴昌　徐培红

前　言

　　2021年，是党在历史上具有里程碑意义的一年，如期全面建成小康社会、实现第一个百年奋斗目标，开启全面建设社会主义现代化国家、向第二个百年奋斗目标进军新征程。党中央、国务院印发《国家综合立体交通网规划纲要》，为未来交通运输事业发展绘制了宏伟蓝图，指明了前进方向。习近平主席在第二届联合国全球可持续交通大会上的主旨讲话中指出，交通成为中国现代化的开路先锋，赋予交通运输新的历史使命和战略定位。韩正副总理在推动长江经济带发展领导小组全体会议上强调，要加快长江黄金水道建设，推进航道、船舶、港口和通关管理"四个标准化"，大力发展多式联运。交通运输部发布《长航系统"十四五"发展规划》，长江航务管理局印发《深入推进长江航运高质量发展任务清单》，确立长江航运"一个主题、四个发展、五个保障"的总体发展思路，实现了"十四五"良好开局，开启了高质量发展新征程。

　　2021年，交通运输部和长江水系的上海、江苏、浙江、安徽、江西、山东、河南、湖北、湖南、重庆、四川、贵州、云南、陕西等14省市各级交通运输部门，深入贯彻落实党中央、国务院决策部署和国家"十四五"规划纲要，完整、准确、全面贯彻新发展理念，把落实好《交通强国建设纲要》《国家综合立体交通网规划纲要》作为长江航运工作的重中之重，服务国家重大战略实施，深入推进长江航运高质量发展。推动长江内河高等级航道建设和港口综合服务功能提升，以多式联运为重点补齐短板，一批航道及通航设施、港口物流等项目陆续完工或开建，长江干线武汉至安庆段6米水深航道整治工程投入试运行，"黄金水道"通航能力实现再次飞跃；加快运输船舶等技术装备升级，完善港口多式联运、便捷通关等服务功能，创新多式联运组织模式，有效加强供需对接，服务保障物资运输，货物运输量和港口吞吐量规模不断壮大、增速保持在合理区间，助力长江经济带成为畅通国内国际双循环的主动脉。聚焦安全生产三年行动专项整治、全力避免疫情通过运输环节传播、保障重点物资运输和国际物流供应链畅通，安全生产形势总体稳定，疫情防控和服务保障工作总体平稳有序。深入贯彻习近平生态文明

前 言

思想，全面落实《中华人民共和国长江保护法》和交通运输领域碳达峰要求，建立健全船舶和港口污染防治长效机制，积极扩大新能源、清洁能源在长江航运领域应用，污染防治攻坚战深入开展，绿色航道、绿色港口加快建设，推动长江航运发展建立在资源高效利用和绿色低碳发展的基础之上。强化创新引领，推进重大科技项目实施，关键核心技术攻关取得重要进展，基础设施数字化、智能化改造加快，数字技术与长江航运加速融合。坚持完善治理体系，加强法治政府部门建设，在重要领域和关键环节推出一批重大改革举措，不断优化营商环境，行政服务质量和效率明显提升。

2022年将召开党的二十大，是党和国家事业发展进程中十分重要的一年。多项"十四五"发展规划相继发布实施，全国和地方两会明确了经济增长预期目标和经济社会发展路线图，支持长江经济带发展等国家重大战略实施的具体政策措施加快落地，形成推动长江航运发展的强大动力。全国和地方交通运输工作会议、长江航务管理工作会议等提出了交通运输、长江航运发展的总体要求，对重点工作作出了具体部署。推动长江航运高质量发展，将坚持稳字当头、稳中求进，贯彻落实重大政策和要求，有效保安全、保畅通、稳市场、稳投资、促转型、防风险，将安全生产工作摆在更加突出重要位置，全力确保长江航运安全稳定发展，着力抓好船舶和港口污染防治，全面推进长江航运绿色低碳转型，加快推进航道、船舶、港口、通关管理"四个标准化"，系统提升黄金水道功能，依靠创新提高发展质量，加快数字化智能化转型，提高依法治理能力，提升行政服务效能，助力把长江经济带打造成为畅通国内国际双循环的主动脉、综合立体交通网的示范带，助力交通当好中国现代化开路先锋。

为全面反映2021年长江航运在加快建设交通强国、助力交通当好中国现代化开路先锋的生动实践中取得的发展成就，在服务国家重大战略实施、保持经济运行在合理区间作出的支撑和贡献，传递2022年长江航运发展新走向，交通运输部长江航务管理局组织编写了《2021长江航运发展报告》。报告由综合篇、省域篇、专题篇、附录篇组成，涉

前　言

及范围为长江水系14省市行政区域。报告全面回顾总结了2021年长江航运在基础设施、航运服务、安全发展、绿色发展、协同发展、创新发展和行业治理等方面取得的进展，介绍了2022年长江航运发展的部署要求，展示了14省市水运发展成就，并从长江航运"十四五"发展规划总体思路、市场主体经营状况、重点运输市场运行监测、三峡枢纽通航形势、航运中心建设等方面进行了专题分析，对长江航运要素基础数据进行了系统梳理。

　　本报告编制工作由交通运输部长江航务管理局长江航运发展研究中心具体组织，长江水系14省市交通港航管理部门和长江海事局、江苏海事局、长江航道局、长江口航道管理局、长江三峡通航管理局、长江航运公安局、上海海事局、上海组合港管理委员会办公室、舟山市港航和口岸管理局、武汉新港管理委员会、上海航运交易所、重庆航运交易所、宁波航运交易所等单位参与编撰。

交通运输部长江航务管理局
2022年5月

目 录

综 合 篇

第1章 发展环境 ... 2
- 1.1 宏观经济形势 ... 2
- 1.2 交通运输发展 ... 5

第2章 基础设施 ... 10
- 2.1 水运基础设施网络 ... 10
- 2.2 航道建设养护 ... 13
- 2.3 港口建设发展 ... 19
- 2.4 水运领域新型基础设施 ... 22

第3章 航运服务 ... 25
- 3.1 水路运输 ... 25
- 3.2 港口生产 ... 37
- 3.3 现代航运服务业 ... 42

第4章 安全发展 ... 45
- 4.1 安全生产形势 ... 45
- 4.2 安全保障能力建设 ... 46
- 4.3 安全生产防控 ... 50
- 4.4 通航安全保障 ... 54
- 4.5 安全应急保障 ... 57

目 录

4.6 维护行业稳定	58
第5章 绿色发展	**60**
5.1 加快基础设施绿色升级	60
5.2 推动运输工具装备低碳转型	62
5.3 推进船舶和港口污染防治	65
5.4 完善绿色发展保障体系	70
第6章 协同发展	**72**
6.1 协同发展机制建设	72
6.2 融合协同共建战略支点	73
6.3 多式联运发展	77
6.4 航运与相关产业融合发展	81
第7章 创新发展	**83**
7.1 发挥科技创新支撑引领作用	83
7.2 推进航运数字化智能化转型	89
第8章 行业治理	**94**
8.1 法治政府部门建设	94
8.2 依法履行管理职能	97
8.3 加强党的全面领导	103
第9章 发展展望	**106**
9.1 宏观环境展望	106
9.2 高标准推进长江航运高质量发展	109

目 录

省 域 篇

报告1	上海市水运发展综述	118
报告2	江苏省水运发展综述	121
报告3	浙江省水运发展综述	125
报告4	安徽省水运发展综述	129
报告5	江西省水运发展综述	132
报告6	山东省水运发展综述	135
报告7	河南省水运发展综述	138
报告8	湖北省水运发展综述	141
报告9	湖南省水运发展综述	145
报告10	重庆市水运发展综述	148
报告11	四川省水运发展综述	151
报告12	贵州省水运发展综述	155
报告13	云南省水运发展综述	157
报告14	陕西省水运发展综述	160

专 题 篇

| 专题1 | 长江航运"十四五"发展规划总体思路 | 164 |
| 专题2 | 长江干线重点港航企业年度生产经营状况 | 170 |

目 录

专题3　长江港口铁水联运发展综述 …………………………………………… 174
专题4　航运指数运行状况综述 …………………………………………………… 179
专题5　长江干线省际运输市场监测分析 ……………………………………… 185
专题6　三峡枢纽通航情况分析 …………………………………………………… 190
专题7　长三角地区港口经济运行情况及形势分析 …………………………… 196
专题8　上海国际航运中心现代航运服务业发展情况综述 …………………… 200
专题9　武汉长江中游航运中心建设综述 ……………………………………… 204
专题10　重庆绿色航运发展情况综述 …………………………………………… 207
专题11　南京区域性航运物流中心发展综述 …………………………………… 211
专题12　舟山江海联运服务中心建设综述 ……………………………………… 214
专题13　浙江港口服务长江多式联运发展情况分析 …………………………… 218

附 录 篇

附录1　2021年14省市航运基础数据表 ………………………………………… 222
附录2　2021年长江航运大事记 …………………………………………………… 232

综合篇

第 1 章
发展环境

1.1 宏观经济形势

1.1.1 经济社会发展政策取向

2021年，面对复杂严峻的国内外形势和诸多风险挑战，各地区各部门深入贯彻以习近平同志为核心的党中央决策部署，坚持稳中求进工作总基调，完整、准确、全面贯彻新发展理念，加快构建新发展格局，扎实做好"六稳""六保"工作，注重宏观政策跨周期和逆周期调节，有效应对各种风险挑战，推动高质量发展。

保持宏观政策连续性针对性，推动经济运行保持在合理区间。宏观政策适应跨周期调节需要，保持对经济恢复必要支持力度。建立常态化财政资金直达机制。有效实施稳健的货币政策，有序推进地方政府债务风险防范化解。强化稳岗扩就业政策落实，加强大宗商品保供稳价。

优化和落实助企纾困政策，巩固经济恢复基础。宏观政策延续疫情发生以来行之有效的支持路径和做法，继续实施减税降费，对制造业中小微企业、煤电和供热企业实施阶段性缓缴税费，加强铁路、公路、航空、海运、港口等运输保障，加大对受疫情影响严重行业企业信贷投放。

深化改革扩大开放，持续改善营商环境。加强市场体系基础制度建设，推进要素市场化配置等改革。继续压减涉企审批手续和办理时限，开展营商环境创新试点。加强和创新监管。深入实施国企改革三年行动，支持民营企业健康发展。稳步推进农业农村、社会事业、生态文明等领域改革。深化共建"一带一路"务实合作，加大稳外贸稳外资力度。

强化创新引领，稳定产业链供应链。加强国家实验室建设，推进重大科技项目实施。改革完善中央财政科研经费管理。延续实施研发费用加计扣除政策，强化知识产权保护。开展重点产业强链补链行动，加快传统产业数字化智能化改造。

推动城乡区域协调发展，不断优化经济布局。出台新的支持举措，落实区域重大战略和区域协调发展战略。推进以县城为重要载体的城镇化建设。推动乡村振兴。

加强生态环境保护，促进绿色低碳转型。巩固蓝天、碧水、净土保卫战成果。持续推进生态保护修复重大工程，全面实施长江十年禁渔政策。继续实施可再生能源发电补贴政策。出台碳达峰行动方案，启动全国碳排放权交易市场，碳达峰、碳中和"1+N"政策体系加快构建。

推进法治政府建设和治理创新，保持社会和谐稳定。制定修订一批法律和行政法规，出台法治政府建设实施纲要。实施"互联网+督查"举措。强化安全生产和应急管理，加强国家安全保障能力建设，完善社会治安防控体系。

1.1.2 国民经济运行情况

2021年，各方面贯彻宏观政策要求，细化实化具体举措，形成推动发展合力，国民经济持续恢复发展，改革开放创新深入推进，构建新发展格局迈出新步伐，高质量发展取得新成效，实现"十四五"良好开局。

经济保持恢复发展。据国家统计局数据，全年国内生产总值（GDP）114.37万亿元，同比增长8.1%，两年平均增长5.1%，在全球主要经济体中名列前茅。全员劳动生产率增长8%以上，工业产能利用率为77.5%，规模以上工业企业利润总额增长34.3%。

经济结构和区域布局继续优化。产业结构优化升级，一、二、三产业增加值比重为7.3:39.4:53.3；需求结构改善，最终消费支出占GDP比重为54.5%；新型城镇化稳步推进，区域重大战略和区域协调发展战略有效实施，常住人口城镇化率为64.72%，中西部一些省（区、市）增速加快。

创新能力进一步增强。国家战略科技力量加快壮大，研发经费支出增长14.2%，全球创新指数排名提升至第12位。先进制造业和现代服务业融合发展，全年服务业增加值增长8.2%，对经济增长贡献率达到54.9%。

构建新发展格局迈出新步伐。深入实施扩大内需战略，消费和投资规模持续扩大，内需继续成为经济增长的主要拉动力，全年社会消费品零售总额达44.1万亿元，增长12.5%，固定资产投资55.3万亿元，增长4.9%。稳外贸稳外资效果明显，高质量共建"一带一路"稳步推进，推动区域全面经济伙伴关系协定生效实施，外需拓展拉动作用增强，全年货物进出口额39.1万亿元，增长21.4%；进出口货运量49.8亿吨，增长1.4%。

生态文明建设持续推进。污染防治攻坚战深入开展，绿色低碳转型加快推进，清洁能源消费占比上升。

1.1.3 长江水系区域经济发展

长江经济带发展、长三角一体化、成渝地区双城经济圈等区域重大战略有效实施，长江水系14省市经济发展的平衡性和协调性进一步增强，加快引领中国经济高质量发展。

区域经济运行情况。2021年，各省（区、市）经济运行总体平稳。经济大省充分发挥优势，增强对全国发展的带动作用；经济困难地区用好国家支持政策，挖掘自身潜力，努力促进经济恢复发展。14省市全年完成地区生产总值（GDP）70.2万亿元，同比增长8.4%，占全国的比重达61.4%；其中，7个省市GDP增速超过全国水平。一、二、三产业增加值占GDP比重为7.1:40.1:52.8。全社会固定资产投资增长7.1%，社会消费品零售总额增长14.1%，货物进出口总额增长21.3%。长江经济带11省市GDP 53.0万亿元，增长8.7%；长三角三省一市GDP 27.6万亿元，增长8.4%。14省市主要经济指标见表1.1-1。

14省市主要经济指标 表1.1-1

省（市）	GDP初步核算数（亿元）	同比增速（%）	第一产业增加值（亿元）	第二产业增加值（亿元）	第三产业增加值（亿元）	固定资产投资同比增速（%）	社会消费品零售总额（亿元）	同比增速（%）	货物进出口总额（亿元）	同比增速（%）	2022年GDP增长预期目标
合计	702012.3	8.4	49955.1	281270.9	370786.5	7.1	289912.8	14.1	221015.7	21.3	
上海	43214.9	8.1	100.0	11449.3	31665.6	8.1	18079.3	13.5	40610.4	16.5	5.5%
江苏	116364.2	8.6	4722.4	51775.4	59866.4	5.8	42702.6	15.1	52130.6	17.1	5.5%
浙江	73516.0	8.5	2209.0	31189.0	40118.0	10.8	29211.0	9.7	41429.0	22.4	6%
安徽	42959.2	8.3	3360.6	17613.2	21985.4	9.4	21471.4	17.1	6920.2	26.9	7%
江西	29619.7	8.8	2334.3	13183.2	14102.2	10.8	12206.7	17.7	4980.4	23.7	7%
山东	83095.9	8.3	6029.0	33187.0	43879.4	6.0	33714.5	15.3	29304.1	32.4	5.5%
河南	58887.4	6.3	5620.8	24331.7	28934.9	4.5	24381.7	8.3	8208.1	22.9	7%
湖北	50012.9	12.9	4661.7	18952.9	26398.4	20.4	21561.9	19.9	5374.4	24.8	7%
湖南	46063.1	7.7	4322.9	18126.1	23614.1	8.0	18596.9	14.4	5988.5	25.2	6.5%
重庆	27894.0	8.3	1922.0	11184.9	14787.1	6.1	13967.7	18.5	8000.6	22.8	5.5%
四川	53850.8	8.2	5661.9	19901.4	28287.6	10.1	24133.2	15.9	9513.6	17.6	6.5%
贵州	19586.4	8.1	2730.9	6984.7	9870.8	-3.1	8904.3	13.7	654.2	19.7	7%
云南	27146.8	7.3	3870.2	9589.4	13687.2	4.0	10731.8	9.6	3143.8	16.8	7%
陕西	29801.0	6.5	2409.4	13802.5	13589.1	-3.0	10250.5	6.7	4757.8	25.9	6%

数据来源：根据各省市2021年国民经济和社会发展统计公报和2022年政府工作报告整理。

长江经济带发展。长江经济带生态优先、绿色发展成效明显，对全国经济发展的支撑引领作用进一步凸显。长江生态环境警示片披露的问题全部完成整改，污染治理"4+1"工程大力实施，重点支流保护修复深入推进，山水林田湖草协同治理持续强化，生态环境质量持续改善；十年禁渔效果初步显现，水生生物资源逐步恢复。沿江综合交通运输体系加快构建，黄金水道功能进一步发挥，长三角、长江中游、成渝等城市群地区生产总值和常住人口保持增长，创新驱动发展活力持续加强，绿色发展试点示范形成不少有效经验做法，高质量发展稳步推进。长江保护法正式实施，"十四五"长江经济带发展"1+N"规划政策体系基本建立，负面清单管控执行有力，省际协商合作进一步深化，体制机制不断完善。

长三角一体化发展。长三角三省一市紧扣一体化和高质量两个关键词，聚焦"一极三区一高地"战略定位，落实《长三角地区一体化发展三年行动计划（2021—2023年）》，长三角生态绿色一体化发展示范区建设取得积极进展，长三角国家技术创新中心建成运行，共同组建长三角自贸试验区联盟，加速数字长三角建设，长三角一体化发展战略进展总体顺利。

长江中游城市群发展。江西、湖南、湖北组建长江中游三省协同发展联合办公室，签署《长江中游三省协同推动高质量发展行动计划》等文件，协调三省间高铁（城际）、高速公路、水运航线跨省布局，加快构建武汉城市圈、长株潭都市圈、大南昌都市圈1小时内部交通圈和2小时互达经济圈，提升区域一体化水平。长江中游城市群一体化发展初驶快车道，成为支撑中国经济增长的重点地区。

成渝地区双城经济圈建设。《成渝地区双城经济圈建设规划纲要》重点任务加快落地落实，川渝不断健全合作机制，共同实施85项年度重点任务，推进67个重大合作项目，打造10个区域合作平台，推动基础设施互联互通、科技创新区域协同、产业发展协同协作、生态环保联建联治、公共服务共建共享，双城经济圈建设成势见效。

共建"一带一路"进展情况。开通运行"上海号"中欧班列；连云港中欧班列开行1800列；"义新欧"中欧班列增长36%；"齐鲁号"中欧班列增长21.2%；合肥中欧班列开行668列；中欧班列（郑州）开行1546班次，班次、货值、货重同比分别增长37.6%、40.1%、41.2%；南昌入选中欧区域政策合作中方案例地区，赣州国际陆港实现国际贸易"起运港"功能，赣州至东盟跨境直通车开行；中欧班列（武汉）往返班次增长97%；中欧班列（长沙）开行数量突破1000列；中欧班列（成渝）开行超过4800班，运输超40万TEU，实施中欧班列成都集结中心示范工程，中欧班列（渝新欧）和中欧班列（成都）携手统一品牌对外宣传推广；中欧班列长安号全年开行突破3800列。

西部陆海新通道建设。西部陆海新通道贯通我国西部地区腹地，北接新丝绸之路经济带，南连21世纪海上丝绸之路，协同衔接长江经济带。截至目前，西部陆海新通道铁海联运班列已开辟34个铁路到发站点，常态化开行北部湾港—重庆、北部湾港—四川、北部湾港—云南、北部湾港—贵州、北部湾港—桂东/桂北6条铁海联运线路，联通我国14个省（区、市），目的地覆盖新加坡、日本、澳大利亚、德国等全球107个国家和地区的300多个港口，运输品类多达640种，成为拉动西部地区经济发展、畅通国内国际双循环的强劲引擎。2021年，西部陆海新通道海铁联运班列累计开行6117列，同比增长33%；其中全年开行重庆铁海联运班列2059列。北部湾港完成货物吞吐量3.58亿吨，增长21%；其中集装箱吞吐量601万TEU，增长19%。国家发展改革委发布《"十四五"推进西部陆海新通道高质量建设实施方案》，按照经济、高效、便捷、绿色、安全的要求，提出到2025年，实现东中西三条通路持续强化，通道、港口和物流枢纽运营更加高效，对沿线经济和产业发展带动作用明显增强的总体目标。

1.2 交通运输发展

1.2.1 交通物流领域发展政策

新时代交通运输新的历史使命。2021年10月14日，习近平主席以视频形式出席第二届联合国全球可持续交通大会开幕式，发表《与世界相交　与时代相通　在可持续发展道路上阔步前行》的主旨讲话，深刻回答了发展什么样的交通、怎样发展交通等一系列重大理论和实践问题，指出交通是经济的脉络和文明的纽带，正加快建设交通强国，交通成为中国现代化的开路先锋，为新时代交通运输发展锚定了新坐标、明确了新定位、赋予了新使命。

交通运输重大战略稳步实施。 交通强国建设开局起势、全面铺开，各项工作取得积极进展，逐步从顶层谋划向加快建设转段。在加强规划引领方面，中共中央、国务院印发《国家综合立体交通网规划纲要》，各地区相继发布实施省域综合立体交通网规划纲要、交通强国建设纲要实施意见等。在完善工作机制方面，交通运输部成立了加快建设交通强国领导小组，推动完善地方交通强国（强省）建设实施机制，有效推动加快建设交通强国全国"一盘棋"。在强化试点先行方面，交通运输部批复多个交通强国建设试点实施方案，试点工作在行业内外、全国上下有效调动了各方力量和资源。此外，交通运输部印发《新时代推动中部地区交通运输高质量发展的实施意见》，国家发展和改革委员会（简称国家发改委）印发《长江三角洲地区多层次轨道交通规划》，江苏省出台实施意见推进交通运输现代化示范区建设。

"十四五"交通运输系列规划。 《"十四五"现代综合交通运输体系发展规划》等系列规划陆续印发，各省（区、市）相继发布本地区综合交通运输发展"十四五"规划和水运、运输服务等专项规划，明确了"十四五"期乃至中长期发展思路、建设目标、重点任务。在加快建设长江经济带综合立体交通网方面，推动长江经济带发展领导小组办公室印发《"十四五"长江经济带综合交通运输体系规划》，交通运输部等联合印发《西部陆海新通道"十四五"综合交通运输体系建设方案》，部署"十四五"时期西部陆海新通道综合交通运输体系建设。

推进多式联运发展优化调整运输结构。 《交通运输部关于服务构建新发展格局的指导意见》提出，要以多式联运为重点，以基础设施立体互联为基础，努力推动形成"宜铁则铁、宜公则公、宜水则水、宜空则空"的运输局面，推进大宗货物及中长途货物"公转铁""公转水"。各地区各部门将发展多式联运和调整运输结构作为"十四五"交通运输领域的重点事项，湖北省印发《关于促进多式联运高质量发展的意见》《湖北省推动多式联运高质量发展三年攻坚行动方案（2021—2023年）》。2022年1月，国务院办公厅印发《推进多式联运发展优化调整运输结构工作方案》，提出到2025年，多式联运发展水平明显提升，基本形成大宗货物及集装箱中长距离运输以铁路和水路为主的发展格局，全国铁路和水路货运量比2020年分别增长10%和12%左右，集装箱铁水联运量年均增长15%以上。

物流领域政策措施。 交通运输部、国家发改委、商务部、农业农村部等部委在物流产业的发展规划、体系构建、组织管理、服务标准等方面出台了一系列政策。国家发改委印发《国家物流枢纽建设实施方案（2021—2025）》，对国家物流枢纽做优存量、做好增量、保证质量、加强监测、形成合力做出全面部署；发布"十四五"首批国家物流枢纽建设名单，国家物流枢纽增至70个。《"十四五"现代流通体系建设规划》为进一步扩大流通规模，提高流通效率，推动流通领域创新，激发流通企业活力提供有力支撑。《"十四五"冷链物流发展规划》提出到2025年布局建设100个左右国家骨干冷链物流基地，规划提出打造"三级节点、两大系统、一体化网络"的冷链物流运行体系。

涉交通运输业财税金融优惠政策。财政部公告自2021年1月1日起取消港口建设费。交通运输部印发《关于做好交通运输业财税金融优惠政策落实工作的通知》，梳理形成《2021年以来涉交通运输业国家主要财税金融优惠政策目录清单》，推动优惠政策落地落细落实。2022年2月，国家发改委会同交通运输部等14部门联合印发《关于促进服务业领域困难行业恢复发展的若干政策》，制定了针对交通运输行业的精准扶持政策和针对困难行业的普惠性纾困政策，涵盖财税、金融、就业等多方面。

1.2.2 物流运输业发展形势

全国物流业发展形势。全年物流相关固定资产投资超3.5万亿元，同比增长3.1%。社会物流总额335.2万亿元，增长9.2%。社会物流总费用16.7万亿元，增长12.5%；其中，运输费用9.0万亿元，增长15.8%。物流业总收入11.9万亿元，增长15.1%。从运输环节看，多式联运业务加速发展，运输方式间的协同性提升，全年完成集装箱多式联运量620万TEU，开通联运线路450条，年均增速在15%左右；国际物流供应链安全畅通保障水平、国际运输协同性、便利化水平均有稳步提升。物流活动恢复势头良好，中国物流业景气指数（LPI）全年平均为53.4%，较2020年提高1.7个百分点，物流企业业务量及订单指数均位于较高景气水平；物流服务价格指数全年平均为50.1%。水运方面，海运市场供不应求，价格普遍高于上年，中国沿海散货运价指数全年平均为1299.35点，增长25%，中国出口集装箱运价指数平均为2615.54点，增长165.7%。公路方面，价格水平处于近年较高水平，中国公路物流运价指数全年平均为100.3%，增长1.9%。当前，物流行业发展中仍有微观经营成本持续上涨、物流行业长期微利运营、劳动力存在结构性缺口等痛点，但也具有多种积极因素和有利条件。

全国交通运输业发展形势。交通运输行业深入实施《交通强国建设纲要》《国家综合立体交通网规划纲要》和"十四五"系列规划，重大项目建设有序推进，交通脱贫攻坚成果同乡村振兴有效衔接工作巩固拓展，运输服务水平、安全智慧绿色发展水平、对外合作水平、行业治理水平不断提升。全年完成交通运输固定资产投资3.6万亿元，同比增长4%；铁路新投产里程4208公里，新改建高速公路里程9028公里，新增和改善高等级航道约1000公里，港口万吨级码头泊位新增通过能力25368万吨/年，新颁证的民用运输机场共7个，新增城市轨道交通超过1000公里。全年完成旅客运输总量83亿人次，下降14.1%，两年平均下降31.3%；铁路、民航客运量所占比重较2020年提高9.6个百分点。全年完成货物运输总量530.3亿吨，增长12.3%，两年平均增长5.8%。全年公路水路安全生产事故的起数和死亡失踪人数同比下降7.2%、6.4%，保持了交通运输行业安全生产形势总体稳定。2021年全国各种运输方式完成运输量及其增长速度见表1.2-1。

全国各种运输方式完成运输量及其增长速度　　　　　表1.2-1

指　标	货　物			旅　客		
	单位	绝对数	同比增速（%）	单位	绝对数	同比增速（%）
运输量	亿吨	530.3	12.3	亿人次	83.0	-14.1
铁路	亿吨	47.7	4.9	亿人次	26.1	18.5
公路	亿吨	391.4	14.2	亿人次	50.9	-26.2
水运	亿吨	82.4	8.2	亿人次	1.6	9.0
民航	万吨	731.8	8.2	亿人次	4.4	5.5
管道	亿吨	8.7	5.7			
周转量	亿吨公里	223621.7	13.7	亿人公里	19758.2	2.6
铁路	亿吨公里	33238.0	8.9	亿人公里	9567.8	15.7
公路	亿吨公里	69087.7	14.8	亿人公里	3627.5	-21.8
水运	亿吨公里	115577.5	9.2	亿人公里	33.1	0.4
民航	亿吨公里	278.2	15.8	亿人公里	6529.7	3.5
管道	亿吨公里	5440.3	4.9			

数据来源：中华人民共和国2021年国民经济和社会发展统计公报。

全国水路运输市场发展情况。全年完成水路旅客运输总量1.6亿人次，同比增长9.0%；完成水路货物运输总量82.4亿吨，增长8.2%。完成港口货物吞吐量155.5亿吨，增长6.8%，两年平均增长5.6%；其中外贸货物吞吐量47亿吨，增长4.5%；港口集装箱吞吐量超过2.8亿TEU，增长7%，两年平均增长4.1%。国内沿海干散货运输市场运输需求增长，北方主要港口煤炭下水量为7.47亿吨，增长3.0%。沿海液货危险品运输市场运输需求总体平稳，全年沿海省际原油运输量完成7700万吨，下降3.4%；成品油运量完成8100万吨，增长3.8%；省际化学品运输量约3650万吨，增长10.6%；液化气运量525万吨，增长29.9%。沿海集装箱运输量增长约3%。内河水路运输需求总体较为稳定，干散货运输市场平稳增长，船舶运力仍供大于求；集装箱运输市场呈现大幅增长态势，集装箱铁水联运量同比增长超过三成；散装液体危险货物运输市场相对稳定；省际客运市场受到疫情影响较大。长江干线货物通过量32.6亿吨，增长6.5%；珠江水系完成水路货运量14.6亿吨，增长5.8%。长江水系14省市全年完成水路客运量和旅客周转量分别占全国的68.7%、61.6%，水路货运量和货物周转量分别占全国的71.6%、59.1%；港口吞吐量占全国港口的60.7%，其中沿海港口和内河港口分别占全国的43.6%、91.3%；外贸吞吐量占全国的56.4%，其中沿海港口和内河港口分别占全国的51.8%、93.7%；集装箱吞吐量占全国的52.2%，其中沿海港口和内河港口分别占全国的48.9%、76.9%。

1.2.3　长江水系区域交通运输发展形势

长江水系14省市交通运输部门，贯彻落实党中央、国务院决策部署和各地各级党委政府工作部署，抓重点抓关键，加快建设现代化综合交通运输体系，智能化、绿色化取得实质性突破，综合能力、服务品质、运行效率和整体效益都有显著提升。

区域交通运输发展概况。14省市交通运输部门稳步推进基础设施网络建设，健全资金保障机制，加快推进重大工程建设，长江黄金水道、沪渝蓉沿江高铁、西部陆海新通道等建设加快推进，公路基础设施网络不断完善，鄂州花湖等机场建设稳步推进，长三角交通一体化发展深化提速，基础设施网络布局进一步完善。水运方面，港航基础设施投资力度持续加大，全年内河建设投资完成619亿元，增长4.6%，沿海建设完成274亿元，增长18.1%；长航局系统全年落实中央固定资产投资37.3亿元。持续提升综合运输服务水平，全年铁公水三种运输方式累计完成客运量49.8亿人次、旅客周转量8456.6亿人公里，分别下降16.7%、增长5.5%，铁公水客运量比重为31.6:66.0:2.4、旅客周转量比重为71.9:27.8:0.2；累计完成货运量313.9亿吨、货物周转量120744.7亿吨公里，分别增长11.6%、9.5%，铁公水货运量比重为4.7:76.5:18.8、货物周转量比重为10.2:33.2:56.6。14省市铁公水三种运输方式完成运输量及其增长速度见表1.2-2。

14省市铁公水三种运输方式完成运输量及其增长速度 表1.2-2

指 标	货 物			旅 客		
	单位	绝对数	同比增速（%）	单位	绝对数	同比增速（%）
铁公水运输量	亿吨	313.9	11.6	亿人次	49.7	−16.7
铁路	亿吨	14.7	−0.8	亿人次	15.7	19.2
公路	亿吨	240.3	13.6	亿人次	32.9	−27.8
水运	亿吨	58.9	7.5	亿人次	1.1	5.2
铁公水周转量	亿吨公里	120744.7	9.5	亿人公里	8456.6	5.5
铁路	亿吨公里	12271.9	7.2	亿人公里	6082.4	18.4
公路	亿吨公里	40119.6	15.8	亿人公里	2353.8	−17.6
水运	亿吨公里	68353.4	6.5	亿人公里	20.4	−5.9

数据来源：根据各省市2021年国民经济和社会发展统计公报整理。

长江经济带交通运输发展。 长江经济带交通运输部门深入贯彻习近平总书记关于推动长江经济带发展的重要讲话和指示批示精神，落实推动长江经济带发展领导小组各项工作部署，强化长江水上安全应急保障，扎实推进生态环境系统保护修复，持续提升黄金水道功能，充分发挥铁路骨干作用，加快推进公路网络贯通，有序推进民航机场建设，推动枢纽节点高质量发展，积极推进联运组织模式创新，持续推进运输结构调整，持续优化交通运输发展环境，长江经济带交通运输高质量发展全面推动。

第 2 章

基础设施

2.1 水运基础设施网络

2.1.1 内河航道

内河航道里程。 截至2021年底，14省市内河航道通航里程9.64万公里，等级航道里程4.87万公里。内河航道涉及长江水系、淮河水系、黄河水系、珠江水系及西南诸河、钱塘江水系等。其中，长江水系航道通航里程64668公里（长江干线云南水富至长江口通航里程2838公里），京杭运河1423公里，合计占14省市内河航道总里程的68.5%，基本形成以长江干线为主轴，以京杭运河、长江三角洲高等级航道网❶和岷江、嘉陵江、乌江、沅水、湘江、汉江、江汉运河、赣江、信江、合裕线等支线高等级航道为主脉，干支衔接、局部成网的总体格局。淮河水系以淮河、沙颍河为核心的航道网络通航里程17500公里。内河航道等级结构及区域分布情况见图2.1-1。

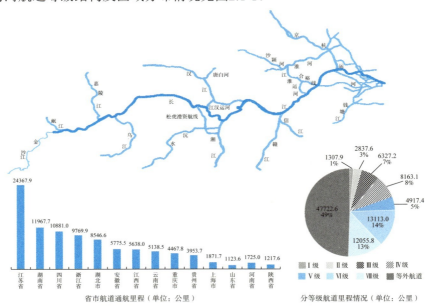

图2.1-1 2021年内河航道通航里程及构成

---

❶ 长江三角洲高等级航道网由"两纵六横"组成，两纵：京杭运河—杭甬运河（含锡澄运河、丹金溧漕河、锡溧漕河、乍嘉苏线）、连申线（含杨林塘）；六横：长江干线（南京以下）、淮河出海航道—盐河、通扬线、芜申线—苏申外港线（含苏申内港线）、长湖申线—黄浦江—大浦线、赵家沟—大芦线（含湖嘉申线）、钱塘江—杭申线（含杭平申线）。

高等级航道里程。截至2021年底，14省市Ⅲ级及以上高等级航道里程达到10472.8公里，比上年增加761.6公里，占内河航道通航总里程的10.9%。各省市高等级航道里程情况见图2.1-2。

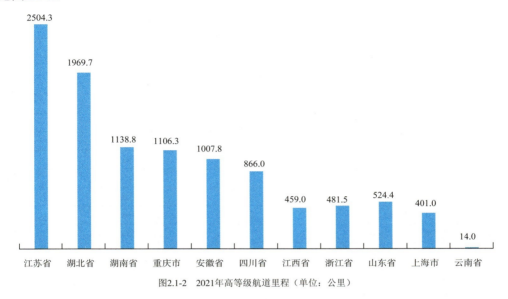

图2.1-2　2021年高等级航道里程（单位：公里）

2.1.2　港口情况

泊位能力。截至2021年底，14省市港口共拥有生产用码头泊位16119个；散货、件杂货物年综合通过能力66.4亿吨，集装箱年综合通过能力9469.1万TEU。其中，内河港口共拥有生产用码头泊位13731个，散货、件杂货物年综合通过能力41.2亿吨，集装箱年综合通过能力2968万TEU；沿海港口共拥有生产用码头泊位2388个，散装、件杂货物年综合通过能力25.2亿吨，集装箱年综合通过能力6501.1万TEU。14省市港口生产用码头泊位数及能力情况见表2.1-1。

14省市港口生产用码头泊位和能力基本情况　　　表2.1-1

省（市）	泊位长度（米）	泊位个数（个）	泊位设计年通过能力					
			散装件杂货物	集装箱		旅客	滚装汽车	
			万吨	万TEU	万吨	万人	万标辆	万吨
总计	1362521	16119	664196.2	9469.1	79215	35655	1915	20601
沿海合计	375905	2388	252474	6501.1	54622	14722	1470	14714
上海市	76480	567	31765	2627	21629	3482	540	5330
江苏省	35651	200	30336	356.7	3425		23	46
浙江省	138573	1005	103390	2014.4	16304	7308	430	3638
山东省	125201	616	86983	1503	13264	3932	477	5700
内河合计	986616	13731	411722	2968	24593	20933	445	5887

续上表

省（市）	泊位长度（米）	泊位个数（个）	泊位设计年通过能力					
			散装件杂货物	集装箱		旅客	滚装汽车	
			万吨	万TEU	万吨	万人	万标辆	万吨
上海市	35856	766	10686					
江苏省	468339	5709	195195	1176	9502	13	80	797
浙江省	127052	2549	42673	165	1864	2490		
安徽省	69241	823	55323	134	1176	611	14	140
江西省	30455	492	17077	129	1389	1096		40
山东省	16244	221	8740					
河南省	8689	146	5642	64		130		30
湖北省	81169	772	39769	502	4035	2360	136	2117
湖南省	29210	577	9128	148	1427	1475	2	40
重庆市	48370	478	15558	400	3200	4350	162	2185
四川省	27201	271	7261	250	2000	906	30	38
贵州省	24379	441	3303			4261	21	500
云南省	9284	228	1008			2723		
陕西省	11127	258	359			518		

泊位结构。据不完全统计，14省市内河港口生产用码头泊位中，按泊位等级划分，500吨级以下占49%，500~1000吨级占24%，1000吨级以上占27%，5000吨级以上泊位主要分布在长江干线，支流以千吨级及以下泊位和自然岸坡泊位为主；按泊位用途划分，客运/客货泊位占7.1%，多用途泊位占2.0%，通用件杂货泊位12.6%，通用散货泊位占46.3%，专业化泊位占14.3%，其他泊位占17.7%。14省市内河港口码头泊位结构情况见图2.1-3、图2.1-4。

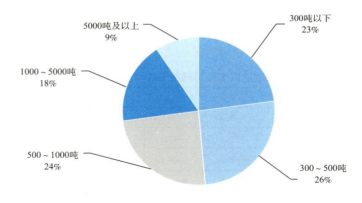

图2.1-3 14省市内河港口码头泊位能力结构

长江干线码头泊位。截至2021年底，长江干线港区拥有生产用码头泊位2720个，散货、件杂货物年综合通过能力20.9亿吨，集装箱年综合通过能力2372.6万TEU。长江干线万吨级及以上泊位443个（江苏426个、安徽16个、重庆1个）。长江干线港口生产用码头泊位情况见表2.1-2。

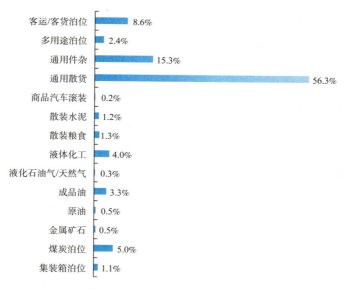

图2.1-4　14省市内河港口码头泊位用途结构

长江干线港口生产用码头泊位和能力基本情况　　　　表2.1-2

省（市）	泊位长度（米）	泊位个数（个）	泊位设计年通过能力					
			散装件杂货物	集　装　箱		旅　客	滚装汽车	
			万吨	万TEU	万吨	万人	万标辆	万吨
合计	341383	2720	208937.2	2372.6	19686	5877	431.7	5294
江苏省	168193	1170	109790	1078	8726	11	79.7	797
安徽省	37960	359	35426	63.6	612	290	14	140
江西省	16366	146	12138	104	1101	250		
湖北省	67217	568	34358	492	3955	1778	136	2117
湖南省	6216	53	3281.2	85	892	5	10	20
重庆市	38952	362	11429	400	3200	3493	162	2185
四川省	6239	59	2485	150	1200		30	38
云南省	240	3	30			50		

2.2 航道建设养护

2.2.1 长江干线航道建设养护

航道建设。长江干线航道"十四五"规划形成"一纲要六规划"的规划体系。长江干线武汉至安庆段6米水深航道整治工程、芜裕河段航道整治工程等全面完工并投入试运行，长江口南槽航道治理一期工程通过竣工验收并投入运行；长江上游朝天门至涪陵河段航道整治工程有序推进，长江下游江心洲至乌江河段航道整治二期工程完成主体工程；长江上游九龙坡至朝天门段航道整治工程、长江中游宜昌至昌门溪河段航道整治二期等建设期维护工程通过交工验收，新洲至九江河段航道整治二期工程建设期整治建筑物维护工程有序推进。启动长江南京以下12.5米深水航道后续完善工程，长江上游羊石盘至上白沙水道航道整治工程、涪陵至丰都河段整治工程项获批立项；推进长江口南槽航道二期工程和北港航道治理一期工程前期研究，制定长江中游宜昌至武汉河段4.5米航道规划实施方案，深化长江中游荆江河段航道整治二期工程（昌门溪至城陵矶段）前期工作；配合开展三峡枢纽水运新通道和葛洲坝航运扩能工程前期工作，完成《三峡枢纽水运新通道预可研阶段航运关键技术研究》中间成果。2021年长江干线航道整治项目基本情况见表2.2-1。

长江干线航道整治项目基本情况　　　　　表2.2-1

序号	项目名称	开工时间	项目进展
1	长江口南槽航道治理一期工程	2018.12	竣工验收
2	长江上游朝天门至九龙坡段航道整治工程	2016.2	试运行
3	长江中游宜昌至昌门溪河段航道整治二期工程	2017.12	试运行
4	长江中游蕲春水道航道整治工程	2017.11	试运行
5	长江中游新洲至九江河段航道整治二期工程	2018.9	试运行
6	长江口12.5米深水航道减淤工程南坝田挡沙堤加高完善工程	2019.12	试运行
7	长江干线武汉至安庆段6米水深航道整治工程	2018.10	交工验收，试运行
8	长江下游芜裕河段航道整治工程	2018.9	交工验收，试运行
9	长江下游江心洲至乌江河段航道整治二期工程	2019.12	主体工程完工
10	长江上游朝天门至涪陵河段航道整治工程	2020.12	续建

航道养护。航道养护管理部门严格落实航道养护计划和技术核查制度，开展航道维护、航标维护、船闸监管、航道信息收集与服务等重点工作，长江干线航道全年航标维护正常率、信号揭示正常率、信息发布准确率均达到100%。长江航道局加强航道观测分析和疏浚力度，持续做好航标布设养护，优化、调整了部分重点航路、重点水域的航标配布，加强航运用水保障，保障洪枯水期、三峡水库蓄水期和消落期航道畅通；继续做好武安段6米水深航道整治工程试运行工作，推进重庆、宜昌、荆州、岳阳、武汉、九江等地浅窄水域疏浚工作。宜宾至浏河口全年最大设标5622座，完成航标养护203.9万座天；各信号台实际开班6098台天，指挥各类船舶19.1万艘次；完成航道测绘4.27万换算平方公里；实施航道养护疏浚施工3305万立方米，完成航道整治建筑物检查6326座次，观测14347换算平方公里和6处航道整治建筑物维修工程。长江口完成航道疏浚量5828万立方米，开展北槽深水航道回淤规律及减淤工程措施研究。

航道维护标准。为充分利用航道自然水深，增加船舶载货量，提高运输效益，长江航道局根据水位季节性变化情况，按月向社会发布长江干线宜宾至长江口段航道计划维护水深，提高中洪水期航道维护标准，并按周向社会发布重点航段实际维护尺度。2021

年，中上游干线航道有效应对"枯水延长、洪水不洪"的水情，南京以下12.5米深水航道克服沉船事故、多起超强台风和寒潮等影响，长江干线航道全年航道水深保证率达到100%。长江口深水航道维护深度12.5米，通航水深保证率达到95%及以上；长江口南槽航道一期工程试运行期，6.0米航道维护通航深度保证率达到100%。加强试运行河段的航道维护管理工作，正式提高武汉至上巢湖河段航道维护尺度；继续试运行提高福姜沙中水道航道尺度，航道宽度由400米增加至420米；试运行提高三峡常年库区非汛期航道维护尺度至5.5米。

海轮航道维护。实施海轮航道维护工作，确保长江干线安庆至武桥河段、武汉至城陵矶河段，分别在4月1日至11月15日、5月1日至9月30日，以海轮推荐航线方式开放季节性海轮航道。自11月16日起，长江干线常年海轮航道由安庆钱江嘴上延至安庆吉阳矶，试运行期一年，安庆吉阳矶以下可全年供海轮航行。长江干线城陵矶至安庆段海轮航道分月维护水深情况见表2.2-2。

2021年长江干线航道城陵矶至安庆海轮航道分月维护水深计划表 表2.2-2

河 段	各月养护水深（米）											
	1月	2月	3月	4月	5月	6月	7月	8月	9月	10月	11月	12月
岳阳城陵矶~武汉长江大桥					5.0	6.0	6.5	6.5	6.0			
武汉长江大桥~安庆吉阳矶				5.5	6.5	7.0	7.5	7.5	7.0	6.0	5.0	
安庆吉阳矶~安庆钱江嘴				6.5	7.5	8.5	9.0	9.0	8.0	7.0	6.5	6.0

注：安庆吉阳矶以下主河槽内海轮航道养护水深同主航道。

三峡河段枢纽通航保障。三峡船闸上游待闸锚地完善建设工程、三峡升船机候工设施改造工程主体工程完工，两坝间莲沱段航道整治炸礁工程、岸标工程、水位站工程交工验收。启动三峡通航区域联动调度系统建设工程前期工作，葛洲坝三座船闸集中控制运行正式启动实施，全力做好船舶过坝交通组织与枢纽通航保畅服务工作，有效实施联动控制、积压疏解、诚信管理。编制三峡船闸、升船机运行方案，修订通航调度规程。三峡船闸五级补水运行换四级运行，船舶过闸可节省40分钟，三峡船闸和葛洲坝一、二号船闸平均闸室面积利用率维持在70%以上，升船机恢复至800人运行条件。试行三峡枢纽河段过闸船舶差异化管理，优化大流量下船舶通过葛洲坝一号船闸管控措施。精准实施航道养护，水深、尺度保证率100%。充分利用风雾停航时间窗口，统筹实施两坝通航建筑物维护保养。做好检修施工期通航保障，编制实施"1+10"通航保障方案，采取过坝船舶联动控制、重点急运物资过坝、两坝联合调度和复航疏散等措施，出台十项便民服务措施。

2.2.2 其他航道建设养护

（1）内河航道提等升级

金沙江。川滇两省加快推动《金沙江下游航运发展规划》编制。金沙江中游库区航运基础设施综合建设项目二期工程（航道整治工程）、溪洛渡至水富高等级航道建设工程等项目加快建设，乌东德库区库尾航道整治、向家坝库区航道整治工程前期工作加快推进。乌东德、白鹤滩、溪洛渡翻坝转运设施加快建设，乌东德翻坝转运设施建设方案获批。

岷江。印发《岷江成都至乐山段航运发展规划》。犍为、龙溪口、尖子山、汤坝、虎渡溪等5个航电枢纽工程进展顺利，其中，犍为航电枢纽主体工程基本完工；老木孔航电枢纽工程开工建设；东风岩、板桥、张坎等4个航电枢纽工程前期工作加快推进。

嘉陵江。川境段航运配套工程加快实施，达州段航运配套工程获批；重庆段利泽航电枢纽一期建成通航，二期加快推进。支流渠江风洞子航运工程开工建设，渠江航道整治工程、涪江双江航电枢纽主体工程建设稳步推进。

乌江。构皮滩水电站三级垂直升船机通航工程开始试运行，索风营库区航运工程、白马航电枢纽建设有序推进，龙滩水电站1000吨级通航设施工程、沙沱二线1000吨级通航设施工程等前期工作有序推进。

湘江。湘江二级航道一期工程完成竣工验收，土谷塘航电枢纽工程完成专项验收，永州至衡阳三级航道建设一期工程湘祁船闸实现通航、二期工程有序推进。永州至衡阳三级航道建设三期工程、长沙至城陵矶一级航道建设工程项目前期工作进展顺利。

沅水。常德至鲇鱼口2000吨级航道建设工程开工建设。洪江至辰溪航道建设工程、桃源枢纽二线船闸建设工程项目前期工作有序推进。上游清水江平寨、旁海航电枢纽工程主体工程基本完工，白市至分水溪航道建设工程前期工作加快推进。

汉江。湖北段雅口枢纽土建工程完工，孤山枢纽船闸工程加快建设，新集枢纽全面开工建设；汉江河口段2000吨级航道整治工程建成，兴隆至蔡甸段2000吨级航道整治工程工可进入报批阶段。陕西段安康至白河航运建设工程、汉江洋县至安康航运建设工程通过交工验收。支流唐白河（唐河）航运开发工程（唐白河河口—两河口及唐河湖北段、河南省界至马店段）有序推进。

江汉平原航道网。江汉平原水网联通工程江汉航线新城船闸至江汉运河段航道工程和内荆河张金至福田寺段航道工程开展预可行性研究。

赣江。赣江自上而下规划的万安、井冈山、石虎塘、峡江、新干、龙头山6个梯级，已建成万安枢纽、石虎塘枢纽、峡江枢纽、新干枢纽、龙头山枢纽、井冈山航电枢纽（船闸），续建完成石虎塘坝下航道整治工程，万安枢纽二线船闸建设有序推进。赣州以下航道维护水深基本达到2.2米以上，南昌—吉安—赣州千吨级航线正式开通。

信江。界牌枢纽船闸改建工程建成，双港航运枢纽完成通船试验，界牌至双港渠化航道整治、双港至褚溪河Ⅲ级航道整治有序推进。

合裕线。合裕线裕溪一线船闸、巢湖一线船闸扩容改造工程加快推进。

京杭运河。山东济宁段"三改二"升级改造、湖西航道（二级坝至苏鲁界）改造和韩庄复线船闸工程上、下游停泊锚地及引航道工程等交工验收，京杭运河济宁以南实现二级航道通航；小清河复航工程、大清河航道工程有序推进。江苏施桥船闸至长江口门段和苏南运河无锡城区段、惠山段航道整治工程竣工验收，京杭运河江苏段绿色现代航运综合整治工程开工。浙江段"四改三"建成,京杭运河二通道稳步推进。

长江三角洲高等级航道网。实施长三角水网航道提升工程、浙北高等级航道网集装箱运输通道工程等项目。沪苏浙三省市协同推进长三角江海河联运通道畅通,谋划开展苏申内港线(即吴淞江)、申张线青阳港段、苏申外港线、长湖申线等航道整治工程,完善杭甬运河宁波段通航保障设施,协同构建江海河直达内河集装箱通道,完善江海河联运体系。长江三角洲高等级航道网建设情况见表2.2-3。

长江三角洲高等级航道网建设情况　　　　　　　表2.2-3

	航　道	建　设　进　度
两纵	杭甬运河(含锡澄运河、丹金溧漕河、锡溧漕河、乍嘉苏线)	锡澄运河无锡市区段航道整治工程剩余段航道工程开工建设,锡溧漕河无锡段航道整治工程稳步推进。推进杭甬运河四改三、萧绍段复线航道整治等项目前期工作
	连申线(含杨林塘)	连申线如皋南、北段航道整治工程,海安北段航道整治工程,海安船闸工程等竣工验收,灌河至黄响航道整治工程开工建设。杨林塘太仓段航道整治工程竣工验收
五横	通扬线	高邮段、南通市区段航道整治工程交工验收,泰州段航道工程全部完工,通吕运河段航道整治工程稳步推进
	芜申线—苏申外港线(含苏申内港线)	江苏境内芜申线河定大桥、苏申外港线屯村大桥建成交工,苏申外港线航道整治工程交工验收,溧阳城区段航道整治工程有序推进。上海境内申申内港线上海市西段建设继续推进
	长湖申线—黄浦江—大浦线	长湖申线苏浙省界至京杭运河段航道整治工程开工建设
	赵家沟—大芦线(含湖嘉申线)	赵家沟东段航道整治工程继续推进。上海市境内大芦线航道整治二期工程加快推进,大芦线东延伸段航道整治工程前期工作有序推进。湖嘉申线航道嘉兴段二期工程开工建设
	钱塘江—杭申线(含杭平申线)	平申线航道(上海段)整治工程即将完工。推进钱塘江中上游航道四改三项目前期工作
其他		江苏境内宿连航道(京杭运河至盐段)整治一期工程、申张线青阳港航道整治工程、固城湖区段航道整治工程稳步推进,申张线沙家浜南桥段航道整治工程开工建设。京杭运河二通道、浙北高等级航道网集装箱运输通道建设工程、绍兴曹娥江上浦船闸及航道工程、清风船闸及航道工程加快推进。安徽境内秋浦河航道整治工程有序推进

淮河水系。淮河干流(安徽段)航道整治工程蚌埠闸至红山头段整治工程已完工,临淮岗复线船闸工程有序推进。河南淮滨段航运工程主体完工。淮河出海航道(江苏段)航道整治工程前期工作加快推进。

(2)地方内河航道养护

内河航道养护。14省市内河航道维护总里程7.4万公里,其中一类维护1.1万公里,二类维护1.6万公里,三类维护4.7万公里。严格落实航道养护计划和技术核查制度,完善管理制度和机制,推进航道养护管理规范化、有序化,强化养护装备配备和基地建设,完善航道监控、助航设施,加强航道巡查,加强水情、水位信息通报,加大与相关水工程运行和管理单位的沟通协调力度,定期开展航道例行养护巡查、测绘、通航建筑物日常运行监测。按照"应养尽养、干支协调"原则,加强内河低等级航道的养护和等外航道资源管理,保障与高等级航道有效衔接。积极争取地方财政预算中合理安排航道养护资金,切实保障航道日常养护和应急抢通需要。上海市完成养护项目37项,完成内河航道疏浚里程35.5公里,疏浚量78万立方米,实现56座航标遥测遥控,航标灯维护正常率

100%。江苏省一类维护航道通航保证率98%，航标正常率达99%以上。浙江省加强标准化航道养护，年通航保证率98%，航标维护正常率95%以上，嘉兴航区航标管理迈入智能化。江西省构建了航道管养"五化四好"模式，全年疏浚浅滩18个，疏浚量约115万立方米，赣江中下游、鄱阳湖区主航道通航保证率95%；实现航标配布标准化，赣江新干枢纽以下航道航标全部大型化。湖北省加强汉江航道信息发布，有效应对汉江特大洪水，完成523座桥梁隐患排查和829公里千吨级及以上内河航道信息采集。湖南省完成航标维护工作量91.6万座天，维护正常率99.79%，疏浚工程量31万立方米，完成25处水上助航标志、43座桥梁标志标识整改。

通航建筑物运行养护。14省市拥有通航建筑物291座，其中船闸277座、升船机14座。加强上游水库群调度协调，完善金沙江、岷江水情调度信息传递机制，做好白鹤滩水电站初期蓄水期上游段航道通航保障，协调金沙江和岷江水库群优化蓄水方案和流量调控方案，引导有关企业、船舶根据蓄水计划合理安排运输生产。上海市编制水运船闸养护维修规程。浙江省持续推动过闸效率提升，杭州三堡船闸普通货船平均待闸时间4.5天、缩短30%。江西省编制船闸运行方案，推进全省船闸统一管理。湖北省推进汉江及江汉运河通航建筑物统一调度。四川省嘉陵江梯级通航建筑物联合调度试运行。贵州省建设乌江通航联合调度管理系统。14省市内河航道通航建筑物基本情况见表2.2-4。

长江水系通航建筑物情况　　　　　　　　　表2.2-4

省（市）	通航建筑物数量（处）	通航建筑物数量		省（市）	通航建筑物数量（处）	通航建筑物数量	
		船闸（座）	升船机（座）			船闸（座）	升船机（座）
上海市	1	1		湖北省	11	10	1
江苏省	84	84		湖南省	20	19	1
浙江省	33	31	2	重庆市	3	3	
安徽省	50	49	1	四川省	35	33	2
江西省	22	21	1	贵州省	5	2	3
山东省	12	12		云南省	4	2	2
河南省	9	9		陕西省	2	1	1

（3）跨水系航运沟通工程

湘桂赣粤运河专项研究。2021年，交通运输部联合广东省人民政府、江西省人民政府印发了《赣粤运河重点问题专项研究推进工作方案》，湖南省人民政府、广西壮族自治区人民政府联合印发了《湘桂运河重点问题专项研究推进工作方案》，建立了部省联席会议制度，组建运河工作专班，有序开展湘桂、赣粤运河专项研究工作（研究总报告和9个专题）。湘桂、赣粤运河纳入《中华人民共和国国民经济和社会发展第十四个五年规划和2035年远景目标纲要》《国家综合立体交通网规划纲要》，加强运河连通工程在国土空间开发、水资源、生态环境等方面的要素保障。

引江济淮航运工程。引江济淮工程（安徽段）东淝河船闸工程建成，蜀山船闸、枞阳引江枢纽船闸、白山船闸、庐江船闸、江淮沟通段派河口船闸、引江济巢段西兆线兆河船闸工程有序推进，江淮沟通段Ⅱ级航道、引江济巢段菜子湖线Ⅲ级航道工程加快建设。引江济淮二期工程前期工作加快推进。

2.3 港口建设发展

2.3.1 优化港口布局和功能分工

港口布局规划。《国家综合立体交通网规划纲要》指出要发挥上海港、宁波舟山港等国际枢纽海港作用，巩固提升上海国际航运中心地位，加快建设辐射全球的航运枢纽。《"十四五"长江经济带综合交通运输体系规划》提出要优化港口功能布局，推动提升黄金水道功能。《成渝地区双城经济圈综合交通运输发展规划》提出加强港口分工协作，构建结构合理、功能完善的港口集群，形成以重庆长江上游航运中心为核心，以泸州港、宜宾港等为骨干，其他港口共同发展的总体格局。14省市相继出台"十四五"综合交通发展规划和水运相关发展规划，进一步明确"十四五"各省市港口发展的战略定位和功能、总体发展目标及任务。各地港口总体规划调整和修编工作同步推进，连云港港、重庆港等港口总体规划获部省（市）联合批复，杭州港、嘉兴内河港、湖州港、池州港、六安港等港口总体规划获省级政府批复，武汉港、南通港、徐州港、绍兴港等港口总体规划正在开展环评。

拓展港口航运服务功能。加强煤炭交易市场等大宗散货交易平台建设，拓展物流、商贸、信息、金融等服务功能，加快自由贸易试验区有关政策的复制推广。浙江省深化"四港"联动发展，加快打造"四港"智慧物流云平台，推动交通率先与"四港"智慧物流云平台进行数据对接，加快推进全程可视服务、物流管家服务、公铁水联动业务服务、订仓业务服务以及用户管理体系等功能开发。

2.3.2 推进港口资源整合

省域港口资源整合。上海市启动南港码头群高品质建设运营系列项目，推动南港融入上海港整体发展规划，促进临港新片区码头岸线资源一体化、高品质建设运营。江苏省优化内外贸航线配置，发挥区域间"穿梭巴士"优势，形成枢纽港口航线体系"网络化"和揽货体系"网格化"；省港口集团成立运河航运业务协同平台，推进江苏运河航运一体化、集约化、高质量发展。浙江省宁波舟山港一体化改革持续深化，推进宁波舟山港港口服务一体化试点；建立核心港区航道锚地共商共建共养共管共享机制。安徽省实施以"港口+航运"做强供应链、"港口+园区"延伸产业链、"港口+金融"构建资本链、"港口+贸易"提升价值链、"港口+互联网"探索创新链为主要内容的发展战略，打造芜湖—马鞍山江海联运枢纽。山东省持续推进全省沿海港口及相关资源整合，港口所在地方政府承担建设管理维护主体责任。江西省首个港口资源整合共建示范项目九江矶山公用码头投入使用，九江港区逐步形成统一经营、布局合理、分工协作的港口体系。湖北省出台港口资源整合工作方案，按照"资产整合+业务重组"的方式，组建湖北省港口集团有限公司，将省属国企及长江、汉江沿线市州的国有港口资产整合；阳逻港一二三期统一运营取得阶段性成果。四川省泸州、宜宾、乐山、广元、南充等港口实现统一管理和市场化、专业化运营，形成定位明确、互联互补的"一盘棋"格局。

区域港口一体协同。 沪苏浙皖四省市统筹港口资源，强化区域港口合作分工，推动江海联运发展和港口资源集约利用，促进投资运营一体化，长三角港口集团挂牌成立，初步形成以上海港、宁波舟山港为核心的长三角世界级港口群。太仓港与上海港推进沪苏同城、沪太同港进程，上海港太仓服务中心投入运行，打造"一个窗口对外"的客服体系，做到信息前置、服务前置，实现货物进入太仓港视同进入上海港。上海市与安徽省探索整合沪芜两港资源，共建的芜湖集装箱联合服务中心正式运营，共同推动"沪芜通关一体化"，推动沪芜两港"同港化"发展。湖南省推动岳阳港与舟山市江海联运合作，共建大宗商品散货集散中心，共促准班轮运输环境优化，共享港航物流数据信息。

2.3.3 港口设施建设

港口码头建设。 黄石棋盘洲三期、宜昌白洋二期、万州新田港二期等顺利推进，重庆忠县新生港、襄阳小河港区综合码头等建成，南京港、苏州港等一批集装箱作业区开工建设。14省市港口码头及其配套设施建设动态见表2.3-1。

14省市港口码头及配套设施建设动态　　　　　　　　　　表2.3-1

省（市）	建 设 动 态
上海市	上港集团和浙江海港集团共同推进小洋山综合开发，小洋山北侧支线码头建设规划和项目前期工作有序推进。完成第一批3座内河港口标准化试点码头建设
江苏省	苏州港太仓港区集装箱码头四期工程竣工验收，南通港吕四起步港区"2+2"码头主体工程完成。南通洋口港"能源岛"液化码头二期、宿迁港集装箱码头三期、淮安黄码作业区码头等工程加快建设。无锡（江阴）港通用码头20万吨级改扩建项目启动，苏州国际铁路物流中心集装箱码头、南京港固城作业区北区码头、扬州港六圩作业区内港池改造项目等工程开工建设
浙江省	建成嘉兴西堰作业区等内河500吨级以上泊位45个，杭州港渌渚作业区江口码头建设工程稳步推进，嘉兴独山港区内港池散改集工程和乍浦港区二期内河港池及码头工程开工建设。建成梅山9#等万吨级以上泊位6个，开工建设中奥码头、大小门岛等重大港口项目
安徽省	芜湖液化天然气（LNG）集装箱码头工程（水工部分）交工验收，宣州综合码头工程竣工验收。郎溪县定埠综合码头二期工程、淮北港孙疃作业区综合码头工程、和县皖江公铁水联运通用港口开工建设。续建项目芜湖港朱家桥外贸综合物流园一期项目码头工程、安庆港长风港一期改造工程加快推进
江西省	港口集团续建项目19个，九江港彭泽港区红光作业区综合枢纽物流园一期主体工程基本完工，彭泽矶山公用码头工程、泰和沿溪货运码头、鹰潭港余江港区中童作业区综合码头一期工程等交工验收，九江九宏综合码头、宜春港樟树港区河西作业区综合码头等项目有序推进
山东省	青岛港董家口港区5万吨级液体化工码头、日照港岚山港区15万吨级通用泊位、日照钢铁精品基地配套4万吨级成品码头、潍坊港4个新建泊位等项目竣工验收。京杭运河梁山港、菏泽万丰港等正式开港。济南港主城港区和章丘港区开工建设
河南省	平顶山港、信阳港闾河口港区基本建成，信阳港淮滨港区开港运营
湖北省	黄石新港铁水公联运示范工程验收，阳逻港水铁联运二期、鄂州三江港开港运营，荆州江陵煤炭储备基地一期工程基本完工，阳逻集装箱铁水联运二期、黄石棋盘洲三期、宜昌白洋二期、三峡国际游轮中心码头建设稳步推进。襄阳港小河港区综合码头正式投产运营

续上表

省（市）	建 设 动 态
湖南省	岳阳港城陵矶港区（松阳湖）二期下游工程竣工验收
重庆市	主城果园港二期及二期扩建工程完成，忠县新生港建成投用，江津珞璜港一期建成2个泊位，涪陵龙头港一期建成3个泊位。果园重大件码头、涪陵龙头二期、江津红璜等项目有序推进。万州新田港二期开工建设
四川省	遂宁港大沙坝作业区一期工程开工建设。广元港苍溪港区试运行
贵州省	乌江索风营等四个库区航运建设工程建成便民码头8座（验收4座）
云南省	金沙江中游库区航运基础设施综合建设二期工程（龙开口上游翻坝码头客滚泊位工程，汇源码头客滚泊位工程）、水富港扩能二期、东川港等项目加快推进
陕西省	石泉港客运码头工程、火石岩客运码头工程交工验收

港口集疏运建设。加快推进重点港区铁路专用线和疏港公路建设，重点解决铁路进港"最后一公里"问题，长江干线14个港口铁水联运项目加快推进。苏州太仓港区、南京龙潭港区、荆州煤炭储备基地铁路专用线和泸州港疏港铁路等建成运营，武汉阳逻国际港铁水联运项目铁路站场工程完成并开港通车，安庆长风港区、岳阳城陵矶港区、长沙霞凝港区、宜昌白洋港区、宜宾港等铁路集疏运项目加快推进。各地区港口集疏运体系建设动态见表2.3-2。

各地区港口集疏运体系建设动态　　　　　　　　　　　表2.3-2

省（市）	建 设 动 态
上海市	洋山港区水公铁集疏运体系先行项目口岸查验场地工程建成；外高桥港区铁路专用线前期工作有序推进
江苏省	江苏（苏州）国际铁路物流中心、上合组织（连云港）国际物流园铁路装卸场站工程等设施进一步完善，南通洋吕、中新钢铁、运河宿迁港等铁路专用线开工建设，南通通海港区至通州湾港区铁路专用线一期工程加快建设，苏州太仓港区、南京港龙潭港区等铁路专用线建成运营。南通港吕四港区疏港公路、平海公路快速化改造项目等建成
浙江省	宁波舟山港主通道公路（鱼山石化疏港公路）项目舟岱大桥、石浦港区沈海高速连接线石浦至新桥段（石浦连接线）疏港公路建成，六横公路大桥梅山互通至柴桥枢纽段开工，梅山铁路支线和北仑支线复线工程加快推进
安徽省	马鞍山郑蒲港区铁路专用线开通运营；铜陵港江北港区铁路专用线、池州港东至经开区铁路专用线、安庆港长风港区铁路专用线工程有序推进
江西省	九江港城西港区铁路专用线、都昌泗山作业区和庐山沙山作业区疏港公路建成运营，彭泽矶山作业区等疏港公路有序推进，彭泽红光作业区等铁路专用线启动前期工作
山东省	青岛港国际物流铁路专用线、临沂疏港铁路建成运营，临沂铁路物流园支线永锋专用线开工建设；日照港岚山港区疏港高速等一批疏港公路和铁路专用线项目前期工作加快推进
河南省	周口港中心港区规划建设疏港公路、疏港铁路
湖北省	武汉港阳逻港区水铁联运二期铁路专用线、铁路站场工程建成运营；宜昌港白洋港区疏港铁路通车试运行；三峡枢纽茅坪港疏港铁路加快建设；荆州港车阳河港区疏港铁路开工建设，江陵港区疏港一级公路基本建成；黄石新港沿江疏港铁路二期项目开工建设
湖南省	岳阳港城陵矶港区（松阳湖）进港铁路专用线开通试运营，长沙新港（三期）铁路专用线项目加快建设
重庆市	万州新田港、涪陵龙头港铁路专用线加快建设
四川省	广元港红岩作业区、张家坝作业区进港公路和自贡至泸州港公路、城区至遂宁港通港大道等疏港公路建设有序推进
云南省	水富港铁路专用线项目及水麻线联络工程开工建设

江海河联运配套设施建设。 继续推动优化整合长江南京以下江海联运港区布局和功能，加强安徽、江苏沿江港口江海直达、江海联运相关码头技术改造和锚地建设。江苏省通州湾新出海口重要内河快速通道—江海河联运项目全面建设，通州湾新出海口一期通道工程建成，通吕运河航道开工建设，通海港区至通州湾港区疏港航道前期工作加快推进；全省已有11个内河港口、25个作业区、33个泊位开展了内河集装箱作业，实现苏北三层、苏南二层集装箱核心运输通道基本畅通，徐州、淮安、连云港3个内河港口实现铁路专用线进入内河集装箱作业区。浙江省加快江海河联运枢纽港、航运服务基地和国际大宗商品储运加工交易基地建设，实施22项针对性举措打造嘉兴长三角海河联运枢纽，加快提升宁波舟山港海河联运能力，鼠浪湖码头泊位延伸、挡流堤等先行工程开工建设；嘉兴港海河联运综合枢纽加快建设。安徽省推进芜湖马鞍山江海联运枢纽建设。江西省持续推进九江江海直达区域性航运中心重点港区现代化码头、疏港铁路公路建设。

2.4 水运领域新型基础设施

2.4.1 统筹谋划新型基础设施项目

水运领域"新基建"布局。《交通运输领域新型基础设施建设行动方案（2021—2025年）》，以推动交通运输高质量发展为主题，以数字化、网络化、智能化为主线，提出智慧航道、智慧港口等七大建设行动，明确依托长江干线、京杭运河、乌江、涪江、杭申线等高等级航道开展智慧航道建设，建设苏州港等新一代自动化码头、港口智慧物流服务平台、武汉港阳逻铁水联运码头等一批交通新基建重点工程。各地各部门贯彻有关政策要求和任务部署，与交通强国试点和"十四五"规划相结合，加快推进水运领域新型基础设施建设。各地水运领域新型基础设施建设规划布局情况见表2.4-1。

各地水运领域新型基础设施建设规划布局 表2.4-1

省（市）	水运"新基建"布局
上海市	建设新型交通终端设施、打造智慧交通应用系统、创建孪生交通治理模式；打造智慧航运系统，建设长江口航道数字管理平台，提高智能航海保障数据服务能力；打造智慧港口系统，推进外高桥码头自动化升级改造，开展洋山港铁公水集疏运+自动驾驶集卡物流体系建设
江苏省	实施信息基础设施建设、智慧交通基础设施建设、智慧运输服务、交通大数据应用、新技术应用、交通运输创新平台建设、智能交通产业发展等7项专项行动，推进传统交通设施智能化升级，加快建设智慧航道、智慧港口等一批智慧交通基础设施，建设京杭运河智能航运试点示范、刘老涧三线、谏壁、魏村等智慧航道和智慧船闸，南京港、镇江港、苏州港、太仓港四期场堆自动化码头等智慧港口
浙江省	推动智能化交通设施建设，推进港口智慧化，实施梅山港区等一批大型集装箱码头自动化改造，支持有条件的沿海地区开展船舶联网试点建设；聚焦智慧港口、智慧航道、智能船舶、智能航运等领域，加快完善智慧港航框架体系
安徽省	聚焦"基础能力、行业治理、行业服务、科技创新、支撑保障"五个方面，重点打造智慧交通建设"1个数字大脑、4类重点领域应用、1套支撑保障"的总体架构。安徽省交通运输"十四五"发展规划提出，推动大数据、互联网、人工智能、5G、北斗卫星导航、区块链、BIM、数字孪生等新一代信息技术赋能传统交通基础设施；推动智慧港口、智慧航道建设，试点建设高等级航道感知网络和适应智能船舶的岸基设施

续上表

省（市）	水运"新基建"布局
江西省	加快建设智慧港口、智能航运等，建设综合交通运输大数据中心，推进交通运输物流公共信息平台建设。《江西省"十四五"新型基础设施建设规划》在"智慧交通基础设施建设"中明确，推动全省交通大数据中心建设，加快内河水运数字化改造，提升港口集装箱装卸、理货等智能化水平，推动九江港"5G+智慧港口"建设
山东省	完善综合交通运输数据支撑体系，建设综合交通运输大数据平台；加快智慧港航建设，推动新型自动化集装箱码头和大宗干散货码头无人化系统建设，加快港站智能调度、设备远程操控等综合应用，推进物流作业在线协同，加强港口危险品智能监测预警，推动北斗导航在港口作业领域的应用，打造"自主智能、开放智慧、平安绿色、便捷高效"的引领性、示范性智慧港口项目；实现三级以上重点航道通航建筑物运行状况实时监控，推动梯级枢纽船闸联合智能调度系统建设；加快智慧船舶建设，实现船舶航行轨迹和污染物全过程监控
湖北省	支持武汉、宜昌等集装箱港口建设智慧港，打造基于5G的智能引导、精准停车、集装箱自动装卸等应用，推动汉江等内河航道数字化升级；在"完善智慧物流设施建设"中提出，依托武汉新港等推动多式联运创新发展，研发多式联运信息系统，构建服务全球的"一单制"高效多式联运体系
重庆市	推进智慧交通基础设施建设，加快港口航道等数字化改造，建设物流信息平台，满足市场主体"一次委托、全程服务、门到门交接"的多式联运需求
四川省	建设协同综合的智能交通设施推动物联网、大数据、人工智能等技术在交通基础设施中应用，增强港口设施的感知、通信、处理能力，对全省码头和船载视频监控系统进行智能化升级改造，建设高等级航道船舶污染物排放监测网络
云南省	创新发展以智慧航道、智慧港口为代表的智慧水运体系，积极开展水运航道地理信息、航道感知网络、岸基设施等建设，推进港口设施数字化改造与智能装备应用，建设港口智慧物流服务平台，开展智慧航运应用
贵州省	打造智慧交通基础设施，开展港口数字化改造升级

2.4.2 新型基础设施建设

巩固提升信息通信网络服务能力和水平。完善长江航运通信专网，完成长江干线汉渝数字传输系统工程，光传送网技术（OTN）在长江专网首次应用，中上游传输带宽最高可达700G；完成数据承载网升级，武汉以上链路达万兆，带宽扩大66倍，系统内一、二级单位之间长途网络带宽达千兆，普遍增长10倍以上；与高速公路干线传输系统组成区域性自愈环网，提升长江航运专网的安全性、稳定性和扩展性；开展重庆—宜宾、南京—上海等干线光传输网项目前期研究，并与沿江省市有关部门及涉水单位就视频资源共享事宜形成初步方案建议。完成长江干线北斗地基增强系统主体工程建设，基本建成全线北斗基础网络。长江宜昌段水域建成近40公里5G无线宽带网络，三峡通航综合服务区5G信号全覆盖。交通强国建设长江航务管理局试点任务"长江航运多源时空信息智能服务应用"启动，构建北斗应用推广数据基地，开展长江干线"北斗+"数据应用服务，研发并推广应用北斗智能船载终端，推动长江干线船舶北斗智能船载终端全覆盖。

大数据公共服务平台建设。长江航运数据中心、长江航运公共信息服务平台等项目建设有序推进，国家综合交通运输信息平台长江航运子平台、三峡通航综合指挥平台等工程前期工作加快推进。

智慧航道建设。推进航道基础设施数字化，长江干线合江门至兰家沱段、大埠街至上巢湖、上巢湖至浏河口段数字航道建设工程竣工验收，航道测量设施和监测感知网络等航道运行状态在线监测系统建设加快推进，有序推进航道信息感知和动态监测体系、智慧航道养护管理业务体系、智慧航道公共服务体系、智慧航道制度标准体系等构建。交通强国建设长江航务管理局试点任务"长江干线智慧航道建设及应用"启动，将构建全天候、全覆盖、可视化的长江干线航道动态监测体系，打造长江干线智慧航道一站式综合服务体系。长江电子航道图应用进一步拓展，丰富了航路、锚地、服务区、桥梁码头等通航信息，覆盖范围上延至云南水富，基本实现与汉江、赣江、信江等重要支流的互联互通。推进航标终端升级，完成长江干线95%航标终端通讯2G升4G，规模化推广应用船舶自动识别系统（AIS）航标，在下游深水航道区段、中游城陵矶水域推广应用AIS航标共计151座，完成并开通中下游AIS虚拟航标服务；推进"航标可视化"建设，利用北斗AIS基站设备在重点桥区、重点港区、重点航段发布合成AIS航标，相关航标信息在AIS船载终端、长江航道图APP等多平台实时同步显示；自主研制的"自航式"航标在长江干线泸州段石棚水道完成应用测试，实现航标自主航行、自主定位、自主抛锚、自主绞移、自主返航。

智慧港口建设。通过云计算、大数据、物联网、移动互联网等新一代信息技术与港口物流业务的融合渗透，主要围绕港口智能运营、危险品精细管理、供应链互联协作、物流区域协同、服务敏捷保障、业务开放创新等方面推进港口在作业效率、供应链上下游协作、信息互联互通、增值服务与体验、危险品安全管理、港口生态圈建设等方面的提升。苏州港太仓港区四期建成全自动化堆场集装箱码头，试点应用5G远程控制岸桥作业。武汉阳逻国际港集装箱水铁联运5G应用项目投入运营，实现无人驾驶、远程操控、自动化管理。四川省首个5G智慧港口项目宜宾港5G智慧港口一期工程完成验收。

第 3 章

航运服务

3.1 水路运输

3.1.1 船舶运力情况

运输船舶总规模。截至2021年底,14省市拥有水上运输船舶10.41万艘,净载重量20860.8万吨,载客量53.5万客位,集装箱箱位210.4万TEU;较2020年底艘数同比降低1.2%,吨位增加2.8%,客位数降低1.3%,箱位数降低6.2%。其中,机动船9.6万艘,驳船0.7万艘,较2020年底艘数分别降低0.3%、11.7%。14省市水上运输船舶运力发展情况见图3.1-1。

图3.1-1 14省市水上运输船舶运力发展情况(2017—2021年)

运输船舶构成。按航行区域分,内河运输船舶9.66万艘、载客量43.0万客位、净载重量12360.43万吨,较2020年底艘数降低1.4%、客位数降幅2.2%、吨位增幅5.1%;沿海运输船舶6845艘、载客量9.47万客位、净载重量5486.31万吨,艘数增长4.2%、客位数增幅2.4%、吨位增幅10.5%;远洋运输船舶628艘、净载重量3014.44万吨,艘数降低17.6%、吨位降幅15.7%。2021年分地区内河船舶艘数见图3.1-2。

客运船舶。客运船舶(包括客船、客货船,不含客运驳船)艘数1.05万艘,载客量48.2万客位,较2020年底艘数降低1.2%、客位数降幅10.6%。其中,内河客船9859艘、载客量41.8万客位,艘数降低1.4%、客位数降幅4.4%。14省市内河客运船舶运力情况见图3.1-3。

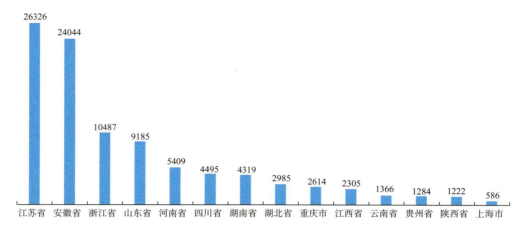

图3.1-2 分地区内河船舶艘数（单位：艘）

图3.1-3 14省市内河客运船舶运力情况（2017—2021年）

货运船舶。货运船舶（包括货船、驳船）艘数、净载重量分别为8.4万艘、20146.58万吨，较2020年底艘数降低9.5%、吨位降幅0.6%。其中，内河货船7.8万艘、净载重量11688.70万吨，艘数降低10.3%、吨位增幅0.5%。14省市内河货运船舶运力情况见图3.1-4。

图3.1-4 14省市内河货运船舶运力情况（2017—2021年）

集装箱船舶。集装箱运输船舶（不包含多用途船、驳船）852艘，箱位187.1万TEU；其中，内河集装箱运输船舶426艘，箱位6.5万TEU。14省市内河集装箱船舶艘数见图3.1-5。

图3.1-5　14省市内河集装箱船舶艘数（2017—2021年）

船舶吨位结构。14省市货运船舶（包括货船、驳船）平均吨位2392吨，同比增长9.8%；集装箱船舶（不包含驳船）平均箱位2196TEU。其中，内河货运船舶平均吨位1505吨，增长10.7%，内河集装箱船舶平均箱位152TEU。分地区内河船舶平均吨位见图3.1-6。

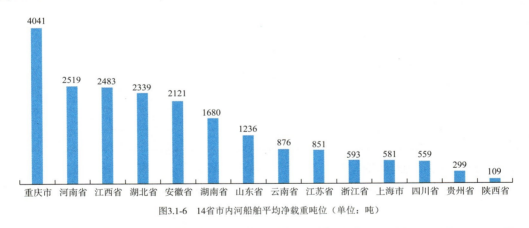

图3.1-6　14省市内河船舶平均净载重吨位（单位：吨）

新船型推广应用。三峡船型加快推广，重庆市累计建成60艘130米大长宽比三峡船型。江海联运新船型取得新突破，由舟山研发承建的两艘服务长江中游1.4万吨级特定航线江海直达散货船"江海直达17""江海直达19"首航分别直达武汉港和黄石港；武汉直达洋山的1140TEU江海直达集装箱运输船投用。武汉直达日本和韩国的汉亚直达集装箱班轮，在2艘500TEU集装箱船的基础上将新建2艘。我国首艘快速双体集装箱船"交发天龙"轮用于武汉至宜昌集装箱班轮快航运输。湖南新造双燃料江海直达集装箱船"湘水运27"轮实现首航。

3.1.2　水路运输企业

企业数量和区域分布。截至2021年底，长江水系内河运输企业3727家，同比增长

4.8%。其中省际运输企业2544家，增加0.7%；省内运输企业1183家，增长14.2%。个体工商户9858家，增长5.2%。长江水系水路运输辅助业企业共1270家，增长5.9%。其中，船舶管理企业349家，增长31.2%；船舶代理469家，减少6.2%；客货运代理452家，增长4.4%。内河客运企业平均运力规模549客位，内河货运企业平均运力规模21096总吨。各省市水路运输企业总体情况见表3.1-1。

14省市水路运输和辅助业经营者情况　　　　　　　　表3.1-1

省（市）	运输企业			个体工商户	辅助业企业			
	总计	省际	省内		总计	船舶管理	船代	客货代
总计	3727	2544	1183	9858	1270	349	469	452
上海市	69	45	24	5	61	53	4	4
江苏省	752	635	117	3	320	87	114	119
浙江省	187	104	83	6387	332	106	120	106
安徽省	709	679	30	1141	41	16	20	5
江西省	182	126	56	20	40	6	18	16
山东省	260	168	92	0	288	42	148	98
河南省	135	93	42	0	0	0	0	0
湖北省	291	235	56	221	78	26	14	38
湖南省	247	116	131	364	25	0	20	5
重庆市	313	256	57	183	76	11	10	55
四川省	344	69	275	941	9	2	1	6
贵州省	120	8	112	292	0	0	0	0
云南省	64	9	55	63	0	0	0	0
陕西省	54	1	53	238	0	0	0	0

注册船员。截至2021年底，长江海事局（含江苏海事局）共有注册船员24.5万人，同比增长5.1%，约占全国注册船员总数的七分之一，全年新注册船员1.2万人次；其中，国际海船船员10.9万人，增加5.2%，国内海船船员2.5万人，增长8.4%，内河船员11.1万人，增长4.4%。上海海事局辖区全年初次注册船员1514人次，其中国际航线1306人次、国内航线208人次。

3.1.3 水路客货运输量

旅客运输规模和区域分布。14省市全年完成水路客运量1.1亿人、旅客周转量20.4亿人公里，同比分别增长5.2%、下降6.2%。其中，内河客运量7373万人、旅客周转量12.6亿人公里，分别与去年持平、下降8.9%。2021年分地区内河客运量见图3.1-7。

货物运输规模和区域分布。14省市全年完成水路货运量59.0亿吨、货物周转量68353.4亿吨公里，同比分别增长7.6%、6.5%。其中内河货运量33.9亿吨、货物周转量15791.8亿吨公里，分别增长8.8%、11.2%。2021年分地区内河货运量见图3.1-8。

图3.1-7 分地区内河客运量（单位：万人）

图3.1-8 分地区内河货运量（单位：万吨）

月度客货运输量分布。客运方面，随着疫情的逐步缓解，14省市水路客运量逐渐回升，4~7月以及10月超过1000万人次，5月份达到最高峰1434万人次，8月南京地区、11月重庆地区受疫情影响较大。随着冬季到来，11~12月水路客运量又呈下降趋势，12月最低为547万人次，相较5月份下降61.8%。货运方面，2月水路货运量最低为3.9亿吨，比1月下降17.0%；随后水路货运量逐月上升，11月达到最大为5.6亿吨，较2月增长43.4%。2021年分月度水路客货运量分别见图3.1-9、图3.1-10。

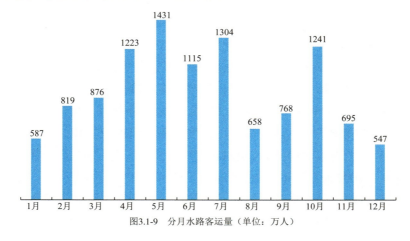

图3.1-9 分月水路客运量（单位：万人）

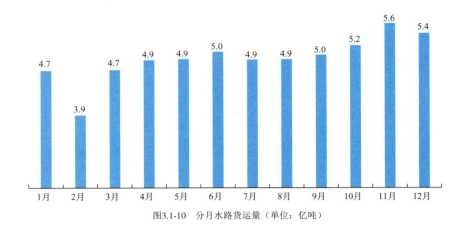

图3.1-10 分月水路货运量（单位：亿吨）

3.1.4 分类市场供需情况

干散货运输市场。干散货运输需求平稳增长，船舶运力仍供大于求，全年运价前高后低、震荡波动。干散货主要货种来源地域特征明显，煤炭及制品主要始发港为唐山、沧州、秦皇岛等渤海湾港口，主要目的港为苏州、江阴、泰州等长江下游江苏段港口；金属矿石主要始发港为舟山、江阴、宁波等长三角地区港口，主要目的港为苏州、泰州、南京等沿江港口；矿建材料主要始发港为黄石、岳阳、重庆等中上游地区港口，主要目的港为南通、苏州、泰州等下游港口。长江干线主要货种运输价格区间为：煤炭0.022~0.072元/吨公里，金属矿石0.02~0.057元/吨公里，矿建材料0.02~0.075元/吨公里；平均运价0.042元/吨公里，同比上涨0.5%。长江干散货运价指数全年运行在710~791点之间，均值759.83点，下降0.03%。

液货危险品船运输市场。散装液体危险货物运输市场相对稳定。石油天然气及制品主要始发港为舟山、南通、南京等长三角地区港口，主要目的港为上海、江阴、苏州等长三角地区港口。长江水系省际液货危险品运输企业150家，同比增加3家；长江水系省际液货危险品运输船舶2545艘/250.1万总吨，全年办理注销手续的船舶436艘/18.3万载重吨，建造完工并办理营运手续的船舶47艘/11.7万载重吨。不同种类、不同航区的液货危险品运输价格存在一定差别，散装化学品运价为0.11~0.20元/吨公里，成品油0.10~0.28元/吨公里，原油0.15~0.30元/吨公里；平均运价0.15元/吨公里，增长0.9%。

集装箱运输市场。集装箱运输市场呈现大幅增长态势，集装箱铁水联运量增长明显。长江流域地区消费市场保持恢复性增长态势，新能源、半导体产业较快发展，内需潜力加快释放，带动电子产品、聚氯乙烯（PVC）塑料、建材等内贸需求上升。国外疫情比较严重，对长江防疫物资、生活必需品、机电设备出口形成较强的拉动，集装箱外贸出口保持高位。全年平均运输价格0.57元/TEU公里，同比下降2.4%。长江集装箱运价指数全年运行在979.7~1002.4点之间，均值993.1点，下降1.31%。

载货汽车滚装运输。受公路分流影响，三峡库区载货汽车滚装运输需求近年来有所下降。运价小幅上涨，平均运输价格为3.90元/车公里，同比增长4.1%。其中，其中上行

4.17元/车公里，下行3.63元/车公里。

省际客船运输（含邮轮运输）。省际客运市场上半年逐步起势，但下半年受到疫情影响较大，市场恢复至疫情前水平还有待时日。现有长江干线省际普通客船运输企业13家，省际载货汽车滚装船运输企业10家，省际滚装客船运输企业1家，均与上年持平。长江干线省际普通客船52艘/18472客位，省际载货汽车滚装船45艘/2695车位/8009客位，省际滚装客船1艘/80车位/636客位；全年办理注销手续的船舶6艘/1685客位，建造完工并办理营运手续的客运船舶3艘/1950客位。平均运输价格2.55元/人公里，增长3.9%。

2021年长江干线部分航线运价情况见表3.1-2。

长江干线部分航线运价情况　　　　　　表3.1-2

货物类型	航线	一季度	二季度	三季度	四季度
煤炭（元/吨）	张家港—万州（0.3~0.6万载重吨）	73	74.04	60	53.33
	太仓—武汉（0.6~1万载重吨）	16.76	15.73	21.15	19.84
金属矿石（元/吨）	江阴—重庆（0.3~0.6万载重吨）	71.49	67.26	44.27	48.78
	镇江—武汉（1~2万载重吨）	16.11	14.67	15.02	11.9
矿建材料（元/吨）	芜湖—宁波（0.3~0.6万载重吨）	30.06	29.34	28.62	36.31
	涪陵—南通（0.3~0.6万载重吨）	42.67	55.97	47.5	57.33
外贸内支线集装箱（元/TEU）	重庆—上海（20英尺）	1178	1178	1135	1106
	武汉—上海（20英尺）	411	393	398	441
	南京—上海（20英尺）	291	291	291	289
	上海—重庆（20英尺）	1178	1178	1140	1116
	上海—武汉（20英尺）	389	407	378	383
	上海—南京（20英尺）	177	180	167	165
内贸集装箱（元/TEU）	重庆—上海（20英尺）	1724	1709	1674	1689
	武汉—上海（20英尺）	479	475	469	465
	南京—上海（20英尺）	278	276	276	298
	上海—重庆（20英尺）	2188	2184	2132	2133
	上海—武汉（20英尺）	436	426	434	459
	上海—南京（20英尺）	278	276	276	298

说明：数据来源于长江航运价格统计调查。

3.1.5　干支流航道运输情况

长江干线航道通航能力。长江干线航道上起云南水富至长江口，全长2838公里。按照不同河段航道特点，各航段枯水期可通航船舶吨级分别为：水富至宜宾段可通航300吨级内河船，宜宾至重庆段可通航1500吨级船舶，重庆至宜昌段可通航3000~5000吨级船舶；宜昌至武汉段可通航3000~5000吨级船舶；武汉至南京段可通航5000~10000吨级海船，南京以下河段可全天候双向通航5万吨级海船，20万吨级海轮可减载乘潮抵达江阴港；长江口航道主航道可全潮通航5万吨级海船，南槽可乘潮通航万吨级海船，北支利用自然水深通航。

长江干线客货运输情况。长江干线旅客运输总体呈复苏态势，但较疫情前水平仍有不小的差距；其中，省际普通客船完成客运量61.9万人次，同比增长156.8%，较2019年减少44.3%。根据海事报港数据测算，长江干线货物通过量完成32.6亿吨，增长6.5%。从主要运输方向看，江海运输完成13.7亿吨，增长5.0%，江出海2.2亿吨，减少2.6%；海进江11.4亿吨，增长6.6%；干支运输完成7.2亿吨，增长12.7%，干线至支流方向运输完成5.2亿吨，增长7.7%，支流至干线方向运输2.0亿吨，增长20.0%。

长江干线主要断面日均交通流量。长江干线航道宜宾至长江口段年日均船舶流量689艘，同比增长11.9%。其中，上游江津至三峡大坝段日均船舶流量129艘，增加1.6%；中游枝城至黄石段日均船舶流量273艘，增加23.0%；下游九江至芜湖段日均船舶流量971艘，增加19.6%；南京以下深水航道日均船舶流量1560艘，增长7.4%。2021年日均最大船舶流量出现在润扬大桥（南线）断面，高达2310艘次/天，平均每小时近100艘次。下游90米以上船舶日均流量同比基本持平，呈现江阴大桥以下断面流量下降，江阴大桥以上断面流量增长的特点。长江干线主要断面日均交通流量见图3.1-11。

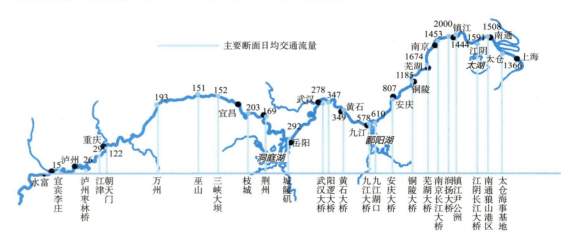

图3.1-11　长江干线主要断面日均交通流量（单位：艘/天）

三峡枢纽通航建筑物船舶通过量。三峡枢纽（含三峡船闸、升船机）共运行1.5万个有载闸（厢）次，通过船舶4.5万艘次，通过量1.51亿吨，同比增长9.3%。其中，三峡船闸通过量1.46万吨，增长6.96%，超过其设计通过能力46%；三峡升船机通过量414万吨，增长375.16%；葛洲坝船闸通过量1.54亿吨，增长9.11%。全年通过三峡枢纽重点物资2489.0万吨，增长30.1%；其中，电煤905.1万吨，增长48.3%；石油646.2万吨，增长6.1%；粮棉及食用油937.8万吨，增长35.3%。三峡通航调度水域内申报过闸船舶日均997艘次，增长70.4%；船舶平均待闸时间191.1小时，上升73.9%；其中，上行船舶平均待闸时间184.3小时，下行船舶平均待闸时间198.3小时。三峡枢纽船舶交通流量、通过量见表3.1-3、图3.1-12。

三峡枢纽船舶交通流量状况　　　　　　　　　　　　　　　　　　　表3.1-3

三峡枢纽		上 行	下 行	合 计	同比变幅（%）
三峡船闸	艘次	19877	20502	40379	2.37
	通过量（万吨）	7182.83	7460.85	14643.67	6.96
三峡升船机	艘次	2892	1911	4803	204.18
	通过量（万吨）	185.49	228.61	414.10	375.16
	客运量（万人次）	5.24	4.78	10.02	224.80
葛洲坝船闸	艘次	23237	22873	46110	9.40
	通过量（万吨）	7531.87	7846.11	15377.98	9.11

图3.1-12　三峡枢纽通过量情况

长江引航。长江引航中心共引领中外籍船舶6.2万艘次，同比减少0.5%。其中，引领国际航线船舶4.2万艘次，减少4.9%；引领国内航线船舶2.0万艘次，增长10.2%。引领船舶货物装载量4.6亿吨，增长2.5%。全年引领船舶主要货物装载情况：铁矿石1.48亿吨，增长1.74%；危险品7189万吨，下降6.74%。引领船舶重点急运物资载货量9811万吨，增长8.28%（其中，电煤载货量5664万吨，增长14.62%；成品油载货量1662万吨，下降1.7%；粮食载货量2485万吨，增长2.29%）。全年保障集装箱班轮4422艘次，增长7.12%；其中，外贸航线班轮2925艘次，增长9.71%；内贸航线班轮1497艘次，增长2.39%。引领250米及以上超大型船舶4140艘次，增长5.99%；其中，干散货船3972艘次，增长5.41%；集装箱船135艘次，增长181.25%；油船9艘，减少80.85%。

上游地区重要航道通航建筑物船舶通过量。主要包括金沙江、岷江、嘉陵江、乌江等。金沙江向家坝升船机船舶通过量139.4万吨，同比增长7.2%。嘉陵江草街船闸船舶通过量13.1万吨，乌江彭水船闸船舶通过量3.7万吨。上游地区主要支流通航建筑物船舶通过量见表3.1-4。

中游地区重要航道通航建筑物船舶通过量。主要包括湘江、沅水、汉江、江汉运河、赣江、信江等。汉江主要通航建筑物通过船舶7664艘次，船舶通过量435.2万吨。江汉运河通航船舶4516艘次、船舶通过量287.8万吨，同比分别下降34.1%、50%。赣江船闸通过船舶1440艘次，船舶通过量112.2万吨。信江界牌、虎山嘴船闸通过船舶832艘次，船舶通过量53.9万吨。中游地区主要支流通航建筑物船舶通过量见表3.1-5。

上游地区主要支流通航建筑物船舶通过量 表3.1-4

航道	通航建筑物	通过船舶数量（艘次）			船舶通过量（万吨）		
		合计	上行	下行	合计	上行	下行
金沙江	向家坝升船机	3257	1636	1621	139.4	18.6	120.8
嘉陵江	草街船闸	598	292	306	13.1	0.1	13.0
乌江	彭水	200	107	93	3.7	1.1	2.6
	银盘	151	76	75	2.8	0.2	2.6

中游地区主要支流通航建筑物船舶通过量 表3.1-5

航道	通航建筑物	通过船舶数量（艘次）			船舶通过量（万吨）		
		合计	上行	下行	合计	上行	下行
汉江	丹江口水利枢纽	15	9	6	0.2	0.2	0.1
	王甫洲船闸	61	32	29	0.8	0.3	0.5
	崔家营船闸	206	104	102	12.1	5.76	6.3
	兴隆水利枢纽	7052	3524	3528	407.1	177.5	229.5
	雅口航运枢纽	330	151	179	15	6.5	8.49
江汉运河	高石碑船闸	2258	1399	859	95.8	49.8	45.9
	龙洲垸船闸	2258	1389	869	192.1	120.6	71.5
湘江	长沙枢纽船闸	50701	25405	25296	7284	5794	1490
	近尾洲枢纽船闸	90	43	47	2.9	1.3	1.7
赣江	新干枢纽	129	69	60	9.0	5.0	4.0
	石虎塘枢纽	85	45	40	8.7	4.7	4.0
	龙头山枢纽	1226	626	600	94.6	50.0	44.6
信江	界牌枢纽	122	61	61	6.3	3.3	3.0
	虎山嘴船闸	710	400	310	47.6	25.6	22.0

下游地区重要航道通航建筑物船舶通过量。主要包括京杭运河、长江三角洲航道网、合裕线、杭甬运河及钱塘江等。江苏省交通船闸通过船舶305万艘次，过闸船舶总载重31.6亿吨，过闸货运量22.1亿吨。其中，苏北运河10个梯级累计开放闸次35.57万次，放行船队6.4万个、货轮85.77万艘；船舶通过量22.68亿吨，增长11.6%；货物通过量15.78亿吨，增长1.2%。苏北运河全线货物量3.25亿吨，增长4.1%，货物周转量653.8亿吨公里，增长0.4%；集装箱37.45万TEU，增长31.4%；矿石建材1.12亿吨，煤炭9716万吨。杭甬运河全线货运量3486.6万吨，增长27.7%。钱塘江全线货运量5889.5万吨，增长17.4%。合裕线过闸货运量16587万吨，增长14.7%。水阳江航道过闸货运量1732万吨。下游地区部分船闸通过量见表3.1-6、表3.1-7、表3.1-8。

京杭运河船闸船舶通过量

表3.1-6

航道	通航建筑物	通过船舶数量（艘次）			船舶通过量（万吨）		
		合计	上行	下行	合计	上行	下行
枣庄段	台儿庄（二线、复线）	84247	40136	44111	9898	4721	5177
	万年闸（含复线）	76113	35749	40364	8676	4077	4599
济宁段	微山（一、二线）	73649	36586	37063	8433	4181.47	4252
	韩庄二线	71644	32481	39163	8024	3805.83	4218
苏北段	施桥	158950	74339	84611	31544	15218	16326
	邵伯	154717	71560	83157	29688	14275	15413
	淮安	190999	95725	95274	30090	15045	15045
	淮阴	146526	74283	72243	22132	11135	10997
	泗阳	143278	70962	72316	21744	10746	10998
	刘老涧	155153	77449	77704	23770	11853	11917
	宿迁	158208	79016	79192	24408	12173	12235
	皂河	158445	79058	79387	24425	12170	12256
	刘山	59784	31147	28637	10083	5188	4896
	解台	53050	27800	25250	8882	4588	4295
镇江段	谏壁一线	108808	56225	52583	11569	5948	5621
	谏壁二线	99434	52244	47190	8483	4422	4061
浙江段	三堡	84657	42326	42331	6020	2867	3153

长江三角洲航道网江苏境内船闸船舶通过量

表3.1-7

航道	通航建筑物	通过船舶数量（艘次）			船舶通过量（万吨）		
		合计	上行	下行	合计	上行	下行
常州	丹金	65567	33074	32493	5453	2678	2775
南通	海安	54657	30170	24487	2845	1590	1255
	吕四	16898	8439	8459	1022	521	501
	焦港	85114	47341	37773	5717	3078	2639
	九圩港	113687	55575	58112	8380	3989	4391
	南通	36987	20339	16648	3666	1913	1753
泰州	周山河	52796	27335	25461	2212	1105	1107
	口岸	60511	30844	29667	2613	1278	1334
徐州	沙集	3261	2113	1148	263	176	87
	刘集	4119	2502	1617	368	263	104
	蔺家坝	41005	21867	19138	5312	1742	3570
南京	秦淮河	4055	2047	2008	555	278	276
宿迁	成子河	11336	6364	4972	1519	925	593

续上表

航道	通航建筑物	通过船舶数量（艘次）			船舶通过量（万吨）		
		合计	上行	下行	合计	上行	下行
扬州	宝应	9835	7522	2313	820	651	169
	运西	9153	4445	4708	769	323	446
	运东	24796	12362	12434	2214	1116	1098
	芒稻	36731	22097	14634	2853	1751	1103
无锡	江阴	196304	67688	128616	16296	6140	10156
苏州	张家港	125872	61056	64816	10999	5246	5753
	虞山	50564	29058	21506	3057	1751	1306
	杨林	43301	19444	23857	4793	2060	2733
	刘庄	36249	17827	18422	3156	1528	1628
盐城	阜宁	13753	7385	6368	1540	782	758
	滨海	854	419	435	19	9	10

合裕线船闸船舶通过量　　　　表3.1-8

航道	通航建筑物	通过船舶数量（艘次）			船舶通过量（万吨）		
		合计	上行	下行	合计	上行	下行
合裕线	巢湖（含复线）	38500	19238	19262	7345	3673	3672
	裕溪（一线、复线）	51798	25767	26031	9242	4600	4642

淮河水系通航建筑物船舶通过量。淮河是豫皖两省矿产资源、农作物、工业原料输往华东最经济的运输线，基本形成以煤炭运输为主的水运格局。主要包括淮河、盐河、沙颍河等，淮河、沙颍河、沱浍河航道船舶通过量分别为13964万吨、5974万吨、877万吨。淮河水系船闸船舶通过量见表3.1-9。

淮河水系船闸船舶通过量　　　　表3.1-9

航道	通航建筑物	通过船舶数量（艘次）			船舶通过量（万吨）		
		合计	上行	下行	合计	上行	下行
淮河（含盐河）	蚌埠（含复线）	33582	16675	16907	5498	2701	2797
	高良涧	67450	34191	33259	4058	2062	1996
	朱码	36892	17208	19684	1769	822	947
	杨庄	44145	20856	23289	2165	1020	1145
	盐灌	5657	414	5243	474	36	438
沙颍河	沈丘	6794	3396	3398	863	447	416
	郑埠口	4965	2458	2507	612	300	312
	周口	2036	1042	994	196	101	95
	耿楼	9922	4893	5029	1428	701	727
	阜阳	7039	3262	3777	1112	513	599
	颍上复线	12179	5816	6363	1763	837	926

3.2 港口生产

3.2.1 港口吞吐量

货物吞吐量规模和区域分布。 14省市全年完成港口吞吐量94.4亿吨，同比增长8.4%。其中，沿海港口43.5亿吨，增长6.7%；内河港口50.9亿吨，增长10.0%。全年完成外贸吞吐量26.5亿吨，增长6.2%。其中，沿海港口21.7亿吨、内河港口4.8亿吨，分别增长6.7%、4.2%。全年完成集装箱吞吐量14748万TEU，增长9.5%。其中，沿海港口12180万TEU、内河港口2569万TEU，分别增长8.1%、16.6%。14省市内河港口货物吞吐量见图3.2-1。

内河	货物吞吐量（万吨）	外贸吞吐量（万吨）	集装箱吞吐量（万TEU）
上海市	7143	0	0
江苏省	282709	42550	1639
浙江省	43824	263	122
安徽省	58326	1522	204
江西省	22905	444	78
山东省	6585	0	0
河南省	2154	0	1
湖北省	48831	1787	284
湖南省	14094	460	82
重庆市	19804	578	133
四川省	2044	140	26
贵州省	25	0	0
云南省	602	0	0
陕西省	0	0	0
总量	509046	47744	2569

图3.2-1 14省市内河港口货物吞吐量

分区域看，14省市港口货物吞吐量东部地区（包括上海市、江苏省、浙江省和山东省）达77.5亿吨，中部地区（包括安徽省、江西省、河南省、湖北省和湖南省）14.6亿吨，西部地区（包括重庆市、四川省、云南省、贵州省和陕西省）2.2亿吨，分别占82.1%、15.5%和2.4%；港口外贸吞吐量东部地区达26.0亿吨，中部地区4213万吨，西部地区718万吨，分别占98.1%、1.6%和0.3%；集装箱吞吐量东部地区达到13941万TEU，中部地区648万TEU，西部地区159万TEU，分别占94.5%、4.4%和1.1%。内河港口货物吞吐量东部地区、中部地区和西部地区分别34.0亿吨、14.6亿吨和2.2亿吨，分别占66.8%、28.7%和4.4%。2021年东、中、西部地区内河港口吞吐量见图3.2-2。

全年月度货物吞吐量走势。 2月港口货物吞吐量、外贸吞吐量和集装箱吞吐量均较1月有所下降，随后逐渐保持平稳上升态势至6月，7月至10月上下波动。随着11月、12月进入冬季枯水季节，港口吞吐量有所下降。2021年14省市分月港口吞吐量见图3.2-3、图3.2-4。

港口分货类吞吐量。 14省市港口吞吐量主要货类包括矿建材料、煤炭及制品、金属矿石、集装箱、钢铁、石油及制品、粮食、滚装汽车等，占港口吞吐量比重分别为31.5%、18.7%、15.5%、6.8%、5.5%、2.7%、2.5%、0.3%。14省市内河港口主要货类吞吐量情况见图3.2-5。

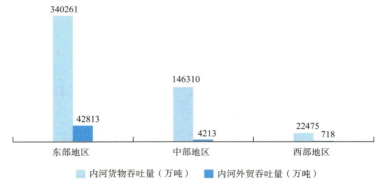

图3.2-2 东中西部地区内河港口吞吐量

图3.2-3 14省市分月内河港口吞吐量

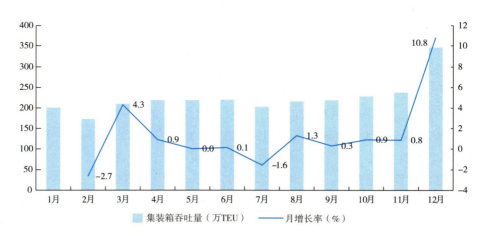

图3.2-4 14省市分月内河港口集装箱吞吐量

长江干线港口货物吞吐量。长江干线港口全年完成货物吞吐量35.3亿吨,同比增长6.9%;集装箱吞吐量2279万TEU,增长16.1%。内、外贸同比均保持增长,内贸货物吞吐量30.6亿吨,增长7.3%,外贸货物吞吐量4.7亿吨,增长4.3%。从月度看,除2月份受春节假期等季节性因素影响吞吐量略低以外，其他月份港口货物吞吐量在2.8~3.2亿吨之间，平均每月2.9亿吨。从吞吐量增速看，呈现"前低后高"的趋势，特别是三、四季度部分月份增速下降明显。从行政区域看，江西、湖北、重庆地区港口吞吐量增幅均超过20%，江苏、湖南、四川地区港口吞吐量增幅在2.4%~4.9%之间，安徽地区港口吞吐量同比增长8.2%。各区域长江干线港口货物吞吐量情况见表3.2-1。

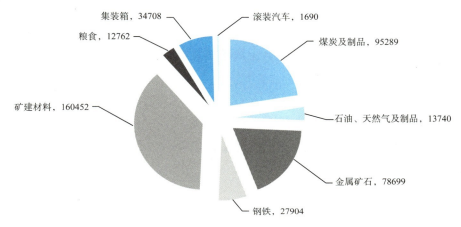

图3.2-5　14省市内河港口主要货类吞吐量（万吨）

2021年各区域长江干线港口货物吞吐量情况　　　表3.2-1

省（市）	江苏省	安徽省	江西省	湖北省	湖南省	重庆市	四川省
港口货物吞吐量（万吨）	222396	48059	15175	36924	8957	19804	1275
份额占比（%）	63.1	13.6	4.3	10.5	2.5	5.6	0.4
比2020年增长（%）	2.7	8.2	26.0	21.9	2.4	20.0	4.9
比2019年增长（%）	5.9	7.4	33.6	35.7	-17.1	15.6	-31.5

从主要货种看，煤炭及制品吞吐量7.4亿吨，同比增长11.2%；矿建材料吞吐量8.3亿吨，增长2.1%；金属矿石吞吐量7.3亿吨，增长5.8%；水泥、非金属矿石、粮食等也保持较大幅度增长。危化品吞吐量总体小幅增长，其中石油天然气及制品吞吐量1.2亿吨，增长4.7%；化工原料及制品吞吐量1.0亿吨，增长0.9%。主要货类港口吞吐量情况见表3.2-2。

2021年主要货类港口吞吐量情况　　　表3.2-2

货　类	干散货（万吨）			危化品（万吨）		集装箱（万TEU）
	煤炭及制品	金属矿石	矿物性建筑材料	石油天然气及制品	化工原料及制品	
2021年	73750	73042	83032	12323	9747	2279
比2020年增长（%）	11.2	5.8	2.1	4.7	0.8	16.1
比2019年增长（%）	0.9	17.5	8.3	-2.6	-1.3	17.4

3.2.2 分港口货物吞吐量

沿海分港口货物吞吐量。14省市沿海港口主要包括江苏的连云港、盐城，上海，浙江的嘉兴、宁波舟山、台州、温州，山东的滨州、东营、潍坊、烟台、威海、青岛、日照等港口。

上海港（不含内河）全年完成货物吞吐量达到7.0亿吨，同比增长7.3%；集装箱吞吐量4703万TEU，增长8.1%，连续12年保持全球第一。集装箱国际航线完成吞吐量3417万TEU、内支线539万TEU、国内航线748万TEU。国际中转箱量达到610万TEU，增长14.4%，内贸箱量627万TEU，增长1.8%。上海港集装箱吞吐量变化情况见图3.2-6。

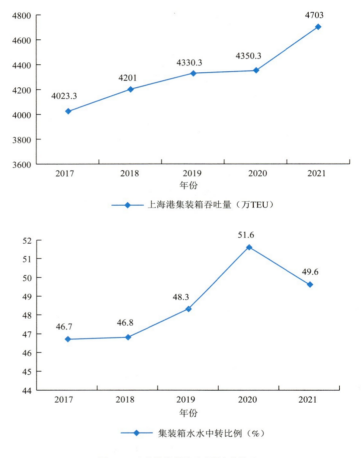

图3.2-6 上海港集装箱吞吐量变化情况

宁波舟山港完成货物吞吐量12.2亿吨，增长4.4%，连续13年位居全球第一；集装箱吞吐量3108万TEU，增长8.2%，位居全球第三，其中全年空箱供给超754.8万TEU，增长23.1%。全年共接卸40万吨矿砂船58艘次；完成粮食接卸量同比增长达48%。承担了长江经济带原油的90%、铁矿石贸易总量的45%。

主要沿海港口吞吐量完成情况见图3.2-7。

图3.2-7 主要沿海港口吞吐量完成情况

宁波舟山港、温州港、嘉兴港、台州港等浙江沿海港口开展浙台海运直航业务，全年完成集装箱吞吐量29万TEU，同比持平；其他货物吞吐量22.9万吨，减少91%；旅客吞吐量740人次；进出港船舶合计939艘，减少14%。

长江干线分港口货物吞吐量。 吞吐量过亿吨的港口有14个。其中江苏地区港口数最多，苏州港、泰州港、江阴港、南通港、南京港分列前五，苏州港货物吞吐量超5亿吨。2021年长江干线各港口吞吐量完成情况见图3.2-8、货物吞吐量前十港口见图3.2-9。

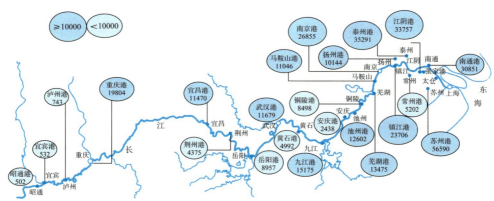

图3.2-8 长江干线港口吞吐量（单位：万吨）

港口	货物吞吐量		外贸货物吞吐量		集装箱吞吐量	
	全年（万吨）	比上年增长（%）	全年（万吨）	比上年增长（%）	全年（万TEU）	比上年增长（%）
苏州港	56590	2.1	17100	6.7	811	29.0
泰州港	35291	17.2	2826	2.7	32	-1.8
江阴港	33757	36.6	6658	4.2	61	19.6
南通港	30851	-0.5	5382	1.5	203	6.1
南京港	26855	6.9	3211	0.1	311	2.9
镇江港	23706	-32.4	4892	12.3	44	16.9
重庆港	19804	20.0	578	9.4	133	16.0
九江港	15175	26.0	358	-5.2	65	6.3
芜湖港	13475	-0.5	315	-3.5	115	4.4
池州港	12602	24.3	21	-39.3	1	-27.3

图3.2-9 长江干线部分港口吞吐量

支流港口货物吞吐量。苏州内河、杭州、嘉兴内河、湖州等港口吞吐量均过亿吨；苏州内河、常州内河、宁波内河、金华、枣庄、长沙等港口增长较快，均超过25%；阜阳、亳州、襄阳、株洲等港口下降幅度较大。集装箱吞吐量除绍兴港、南昌港外均呈增长态势。2021年支流重点港口吞吐量完成情况见图3.2-10。

图3.2-10　支流重点港口吞吐量（单位：万吨）

3.3 现代航运服务业

航运交易服务。上海航运交易所发布的上海船舶价格指数（SPI）2021年平均值为1087.70点，同比上涨11.79%；其中，国内沿海散货船价综合指数（CBPI）、国内内河散货船价综合指数（IBPI）分别上涨19.22%、6.37%。船舶交易方面，重庆航运交易所12.44亿元，湖南湘联船舶交易有限公司6.87亿元；按船舶交易服务机构成交艘数统计，盐城市中川船舶交易服务有限公司325艘，湖南湘联船舶交易有限公司321艘。武汉航运交易所推广网络货运平台、资产交易平台，拓展船舶评估、国资处置、航运招标等业务支线，全年实现交易额78.6亿元，除货运物流交易和船舶资产交易外，航运招标平台及现场招标服务交易额破8亿元。南京航运交易中心成交各类船舶249艘，交易额6.28亿元；推进国资船舶在线竞拍处置，竞拍22批次拍品，成交额4070.03万元；发布货运交易信息17919笔，成交1883笔，承运量2131.5万吨，交易额8.31亿元。此外，上海航运交易所通过网络直播和现场竞价的方式进行船舶竞价处置，成功竞价船舶3艘次；九江航运中心正式开展船舶交易业务。

海事法律服务。上海持续推进体制机制创新，全力打造面向全球的亚太仲裁中心，根据《2021年国际仲裁调查报告》显示，上海首次跻身全球十大最受欢迎的国际仲裁地，位列第八。上海海事法院发布服务保障船舶产业发展海事审判白皮书，与海事仲裁机构共同推进海事海商纠纷多元解决机制建设。截至2021年底，上海仲裁机构累计处理各类案件6万余件，总标的额超过4200亿元，案件当事人遍及全球80余个国家和地区，海事仲裁市场的需求逐年增长。上海、南京、宁波、武汉四家海事法院签署《长三角海事司法合作协议》，开通了"长三角海事司法合作交流平台"。宁波海事法院全年共受理一审海事海商案件2500件，同比增长44.76%，船员劳务合同纠纷、货运代理合同纠纷、人身损害责任纠纷居收案前三位；共受理海事特别程序案件607件，增长61.87%；受理海事刑事案件28件，行政诉讼案件12件；新收执行实施案件830件。武汉海事法院全年受理各类案件2211件，增长15.1%，审执案件2502件，结案2159件；加强微法院、诉讼服务网等平台的深度运用，网上立案385件，跨域立案12件；加快织密长江海事司法网络，成立芜湖法庭、驻湖南自由贸易试验区岳阳片区国际商事巡回审判庭联络站；加强海事司法在《长江保护法》实施中的作用，妥善审理了一批涉长江保护案件，推动形成常态化"府院联动机制"，推动四省六地法院签订《长江中下游环资司法协作机制框架协议》等；发布长江海事审判白皮书，印制《长江海事法治》秋、冬季刊。武汉航运交易所以航运法务服务平台为依托，持续提供法律咨询、航运仲裁、诉前调解、法律援助等航运法务服务。

航运金融保险。上海航运交易所发布的上海出口集装箱结算运价指数（SCFIS）通过国际证监会组织标准审计，成为国内首家通过该认证的国家级指数机构。上海航运交易所和上海期货交易所联合开展集装箱航运运价指数期货研究与开发，推广"运价指数挂钩协议"应用，探索研究散货运价指数远期交易模式。上海航运保险协会推荐5名中国籍专家当选IUMI专业委员会委员。交银租赁携手中远海运发展股份有限公司、临港交通有限公司，在洋山特殊综保区成功落地国内金融租赁行业首单自贸区SPV跨境设备租赁创新项目（包括中远海运发展集装箱项目），交银租赁将以创新模式在后续合作中为中远海运和临港交通提供不少于50亿元的金融租赁业务支持。浙江省海港集团、宁波舟山港集团首单区块链电子仓单质押融资业务在台州港头门港区成功落地。泰州海事局帮助船舶抵押融资1.64亿元。湖北省港口集团有限公司与国家开发银行湖北省分行、中国进出口银行湖北省分行及中国农业发展银行湖北省分行签署战略合作协议。

航运信息服务。上海市交通委、中国远洋海运集团有限公司、上海国际港务（集团）股份有限公司和虹口区人民政府四方签署《合力打造"北外滩国际航运论坛"合作备忘录》，以"开放包容，创新变革，合作共赢—面向未来的国际航运业发展与重构"为主题的首届北外滩国际航运论坛在虹口区北外滩举行。上海航运交易所继续发布中国出口集装箱运价指数、中国沿海散货运价指数、"一带一路"航贸指数等，正式发布中国沿海散货船舶日租金指数（CDI），包含1个综合指数和6个船型指数。宁波航运交易所继续发布海上丝绸之路指数；舟山油品仓储综合价格信息在浙油中心网站正式上线发布，系浙江省首个油品仓储市场价格指导产品。南京航运交易中心依托"南京航运交易综合信息管理平台"，汇聚整合了近5年南京区域港口物流、电子口岸、船舶交易、船舶动态、航线动态、航运人才、船货代理等航运数据，为扩展航运指数、航运信用、航运决策等创新性航运服务提供了基础保障；正式发布江海航运物流集装箱货量指数。山东省发布国际航运枢纽竞争力指数、新华·山东港口大宗商品指数体系、区域全面经济伙伴关系协定（RCEP）成员贸易互通指数。武汉航运交易所积极拓展指数服务的维度和广度，发布了中国长江煤炭运输综合航运指数、中国长江（商品）汽车滚装运输景气指数、中国长江（商品）汽车滚装运输运价指数、武汉航运中心铁矿石运输综合运价指数、武汉航运中心出口集装箱运价指数等五大指数，与淮安航运中心共同推出国内首个大运河航运指数—淮安航运中心内河集装箱运输市场景气指数。长江航运发展研究中心继续发布长江干散货运价指数、长江集装箱运价指数，推进长江干线液货危险品运价指数及长江干线旅游客运运价指数方案研究，逐步完善长江运价指数体系。

第4章

安全发展

4.1 安全生产形势

水上交通安全形势。2021年,14省市内河水域共发生运输船舶一般及以上等级事故26.5件,同比下降20.9%;死亡失踪40人,同比增加8.1%;沉船10艘,同比下降66.7%;直接经济损失2220.8万元,同比下降32.2%。未发生一次性死亡10人以上的重大水上交通事故和重大船舶污染事故,未发生重大群体性事件,水上安全形势总体稳定。湖北、重庆等大部分地方海事辖区全年零事故。2021年水上交通事故"四项指标"基本情况统计见表4.1-1。

水上交通事故"四项指标"基本情况　　表4.1-1

区域		四项指标				比上年同期（%）			
		一般及以上等级事故（件）	死亡失踪人数（人）	沉船艘数（艘）	直接经济损失（万元）	一般及以上等级事故	死亡失踪人数	沉船艘数	直接经济损失
部直属海事局辖区	长江海事局	9.5	16	6	1123.3	-29.6	-36	-45.5	-48.6
	上海海事局	15	16	5	3818	15.4	-50.0	-37.5	-59.9
	浙江海事局	24	51	18	4530	-20.0	2.0	-14.3	-26.7
地方海事辖区	上海地方海事	0	0	0	0	-100.0	-100.0	-100.0	—
	江苏地方海事	4	9	4	867	-50.0	-40.0	-42.9	-44.8
	浙江地方海事	7	7	0	0	16.7	0	—	—
	安徽地方海事	3	3	0	0.5	-72.7%	0	-100.0	99.6
	江西地方海事	0	0	0	0	-100.0	-100.0	-100.0	-100.0
	山东地方海事	0	0	0	0	—	—	—	—
	河南地方海事	0	0	0	0	—	—	—	—
	湖北地方海事	0	0	0	0	-100.0	-100.0	-100.0	—
	湖南地方海事	2	2	0	230	—	—	—	—
	重庆地方海事	0	0	0	0	—	—	—	—
	四川地方海事	1	1	0	0	0	0	—	—
	贵州地方海事	0	0	0	0	—	—	—	—
	云南地方海事	0	0	0	0	—	—	—	—
	陕西地方海事	0	0	0	0	—	—	—	—

长江干线水上交通安全形势。长江干线共发生水上交通事故103件，同比下降16.3%；其中，发生运输船舶一般及以上等级事故9.5件，造成死亡失踪16人、沉船6艘、直接经济损失1123.3万元，等级事故四项指标分别下降29.6%、36.0%、45.5%、48.6%。103件水上交通事故中，碰撞/触碰67件、自沉13件、搁浅10件、火灾/爆炸7件、触礁4件、风灾1件、其他类型1件，自沉事故造成的死亡失踪人数最多，碰撞事故造成的直接经济损失最大，碰撞、自沉事故造成的沉船艘数最多。事故共涉及船舶160艘，其中干散货船117艘、危化品船16艘、集装箱/多用途船11艘。三峡船闸安全运行18年，葛洲坝船闸安全运行40年，三峡升船机安全运行5年，辖区连续10年保持水上"零死亡、零沉船、零污染"，连续24年渡运安全无事故，未发生重大群体性事件、航道维护责任事故和堵船事件、船闸（升船机）管理责任事故和船舶漂流撞坝事故。重大活动、重点时段通信网络稳定畅通，全年未发生重大通信事故，全年未发生网络安全事件。

4.2 安全保障能力建设

4.2.1 提高基础设施安全水平

航道运行安全防护。各级航道管理部门推进航道整治工程、航运枢纽大坝除险加固、船舶碰撞桥梁隐患治理，切实保障航道基础设施安全。加强航道、船闸等重要设施养护检查及检测评估、技术状况评定和病害治理、通导航设施配备和运维。加大基础设施长期服役性能观测、安全运行状态监测与智能预警系统建设力度。长江航道局组织开展桥区水域巡查3000艘次，完成建成通车的117座桥梁桥区水域航道安全风险隐患排查，发现涉及航道安全风险隐患桥梁2座、涉及桥梁助航标志安全隐患58座，均通报桥梁运行管理单位。长江三峡通航管理局强化航道船闸设施运行安全保障，对通航建筑物等助航设施进行全面检查，加强船闸机电设备、航标设施维护保养工作，主要设备完好率99.55%；完成升船机竣工验收后首次计划性停航检修；与枢纽运行单位共同完成2021年三峡北线船闸、葛洲坝二号船闸计划性停航检修任务，分别提前8小时、12小时完工复航。

港口设施安全水平提升。行业各有关部门和单位督导企业推进老旧码头改造、渡口升级改造和安全环境治理，不断提高港口基础设施、装卸装备、安全应急等要素供给质量。上海全面开展港口危险货物安全生产三年行动，深入推进专项行动，定期上报企业隐患问题数据。江苏海事局推进危化品航运公司和码头单位建设智能岸基监控系统，试点实施载运危险货物船舶全程一体化监控。重庆开展港口靠泊能力提升研究，进一步强化港口靠泊安全技术支撑。

水运工程质量安全监督。各地持续加强工程质量安全监督管理，健全管理机制，强化制度保障，压实质量责任，强化水运工程质量安全意识和关键环节控制，筑牢质量底线。2021年，长航局办理质监登记手续的在建项目66个，实现水运工程质量监督全覆盖，单位工程验收一次合格率达到100%，未发生等级以上质量事故，工程整体质量处于受控状态。落实交通运输部"坚守公路水运工程质量安全红线"专项行动要求，强化水运工程质量安全意识，严格关键环节把控，加强现场监督检查，推进专项工作落实。加强春节、两会等重点时段和季节性安全生产工作，确保水运工程建设领域安全生产形势稳定。

推进平安工地和平安百年品质工程建设。深入贯彻习近平总书记关于"精品工程、样板工程、平安工程、廉洁工程"的重要指示精神，落实《公路水路平安工地建设管理办法》，落实"平安百年品质工程"创建要求，推进平安工地建设全覆盖，督促和引导参建单位积极推进"平安百年品质工程"创建。开展平安工地建设"三送行动"❶，做好平安工程冠名工作，长江口南槽航道整治一期等工程获得2020年度"平安工程"冠名荣誉，长江南京以下12.5米深水航道二期工程获得2020—2021年度国家优质工程金奖。长江上游朝天门至涪陵河段航道整治工程等入选交通运输部首批"平安百年品质工程"创建示范项目（见表4.2-1），各创建示范项目建设单位结合工程实际，从设计、施工组织、材料、工艺工法、机具装备、检测监测、智能技术应用等方面开展创新创建。江苏省交通运输行业"平安百年品质工程建设研究联盟"揭牌成立。

平安百年品质工程创建示范项目（第一批）清单摘选　　表4.2-1

	创建示范项目		创建示范项目
上海	苏申内港线西段航道整治工程暨吴淞江工程（上海段）西段	山东	小清河复航工程
江苏	魏村枢纽扩容改建工程	重庆	重庆乌江白马航电枢纽工程
江苏	京杭运河施桥船闸至长江口门段航道整治工程	四川	龙溪口航电枢纽工程
浙江	京杭运河浙江段三级航道整治工程杭州段（新开挖航道段、八堡船闸段）	贵州	清水江白市至分水溪航道建设工程
安徽	蜀山复线船闸工程	长航局	长江上游朝天门至涪陵河段航道整治工程
江西	信江航运枢纽工程		

4.2.2 提高运输装备本质安全水平

加强船舶准入安全管理。严格营运船舶安全检验，严把技术状况关。长江海事部门推行"同船检查"模式，有机结合海事部门船舶安全检查和船检机构营运检验，联合开展船舶营运检验检查。长三角区域实施船舶检验通检互认机制试点，长三角区域地方船舶检验机构检验发证的船舶，可就近向营运地的地方船舶检验机构申请定期检验（不包括换证检验）或临时检验，检验合格后签发船舶检验证书、文书。苏皖两省船检机构建立异地建造船舶联合审图、联合检验模式，实现检验人员、受检船舶互通共认。川黔交通部门签署船检互检互认协定，共同打造综合船检、优质船检、平安船检。强化对船舶关键性设施设备的维修保养，保障船舶安全技术状况可靠。督促危险化学品运输船舶和客运企业充分运用AIS、CCTV，实时监控船舶驾驶室、机舱等重点区域及船员

---

❶ 三送行动：送专家、送技术、送服务到基层。

安全操作、船舶航行动态情况。2021年长江水系部分省市船舶检验登记和业务量统计见表4.2-2。

部分省市船舶检验登记和检验业务量情况　　　　表4.2-2

省（市）	船舶检验登记数（艘次）	船舶检验业务量（艘次）	新建船舶数（艘）	省（市）	船舶检验登记数（艘次）	船舶检验业务量（艘次）	新建船舶数（艘）
上海市	2164	2048	87	湖南省	8304	9934	542
浙江省	13055	14269	646	重庆市	5208	5610	226
安徽省	24934	31885	271	四川省	2357	2210	228
江西省	3938	4593	91	贵州省	3372	3987	62
河南省	3373	7015	382	云南省	3460	2006	135
湖北省	6952	7917	716				

加强港口危险货物储罐安全管理。各级港航管理部门结合安全生产三年行动、港口危险货物重点难点问题专项整治和夏季高温汛期作业特点，针对性开展专项督查，保障港口安全运营。推动建立完善港口储罐、安全设施检测和日常管理制度，开展常压液体危险货物罐车专项治理。深刻吸取"5·31河北沧州南大港火灾"事故教训，上海市港航事业发展中心对中化东方和中油中燃两家重大危险源企业开展港口危险货物储罐安全专项检查。浙江276家港口危货企业全部建立动火等特殊作业视频监控或双监火员制度，54家涉及重大危险源企业全部完成重点区域视频监控；老旧危货码头、甲类介质储罐和老旧储罐检测率100%，港口危货装车企业"浙运安全码"注册率100%、整体查验率超95%。

提升客运码头安检查危能力。推动高危作业场所和环节逐步实现自动化、无人化，增强客运码头智慧安检查危能力。进一步加强安全监管和应急能力建设，加大基础设施安全防护投入力度，提升关键基础设施安全防护能力。建设放心车船码头，加强安检查危工作，创建安全环境。加快推进"平安渡运"专项工程，取缔不合格渡口码头。

4.2.3　安全监管与应急救助能力建设

完善水上交通安全监管系统。长江海事部门持续完善CCTV等监控系统建设，加强对长江AIS基站、北斗地面增强系统、VHF基站定期维护，切实保障船舶AIS、北斗信号覆盖及VHF通信畅通。江苏海事部门强化VTS运行管理，切实发挥沿江沿海VTS信息服务、交通组织、支持联合行动等功能。长江危化品运输安全监管系统交工验收，港口危险货物作业数据共享、在港安全监管、在船安全监管三个主要子系统建成并投入运行。长江三峡通航管理部门建成"1+6"基地，船舶监管系统改扩建工程、电话交换及视频会议系统更新改造工程竣工验收。

推进应急救助基地、装备和人才队伍建设。完善长江干线水上交通安全监管与救助基地、站点布局，挂牌成立长江万州、武汉、南京等三个水上应急救助基地，统筹推进综合应急保障基地、装备和人才队伍建设。长江海事部门投入使用全国内河最先进的60米综合应急指挥船"海事01"，江苏海事部门打造国家综合性消防救援队伍、政府专职及部门专业应急救援队伍、企业应急救援队伍和社会应急救援队伍各司其职、相互协同的应急救援队伍体系。长江航道部门加强长江干线航道应急抢通、三峡库区深水探测和打捞、船舶和港口危化品处置、水路抢通保通等应急装备建设。江苏省建成国家危险化学品应急救援南京基地、国家油气管道应急救援华东（徐州）基地、江苏沿江（江阴）危险化学品应急救援基地和连云港徐圩新区危险化学品应急救援基地。

4.2.4 关键信息基础设施安全保护

通信信息保障。长江通信管理部门深入开展安全隐患排查整改，建立清单销号处理机制，完成整治安全隐患181处，泸州通信局建成四川段干线光纤自动切换保护系统（OLP）物理环网保护，辖区网络可靠性明显提升；全线共处理各类故障1413次，同比减少9.4%；保障视频会议287场次，正常率100%。

网络安全保障。长航局网络安全等级保护工程竣工验收，完成统一身份认证、CA系统、邮件系统等工程建设内容及功能优化工作，与外网网站群、邮件系统、政务大厅、国家一体化政务平台、政务微信、小程序、移动安全平台、人力资源系统、四位一体等业务子系统实现对接。长航局信息化管理部门建立网络安全监测预警、信息通报等机制，加强人防技防，保障了两会、建党100周年等15次重点时段网络安全。长江通信管理部门首次为长航系统7家单位提供网络安全预警服务，发布安全预警504次，确保了重点时段系统各单位的网络安全，全年网络安全保障率100%。

4.2.5 健全依法治理体系

完善法规制度体系。参与港口法、内河交通安全管理条例等行业安全生产相关法律法规制修订。落实交通运输部《关于深化防范化解安全生产重大风险工作的意见》《交通运输执法领域突出问题专项整治行动方案》《加强交通运输应急管理体系和能力建设的指导意见》等，明确针对性制度措施。

4.2.6 培育安全文化体系

强化安全宣传教育。长航局强化典型事故案例警示教育和安全与应急培训，深度分析2011—2020年长江干线水上交通事故；及时通报"中华富强"火灾、十堰燃气爆炸等典型事故案例，制作了长江航运安全生产警示片，组织编发典型事故稿件15篇，督促企业和管理部门吸取教训；推进"双进"工程，实施典型事故案例进航运公司、进船员培训机构785次。长航局举办安全与应急管理培训班，对部分局属单位基层部门负责人、航运企业安全分管领导进行安全与应急知识和实操技能培训；组织航运企业负责人和局系统单位人员免费开展风险防控培训，发放安全生产风险评估与管控培训资料5000册，制定3期风险防控短视频"江小安"课堂，观看量达50万人次。由中国海事局主办、上海海事局等单位联合承办的首届北外滩国际航运论坛"安全与合作"专题论坛在上海举行，论坛以"携手安全保障，共促航运发展"为主题，为业界提供探析行业热点、研讨相关政策、分享经验成果的交流平台，得到国内外航运界、相关国际组织以及社会公众的广泛关注和积极参与。

4.3 安全生产防控

4.3.1 落实安全生产责任

完善安全生产责任体系。健全安全生产工作体系，协同建立各司其职、相互配合、相互协作的管理机制。长航局系统各单位按照职责分工，进一步完善安全生产工作责任体系，落实行业管理责任，海事管理机构落实水上交通安全监管责任，运政管理部门进一步完善长江干线客船、危化品船运输市场宏观调控措施，航道运行维护管理部门落实航道安全保障责任，三峡通航管理部门落实三峡坝区通航安全管理责任，长江通信管理部门落实水上安全通信维护保障责任，长江引航部门落实船舶引航安全责任。健全安全生产管理相关制度，加强安全生产标准化建设。推动落实属地责任，会同各地交通运输主管部门，推动建立属地政府领导牵头，地方应急管理、交通运输等部门和长航局系统海事、航道等单位参加的联防联控协调工作机制。各地交通运输主管部门落实年度安全生产重点工作清单，出台部门监管职责任务清单，细化落实企业主体责任重点事项清单。

严格履行安全生产监管责任。长航局强化对部门安全监管履职情况和企业主体责任落实情况检查，组织系统内单位制定实施重点时段安全稳定保障工作方案，开展安全生产工作督查检查，采取特别监管措施，严格实施船舶专项安全检查，确保长江航运安全大局稳定。

压实企业安全生产主体责任。行业各有关部门和单位继续督促企业健全并落实全员安全生产责任制，制定实施安全生产规章制度、操作规程、教育培训计划、事故应急救援预案，建立并落实双重预防机制，及时如实报告安全生产事故，筑牢企业安全生产风险自主控制责任链条。重点监管和公开曝光发生重特大安全生产事故（险情）、事故频发、重大风险管控和重大隐患整改不力、信用等级低的企业。督促企业加强安全生产标准化、信息化建设。

严肃安全生产追责问责。强化企业安全生产信用管理，建立基于信用等级的分级分类监管机制，依法实施失信惩戒和守信激励，对瞒报、谎报、漏报、迟报事故的单位和人员依法依规追责。坚持管行业必须管安全、管业务必须管安全、管生产经营必须管安全，坚持党政同责、一岗双责、齐抓共管、失职追责，坚持标本兼治、综合治理、系统建设，坚持预防为主、关口前移，坚持最严格的安全生产制度，坚持最严肃的责任追究。

4.3.2 安全生产风险管控

完善双重预防体系。长航局积极构建完善双重预防机制，深入推进防范化解长江航运安全生产重大风险，聚焦客运船舶群死群伤、危化品船爆炸和污染、船舶触碰桥梁垮塌、三峡船闸闸室内客船危化品船火灾、三峡库区地质滑坡极端恶劣天气等长江航运安全生产重大风险（简称"五大安全风险"），制定印发防范化解长江航运安全生产重大风险专项工作方案和指导意见，进一步落实防控责任，强化防控措施，持续更新长江航运风险清单和措施清单，实施分类分级管控，推动建立健全安全风险防控长效机制。海事部门构建人防、物防、技防"三位一体"事故预防预控体系，推动企业建立健全隐患排查治理制度，江苏海事局建立"海事+引航""海事+通信"联动机制，完善船籍港管理机制，推出临时停泊区管理办法，推行锚位申请首问负责制，对进出船舶实施"线上申报、指定锚位、进出管控"管理新模式。三峡通航管理部门完成风险防控和应急管理体系研究，实施《三峡通航安全生产风险专项治理总体方案》，第三方评估三峡通航安全管理；完善安全生产警示约谈和督查检查办法，修订三峡通航诚信管理办法。上海积极落实安全生产风险辨识评估工作，建立风险管控和告知以及隐患排查治理制度，建立港口安全风险分级管控和隐患排查治理双重防控机制。安徽省出台行业首个危化品运输安全生产实施意见，初步建立行业重大风险"电子地图"。云南省印发加强水上交通运输安全风险防控工作实施方案，聚焦船东企业、船员违法违规以及"三无"船舶非法运输等突出问题，深化水上交通安全治理。

加强安全生产形势研判。加强行业安全发展政策及热点问题研究，强化形势研判，发布分析报告。高度重视安全生产普遍性和苗头性问题，统筹传统安全与非传统安全，针对性制定解决方案。结合季节、环境、区域、领域等各方面特点，总结安全生产规律，加强对重点地区、重点领域、重点时段调度指导，及时做好预测预警预防工作。

强化安全生产风险管控。长航局推动局属各单位落实行业管理责任和企业主体责任，持续更新长江航运风险清单和措施清单，实施分类分级管控，制定实施水上交通安全管理、航道维护、三峡通航等方面安全风险评估与管控制度，完善工作程序，加快推进安全生产决策风险评估机制建设，充分发挥行业协会、专家作用；协调涉水相关单位（部门）、沿江省（市）交通运输等部门协同推进属地责任落实，推动建立联防联控协调工作机制。深入防范化解长江航运安全生产重大风险，长航局聚焦客运船舶群死群伤、危化品船爆炸和污染、船舶触碰桥梁垮塌、三峡船闸闸室内客船危化品船火灾、三峡库区地质滑坡极端恶劣天气等长江航运安全生产重大风险（简称"五大安全风险"），制定印发防范化解长江航运安全生产重大风险专项工作方案、长江航运安全生产重大风险防控指南和指导意见，进一步落实防控责任，强化防控措施，实施动态防控，推动建立健全安全风险防控长效机制。

强化现场监督和隐患排查。推动涉客运输、危险化学品运输、航道通航等领域安全整治，长航局安全生产检查组分别赴重庆、湖北、江西、安徽、江苏、上海等地进行安全生产检查督导工作。开展港口作业安全生产重点难点问题整治，地方交通运输主管部门督促港口企业全面落实全员安全生产责任制要求，加强港口安全生产督促检查，挂牌督办重大问题隐患。海事部门紧盯重点时段、重点水域和重点船舶，严防严控辖区风险隐患，推动隐患排查、治理、记录、报告全流程闭环管理，严格落实重大隐患治理督办、整改销号，实施重大隐患清零、一般隐患"减增量去存量"。

加强事故调查和整改落实。加强安全生产事故调查统计，坚持调查问责与整改并重。山东省深刻吸取"中华富强"轮事故教训，印发《关于进一步加强渤海湾客滚运输安全生产工作的紧急通知》，强化港口安检人员配备，严格执行车载货物申报和委托人承诺制度，严格滚装车辆上船检查。

4.3.3 加强安全监管执法

VTS动态监管。各海事管理机构履行水上动态监管、预警预控职能，提升海事VTS动态管控能力，对航行船舶实施有效监控和指挥，规范覆盖区船舶航行、停泊和避让行为，有效管控水上交通安全风险。提升VTS公共服务水平，为辖区船舶提供信息、助航和水上交通组织服务。深化沪苏水上交通管制联动，试行沪苏长江VTS覆盖水域船舶"一次性船位报告"机制，完善沪苏CAPE型船舶进江交通组织一体化方案。

现场巡航巡查。常态化加强基层执法力量，加强辖区重要航路、锚地（停泊区）、施工作业区、港口（客运码头、危险品码头、装卸作业区）、抛泥区、桥（坝）区等通航水域的巡航，查处违法排放、违反航行规定、违法施工作业、违法养殖、非法采砂等行为。区域内海事机构、航道船闸管理部门加强协调联动，强化指挥中心与现场巡航联动，完善联合监管与协作配合机制。长江海事局全年完成巡航工作任务96106次、巡航次数56018次、巡航时间9.8万小时、巡航里程126.5万海里，检查船舶126287艘次，纠正违章3566艘次。

重点船舶安全监管。海事部门加大"四类重点船舶"（客船、危险品船、砂石船、易流态化固体散装货物运输船舶）安全监管，严厉打击非法违法生产、非法从事客货运输、船舶超航区航行、超抗风等级航行以及船舶超载等行为，严禁客运船舶无证经营、不适航营运，严禁客运船舶超载、超员、超速、超区域航行。江苏海事局健全完善"海事联防、船闸联控、码头联动"等江河一体化管控模式，从严管控小型船舶重载夜航、超载出港等危险行为；实施渡船量化、密度控制、远程监控、现场驻守等管控措施，强化客汽渡安全监管，严厉查处渡船违规夜航、冒风冒雾航行等违法行为；创新推行受控船舶全要素、全过程掌控、全链条组织的新型监管服务模式，服务保障大型船舶"直进直靠、直离直出"；持续优化危化品货主（码头）高质量选船机制，基本实现辖区码头第三方选船检查全覆盖；制定出台全国首个水路危化品装卸运输省级地方标准《船舶载运散装液体危险货物作业条件及要求》，适度提升船舶载运危化品安全门槛，从源头上防范化解危化品船舶安全和污染风险。

港口安全生产管理。落实《关于深入整治危险货物港口作业安全生产重点难点问题的通知》，聚焦港口危险货物罐区等作业场所和港口特殊作业违规行为、危险货物经营相关前置手续不全等重点难点问题，坚持整治存量、遏制增量。针对动火等特殊作业违规行为、竣工验收和经营许可等手续不全、危险货物谎报瞒报、应急能力薄弱等开展专项整治行动，促进港口企业完成排查并建立问题清单和整改措施"两个清单"，制定集中攻坚实施方案，推动创新监管措施。

安全生产执法和信息共享。健全安全生产执法机制，创新执法模式，强化精准执法，严格规范公正文明执法，依法严格查处安全生产违法违规行为。加强执法监督，依法依规处理执法人员违法违规行为。强化联合监管，健全与公安、应急管理等多部门及跨区域联合执法和协作机制，联合打击船舶载运危险货物瞒报谎报行为。加强安全生产监管执法信息互通共享，发挥交通运输部数据共享平台主枢纽作用，长航局和江西省开展了港口经营人信息、危险货物船舶作业信息等数据交接业务，共享长江水系14省市水路运政数据。

4.3.4 安全生产专项整治

安全生产专项整治三年行动。长航局和各地交通运输主管部门落实安全生产专项整治三年行动工作要求，制定"集中攻坚年"工作方案，明确任务清单，深入推进水路运输安全、危险化学品安全、落实企业主体责任等重点领域安全整治。长航局系统推进涉客运输安全、危险化学品和危险废物运输安全、内河船非法涉海运输、桥梁防碰撞和航道通航安全、落实船舶污染防治长效机制等5个方面共15项重点整治工作。推行内河船舶非法涉海运输"七个一律"整治措施，内河船舶涉海运输违法行为实现动态"清零"；对职责范围内的桥梁实现"一桥一档、一桥一单、一桥一策"全覆盖，桥区安全风险隐患实行清单化、销号管理，排查发现的桥区隐患已全部整改；构建"三无"船舶❶长效治理机制，深化联防共治，累计上岸拆解2695艘，规范管理423艘，长江干线江苏段、芜湖段、九江段、宜昌段、四川段和三峡库区实现动态清零。上海海事局实施船载危险货物、内河船涉海运输、船舶碰撞桥梁、水上无线电秩序管理、专用航标集中整治等领域专项治理行动。各省市交通运输主管部门有序开展内河船舶涉海运输整治、长期逃避监管船舶整治、水上无线电秩序管理整治、船舶碰撞桥梁整治、企业落实安全生产主体责任等专项整治行动，整治工作取得明显成效。

其他重点专项活动。扎实开展"汛期百日安全""安全生产月"等专项活动。深入贯彻实施《长江保护法》，全年查处涉污违法行为2539起，采取滞留或限制靠泊措施226艘次。深入开展交通运输执法领域突出问题专项整治行动，推进监督工作标准化、执法检查规范化。依法打击严重扰乱航运市场秩序的突出违法行为，不断净化航运市场秩序。推进船舶配员不足专项整治，强化枯水期船舶"超吃水"核查。江苏海事局实施非法水上过驳浮吊、内河船舶船名船籍港标识不规范、水上无线电秩序管理、集装箱船配员不足、"三无"船舶等五项突出违法行为专项整治，长江江苏段水上过驳浮吊全面清

---

❶ 三无船舶：无船名船号、无船舶证书、无船籍港。

零，累计处置700艘，释放可航水域面积约18.31平方公里。

采砂规范管理。严格落实《关于长江河道采砂管理实行砂石采运管理单制度的通知》要求，落实"四联单"制度，配合水利部门等做好长江河道采砂管理工作和采砂规划编制，严格水工许可和采区现场管理，促进河道砂石资源合理开发利用。长航局加强与长江委、各级水行政主管部门联动协作，完善各级水利、公安、海事等部门联合执法机制，联合打击非法盗采河砂行为。全年出动执法人员7万余人次，检查散货船、采砂船2.5万艘次，参加联合执法911次，查获非法改装采砂船7艘，实施行政处罚254起，移交水利、公安部门39起。经过综合治理，长江干线非法采砂得到有效遏制，长江上规模性非法采砂基本绝迹。长航局系统破获非法采砂类刑事案件175起，查获非法碍航采砂船舶400余艘。重庆市印发关于做好河道采砂综合整治有关工作的通知，建立全市河道采砂综合整治协调机制。云南省开展长江流域河道采砂专项整治行动，推动运砂船舶专项整治工作。

4.4 通航安全保障

4.4.1 通航安全管理和服务

通航安全管理。深化通航水域分级管理，长江海事局优化监管力量，调整监管重心，全年动态调整28处一级水域、156处二级水域。加强通航保障协作，长江海事局与长江航道局签订2021—2022年度航道与通航安全管理相关工作协调配合事项对接单，明确电子航道图功能拓展等18项协作事项，增设、调整全线航标21座，开展全线20余处重点浅区航道疏浚。强化航评监督检查，组织开展九江、武穴等长江大桥航道通航条件影响评价审核意见执行情况监督检查，严厉打击未批先建等违法行为。

船舶航路优化调整。交通运输部发布《长江江苏段船舶定线制规定（2021年）》，新规对航路设置、航行规则、服务举措等方面进行了全面优化，新增26个临时停泊区，扩大进江海轮"直进直靠""直离直出"范围，江苏段通航水域全程实行船舶定线制，船舶定线制遵循大船小船分流、避免航路交叉、各自靠右航行原则。长江海事局组织开展长江中游分道航行规则运行评估，对8处横驶区和停泊区进行优化调整，调整2处停泊区，取消2处横驶区，优化1处横驶区；开展长江干线黄冈团风至黄石阳新140公里水域航路优化调整研究，探索实施行船各自靠右行驶；深入开展安徽段定线制上延至安庆马当阻塞线水道可行性研究。上海海事局开展长江口水域船舶交通流分析及通航格局研究。

水情和航道信息服务。长江航道局发布航道公共服务信息，定期公布水位和航道维护尺度，强化动态信息发布。提高水位信息发布频次，完善长江干线航道周尺度预测预报工作优化方案，3月1日起对21个主要港埠水位实行枯水期每天2次对外发布。组织开展汛期重点航道水流条件信息服务，发布27处重点险滩和6处桥区水域共35幅流速流向参考图。发布航道通告3200余份、航道尺度信息70期。长江海事局根据航道尺度调整等通航环境变化情况，做好重点浅险水道、航道整治工程水域、航道疏浚维护河段、桥梁等过江通道施工水域的交通秩序维护。

气象预报预警服务。长江沿线气象、海事、航道、航运协会及科研机构共同成立长江航运气象服务联盟，建立实施长江航运气象服务联席会议制度，联合开展长江航道气象灾害监测系统建设，构建长江航运气象服务联盟资源共享机制。气象部门重点做好面向海事部门的气象监测预报预警服务，海事部门做好水上交通安全预警，推动航运气象服务系统与海事服务系统对接，提供面向航运企业的气象海事综合服务。全年发布安全预警1381次，实施禁航212次。

航行警（通）告发布。为保障船舶、设施的航行和作业安全，避免因施工作业、水上活动、特殊区域变动等而引发交通秩序混乱、意外事故等，长江海事局（含江苏海事局）及时发布水文气象、航行通警告等各类船舶航行安全信息，全年共发布安全预警1443次，实施禁航230次。

涉水工程通航安全。根据水上水下通航安全管理规定，督促涉水工程施工单位严格落实安全生产法律法规要求，完善安全生产条件，制定施工通航安全保障方案，保障施工作业及周边水域交通安全。海事部门加强对涉水工程施工期间现场通航安全监管和施工作业船舶监管，保障重点工程建设水域通航安全。

水上水下活动管理。海事管理机构严格落实《中华人民共和国水上水下作业和活动通航安全管理规定》，持续加强辖区水上水下活动安全监管，保障管辖水域船舶航行、停泊和作业安全。长江海事局参与桥梁、码头等水工项目前期工作，出具航评意见154份、通航安全意见18份，促进方案合理优化；规范水上水下活动办理流程，充分发挥"一网通办"平台作用，推行"直接办""加速办"，全年办理水上水下活动许可283件；加强事中事后监管和服务，保障武安段6米水深航道整治工程及28座在建大桥施工通航安全。

桥梁防撞管理。各地落实《船舶碰撞桥梁隐患治理三年行动实施方案》，加强船舶碰撞桥梁隐患排查与治理。长江干线开展了73处桥区水域划定工作，推动老白沙沱大桥、荆州长江公路大桥等存在重大通航隐患桥梁分别纳入拆除和改造计划，在宜万铁路宜昌长江大桥、重庆白居寺长江大桥、白沙洲长江大桥等试点应用桥梁主动防撞预警系统。江苏省建立跨越航道桥区数据库，实现"一桥区一档"，按照"一桥区一策"原则，强化风险防控。

4.4.2 重点时段安全保障

洪水期安全保障。长航局切实抓好组织、预案、队伍、物资等准备工作，完善汛期各项安全工作预案和措施，全面开展"汛期百日安全"活动，密切关注气象、水情信息，及时启动应急响应，有效应对了长江中下游洪水、长江上游秋汛、"烟花"强台风等的影响，确保长江干线航道安全通畅；海事管理机构跟踪发布汛情、台风动态及航行通告，汛前排查治理风险隐患，协调部署大马力应急拖轮驻守；航道部门在长江下游12.5

米深水航道维护现场投入长鲸1轮、长鲸9轮等7艘疏浚力量；长江三峡通航管理部门对汛期两坝间航行船舶实施差异化管控，保障汛期大流量下船舶航行安全。

枯水期安全保障。长航局部署开展"战枯水、保安全、保畅通、保运输"专项活动，全力保障枯水期长江航运安全稳定；航道部门全线13处一类重点水道、20处二类重点水道，安排150余艘航道日常维护工作船舶、15支测绘队伍投入航道维护，安排43艘挖泥船投入维护疏浚；海事管理机构将重点浅区航段纳入一、二级水域，加大现场监管力度，深化事故预防预控、加强能源物资运输船舶安全监管、加强督导检查和应急值守，协调航道部门开辟九江水道南槽实行应急通航，开通芜湖江心洲夹江水道应急航路。

恶劣天气期间现场监管。港航海事管理机构密切关注天气动态，及时响应气象类水上交通安全预警或启动恶劣天气应急预案，严格落实恶劣天气禁限航要求，及时播发恶劣天气安全预警，利用电子巡航、AIS现代化监管设备对辖区船舶实施远程监控，有效应对了台风大雾、冰水严寒等恶劣天气对通航安全的影响。

特殊时段安全保障。持续强化春运、节假日等重点时段水上交通安全监管，保障全国"两会"、建党100周年、第二届联合国全球可持续交通大会等重大活动期间的长江航运安全稳定。长航局在春运等重点时段，共对上线营运的客运船舶开展安全检查2553艘次、现场监督4831艘次。

4.4.3　重点水域安全保障

重点区域安全监管。各级海事管理机构和航道养护部门持续防范辖区水域风险隐患，加强桥区、渡口、库区、通航密集区等水上交通活动频繁水域的安全监管，及时发现并消除隐患，强化重点河段的航道养护检查和维护性疏浚，对重点水域实施动态分级管理，加强预报预警，全力保障通航安全。长江航道部门继续加强长江干线浅险水道、库尾变动回水区、桥区、南京以下12.5米深水航道等重点区域巡查监测与养护，加大与相关水工程运行和管理单位的沟通协调力度。

通航建筑物和航运枢纽通航安全。开展通航建筑物和航运枢纽大坝安全鉴定，压实航运枢纽、通航建筑物运行管理单位反恐怖防范、消防安全和运行安全主体责任。三峡通航管理部门打造"1+3"通航管理新模式，升级"1+3+8"现场监管模式。严格执行汛期两坝间通航流量标准，在三峡下泄流量达到禁航标准时，严禁客（渡）船在两坝间航行；枯水期每周发布一次三江引航道船舶动态吃水控制标准。船闸停航检修期通过设置报告线、分段管控、分类锚泊、滚动移泊、错位缓冲、点名放行等措施缓解船舶积压。严格落实《长江干线过坝船舶联动控制方案》，严控近坝河段待闸船舶数量。推行"双随机"安检制度，探索实施"靠检+巡检"安检模式，严格落实客船过闸100%安全检查，全年实施过闸船舶安全检查48879艘次，过闸船舶安检合格率提高到97.7%。强化危险品船舶管理，实行分区分类待闸、集中放行通过、过闸现场监护、全程接力维护，强化运载一级易燃易爆危险化学品船全程维护和封闭管理，保障危险品安全过坝。加强待闸船舶值班值守的监督检查，及时查处闸（厢）室内系缆桩无人值守、过闸期间船长轮机长未亲自操作等违规行为。制定三峡通航诚信评定实施细则，实施信用联合监管，船公司扣分记录596条，对48艘诚信船舶实施优先过闸奖励措施。发布应对大风大雾安全预警113次，护航48879艘次。长江上游重庆、泸州、宜宾三地建立叙渝段水情信息共享及纵向联动机制，跟踪金沙江段枢纽控泄流量，保障白鹤滩水电站蓄水期水上交通安全，每日实测航道水深，实施船舶吃水联动管控。川滇两省和三峡集团创新监管服务举措，促进金沙江向家坝枢纽通航能力提升。

危险品港区管理。长江海事部门采用危险品船舶分类管理制度，强化危险品船舶运输、停泊期间的安全巡查，督促危险品码头、加油站、洗舱站、航运公司等涉危企业严格落实应急演习制度。南京海事部门首创内河港口锚地统一调度管理机制，打造栖霞危险品锚地管理示范样板，形成"一统筹三融合五规范"锚地全过程管理体系。浙江省检查港口企业1.4万家次，督办港口危货重大事故隐患19个，停业整顿12家。湖北省委托第三方机构对水上交通、港口运营等领域的交通运输部门、企业开展安全生产检查评估。

4.5　安全应急保障

4.5.1　夯实应急管理基础

长江水上搜救指挥体系建设。长江干线已建设23个水上搜救中心、38个分中心，现有救助打捞公司15家、社会搜救志愿者队伍13支；实行巡航救助一体化模式，建立了"三级指挥、四级待命"的应急反应机制和"四级预警、三级发布"的水上交通安全预警机制，设置运行189个巡航救助站点，保持24小时应急值班待命。长航局改造升级长江干线水上搜救协调中心，推进沿江省市建立省级水上搜救中心，完善区域联动、行业协同的联合协作机制，建立健全与沿江省市交通运输管理部门水上搜救协调机制，"政府领导、统一指挥、属地为主、专群结合、就近就便、快速高效"的工作格局基本形成。

完善应急预案体系。长航局系统和地方港航海事部门认真履行水上救助应急管理工作职责，完善水上搜救应急预案机制。长航局修订长江航运突发事件应急预案，开展应急预案体系和船载危化品泄漏应急处置方案专题研究。长江海事部门组织开展应急预案评估，研究建立了长江海事局突发事件应急预案体系。加强长江危化品和旅客运输全过程动态监管，研究建立巨灾应急预案。沿江省市水上应急预案体系不断完善，基本形成以总体应急预案为核心，各类专项应急预案为支撑，部门和基层应急预案为补充的应急预案体系。

强化水上应急演习演练。长航局系统和地方港航海事部门，组织开展形式多样的水上应急演习演练，重点强化应急处置协同演练。长江航道部门与辖区相关单位联合开展船舶碰撞、桥梁碰撞、船舶堵漏、应急疏浚和消防演习等应急演练，有针对性提高应急处置能力。

4.5.2 提升应急处置效能

加强应急值班值守。严格执行应急值班工作纪律,加强基层值班值守和应急处置抽查。长江海事局制定水路疫情防控应急处置工作程序,修订水上应急值班工作规范,利用跟随社会船舶巡航、现场检查、电子信息化抽查、电话及视频连线等方式共抽查3000余次。长江航道局严格执行汛期领导带班和24小时值班制度,确保安全度汛。基层管理部门严格按照值班要求做好节假日值守,层层压实责任,具体到人,不留死角,严防隐患,确保一线船舶生产安全、网络通信安全,妥善做好突发事件应急处置和信息报送工作。

应急处置和应急救助。长江海事局定期开展立体化巡航,认真做好安全预警和恶劣天气禁限航管控工作,成功防御了"烟花"等超强台风,有效处置水路涉疫突发事件30余起。长江三峡通航管理局强化三峡库区地质灾害安全预警和应急处置,加强与中国地质调查局武汉调查中心等地质灾害防治部门沟通联系,妥善处置三峡待闸锚地兰陵溪接江滑坡险情。各级港航海事管理部门不断提升搜救技术手段,健全搜救工作社会参与联动机制,在险情救助过程中较好地完成了水上应急搜救工作。长江干线(不含江苏段)全年开展水上搜救66次,成功救助遇险船舶75艘、人员584人,人命救助成功率达97.2%;长江干线江苏段全年开展水上搜救169次、救助遇险船舶176艘、人员2309人,人命救助成功率达99.1%。上海海事局全年接警1035次、搜救行动211次、救助人员人数1775人次,人命救助成功率达96.5%。浙江地方海事局全年开展水上搜救人员882人,人命救助成功率达98.9%。安徽地方海事局全面救助人员115人,人命救助成功率达100%。

4.6 维护行业稳定

4.6.1 加强平安建设

维护政治安全。坚持总体国家安全观,坚决守好维护政治安全生命线,深入推进维护政治安全工作体系和能力建设。加强舆情监测和舆论引导,营造良好舆论环境,防范化解社会矛盾。严格执行全国两会、国庆等重大活动期间应急值守和"日报告""零报告"制度,确保重大活动期间平安稳定。配合做好等级任务水上安保工作。

加强常态化疫情防控。贯彻"外防输入、内防反弹"总策略和"动态清零"总方针,严格落实进口冷链食品物流、建设和养护工程、国际转国内航线船舶等领域疫情防控措施,全力做好常态化疫情防控工作。采取"四个优先"等措施,开辟国计民生重点物资和进出口外贸物资运输"绿色通道"。持续做好水运口岸等重点部位和进口冷链食品运输环节涉外疫情防控,全面推行"专班+闭环"管理,持续强化船岸界面和船舶界面管控,加强对码头前沿、锚地、停泊区的监控,强化对登临国际航行船舶引航人员的防护措施,畅通国际航行船舶中国籍船员换班通道,实施水路疫情防控熔断机制,全年共引领来自疫情高风险国家和地区船舶3.2万艘次。落实落细水上服务区和运输船舶各项防控举措,指导帮助辖区企业做好内部巡查、隐患排查、防疫宣传、复工人员风险核查等工作，配合地方卫健部门妥善处置了"仙娜"等客船旅客异常情况。推进水运领域重点人群疫苗接种，一线执法员、医护人员、引航员做到了应接尽接，推动长江干线省际客船船员、服务人员100%接种疫苗。

4.6.2 维护水上公共安全

完善长江干线水域治安防控体系。长江航运公安机关坚持以服务保障长江经济带高质量发展为主线，履行长江干线跨区域中央管理水域公安管理职责，加快健全完善立体化、信息化长江干线水域治安防控体系。长江干线下游段（南京以下）治安防控视频监控系统工程安全管理子系统完善项目稳步推进，长江干线治安防控视频监控系统不断完善。

严打涉江犯罪。长江航运公安机关贯彻落实"长江大保护"工作部署，以公安部督办案件和"利剑"系列行动为抓手，强力推进"长江十年禁渔"、打击长江非法采砂犯罪专项行动。2021年长江干线水域非法捕捞类、非法采砂类刑事案件月均发案数同比分别下降75.6%、82.3%，涉江突出违法犯罪活动得到有效遏制。组织开展渔民退捕转产情况等专项调查，妥善稳控化解多起涉稳隐患。深入开展风险隐患大摸底、大清查、大整治和"六个一"专项行动。推进常态化扫黑除恶专项斗争，辖区警情、刑事发案、治安案件、火灾数均大幅下降。加大对无证驾驶机动船舶和伪造国家机关公文证件及水运物流领域违法犯罪的打击力度，依法查处影响航道安全的违法行为，着力消除威胁长江航运安全的问题隐患。

区域警务合作。加强区域警务合作，在公安部组织与海关总署缉私局、长江经济带11省市公安机关签署区域警务合作协议的基础上，长江航运公安局与江苏、湖北、湖南、重庆、四川等公安厅（局）开展交流，推动区域警务合作落实落地。以"湖北—长航警务合作"方案为样板，以武汉分局向武汉市公安局移交陆域管辖和监管职能为试点，示范带动长江经济带警务一体化协同发展，打造"一线带三圈"的长江警务合作新格局。长航公安机关与属地公安机关对接，签署警务合作协议，探索江地警务合作模式，长航公安机关16个分局全部接入地方执法办案平台并投入实战运用。长航公安机关持续深化流域管理机构协同配合和行刑衔接机制建设，落实长江河道采砂管理合作机制，长江水利委员会、长江航务管理局、长江航运公安局签订《关于建立长江河道采砂管理合作机制的框架协议》，与长江流域生态环境监督管理局签订《长江生态环境保护合作机制框架协议》。配合有关部门开展过驳整治、采砂综合整治、非法采砂船舶清理等专项行动。会同相关部门开展了多轮次同步联合巡查执法工作，出动警力27万余人次、船艇2.6万余艘次。

水上消防安全监管。长航公安机关全年参与17起灭火救援处置，实现"零伤亡"，火灾发生数同比下降19%，长江干线水域消防安全形势稳中向好。三峡通航全力疏散易燃易爆危险品船舶安全过坝，全年疏散大吃水易燃易爆危险品船舶15艘。

第 5 章
绿色发展

5.1 加快基础设施绿色升级

5.1.1 绿色航道建设

绿色生态航道建设。将绿色发展贯穿航道规划、设计、施工、养护和运营全过程，在航道整治和维护过程中，采用环保施工工艺，推广实施生态护岸、生态护滩等，长江航道整治护岸工程绿化率达80%以上。荆江航道整治工程竣工4年后，已在长江流域率先建成生态航道，该江段分布的3个国家级保护区内的一级保护动物江豚、麋鹿显著增加。荆江航道生态环保示范工程经验推广至武汉至安庆段6米水深航道整治工程建设，开创性实施生态涵养区、生态护岸、生态固滩建设，并广泛使用钢丝网格、生态护坡砖、鱼巢砖、透水框架等生态环保新工艺、新结构，将疏浚弃土"就近还建"形成湿地，建成生态护岸15.4公里、生态固滩146万平方米、生态涵养区3处，增殖放流600余万尾，形成了绿色航道建设成套技术；同时，加强施工期水生态保护，做好陆域生态保护，开展生态环境监测，最大限度降低工程施工对生态环境的影响。在长江上游朝天门至涪陵河段航道整治工程建设中，利用清礁块石营造连续型浅滩－深槽型生境，为浮游生物、底栖动物和藻类的停留、繁殖发育创造良好环境，也成为鱼类觅食和越冬的理想场所。下游航道开展维护疏浚水环境监测，分析不同断面的环境指标，有针对性采取环境保护措施。信江航道整治联合巡护湿地候鸟与江豚活动，岷江犍为航电枢纽增设仿生态鱼道，杭申线骨干航道生态绿色示范区工程开工建设。

枢纽绿色通航建设。长江三峡通航管理局强化绿色通航顶层设计，率先提出"绿色船闸、绿色锚地、绿色航道、绿色船舶、绿色基地"的建设方案。三峡船舶岸电、太阳能一体化遥测遥控航标灯、纯电池驱动船等绿色项目先后落地。严格执行《船舶水污染物排放控制标准》《船舶大气污染物排放控制区实施方案》，开展船舶防污染专项治理、固体废物非法转移倾倒运输专项整治、船舶燃油质量"双随机"专项抽检、取水口防污染专项监管。宜昌市实施水污染防治、水生态修复、水资源保护"三水共治"和工业、农业、生活、航运污染源"四源齐控"，推动形成长效机制。

航道疏浚土综合利用。严格落实《关于加强长江干流河道疏浚砂综合利用管理工作的指导意见》，进一步规范疏浚土综合利用工作。长航局联合长江水利委员会积极协调指导沿江各省市出台相关管理办法，湖南省起草河道疏浚砂综合利用管理办法并正在按程序征求意见。依托航道疏浚技术交通运输行业重点实验室、疏浚技术装备国家工程研究中心等重点科研平台，以实施长江口深水航道维护等工程为契机，开展了疏浚土分选、疏浚土制造绿色建材、疏浚土用于生态建设等技术研发，开发了疏浚土制造高层建筑的轻质混凝土板材等成套技术装备，并进行示范应用。在航道疏浚土试点利用过程中，长江航道、海事等部门联合地方人民政府进行专项研究，不断改进施工工艺、改造疏浚设备等，在泰州、镇江、咸宁、岳阳、荆州、宜昌等地实施了航道疏浚土综合利用，全年累计利用470万立方米，武汉至安庆段6米水深航道建设工程利用疏浚土进行生态固滩，并为鄂州花湖机场建设提供疏浚土119万立方米。

5.1.2　绿色港口建设

港口岸线资源集约节约利用。贯彻落实《关于严格管控长江干线港口岸线资源利用的通知》要求，加强港口岸线精细化管理，严格执行审批程序，整合现有岸线资源。持续巩固长江非法码头整治成效，加快推进沿江码头规范提升和生态复绿，推动整治行动向支流延伸，加快9条主要支流非法码头整治，对江西、湖北、湖南等地开展现场检查。

绿色港口创建。深化绿色港口建设，优化港口作业工艺、用能结构，加强绿色装备升级和节能减排工艺改造。江苏省继续开展绿色港口评价工作，制定管理能力、节能降碳、高效运输组织等6个方面17项评价指标，将岸电设施建设应用、碳排放水平等作为重点评价内容，评选出31家星级绿色港口。其中，五星级1家、四星级12家、三星级18家。南京港新生圩公司率先投入一批新能源重卡用于木片、铜精矿等散杂货作业，首台纯电动堆高机成功交付。浙江省衢州港龙游港区1号仓库屋顶建设了2520平方米分布式光伏发电设备并网发电。

5.1.3　水上综合服务区建设

水上综合服务区建设与运营。建成并运行四川段（泸州）、重庆段（涪陵）、湖南段（莲花塘）、中长燃武汉新五里、江苏段（如皋、太仓、张家港）水上绿色综合服务区，长江干线已建成运行13处水上绿色综合服务区。推动现有水上绿色综合服务区功能升级，南京海事部门推动规范化集群化发展，孕育"苏心水芙蓉"文化品牌，更高质量建成船员水上生活共同体、船舶综合保障服务圈；镇江海事部门推动服务区功能优化升级，在原有污染物接收等功能基础上，增加物料供给、免费供水、岸电接入、船电宝租用、医疗健身、餐饮快递、应急救助、文化交流等"一站式"服务。2021年，江苏段5处服务区接收船舶垃圾23吨、污水量1.8万立方米。

长江三峡通航综合服务区。进一步完善三峡通航综合服务区功能，持续提供政策咨询、信息查询、锚地停泊、水上交通、船员流动课堂、船员书屋、健康小家、理发服务、体育健身、电脑网络、棋牌充电、文印扫描等免费服务。

5.2 推动运输工具装备低碳转型

5.2.1 推进船舶靠港使用岸电

加大船舶靠港使用岸电政策支持。《关于建立健全长江经济带船舶和港口污染防治长效机制的意见》，就岸电及清洁能源推广使用提出具体要求，推动地方政府加快港口岸电设施、船舶受电设施建设和改造。交通运输部会同国家发改委、国家能源局等印发《关于进一步推进长江经济带船舶靠港使用岸电的通知》，推动长江干线船舶使用岸电常态化，将长江经济带船舶受电设施改造纳入中央预算内投资支持范围，全面启动船舶受电设施改造，并引导降低船舶使用岸电综合成本。长航局印发《长江经济带船舶岸电系统受电设施改造推进方案》，明确5年完成600总吨以上船舶改造的总目标、分年度目标和工作计划，正逐项推进落实；制定《交通强国建设长江干线港口和船舶岸电试点实施方案》，明确建设岸电设施、提高使用率、建设智慧岸电服务系统等三项试点任务；修订出台《三峡通航诚信管理办法》，对使用岸电的船舶给予优先过闸政策。此外，上海、浙江、江苏等地建立岸电多部门协同推进机制，对使用岸电的船舶采取优先通行、优先过闸、优先靠泊、优先装卸等措施，出台船舶受电设施改造资金补贴政策。

推动出台行业标准。长航局配合部推动国家标准委出台低压岸电接插件国家标准，编制《长江经济带运输船舶受电设施改造技术方案和补助定额》，积极协调出台长江经济带运输船舶受电设施改造中央补助资金政策，落实2021年度中央补助资金4.94亿元，制定船舶受电设施改造项目投资计划申请指南等配套文件；配合交通运输部海事局制定《船舶岸电系统船载装置检验指南》。

港口岸电设施建设。继续推进港口码头岸电设施改造，严格落实新建（改建、扩建）港口同步设计、建设、投运岸电设施。长航局印发《关于协同推进滚装和集装箱码头岸电设施建设的函》，加强与各省交通运输主管部门沟通协作，推动港口企业加快实施港口岸电设施建设。基本完成三峡坝区岸电试验区码头、锚地岸电设施试点建设，以及三峡库区重点客运旅游码头岸电设施建设。江苏海事局从岸电建设标准化、管理制度化、数据信息化等方面进一步加快岸电低压示范区建设。各省港口岸电设施建设改造情况见表5.2-1。

各省港口岸电设施建设改造情况 表5.2-1

省（市）	港口岸电设施建设改造情况
上海市	内河低压港口岸电共有113家内河港口企业签约建设，签约设备159台，完成设备安装100台，完成企业施工76家。全市已建成68个专业化岸电泊位，覆盖率达到79%
江苏省	全省已建成港口岸电设施3147套，覆盖码头泊位3763个，全年靠港船舶用电达3013万度，分别增长44.6%、43.4%和81%，在长江流域沿线均位居第一。长江江苏段具备岸电供应能力泊位953个，覆盖率100%
浙江省	建成港口岸电设施159套。沿海五类专业化泊位岸电覆盖率达80%
安徽省	全省岸电设施已覆盖646个泊位，码头泊位岸电设施覆盖率已达86%以上
江西省	九江港、南昌港116个泊位已建成岸电设施122套，10个集装箱码头泊位已实现岸电全覆盖

续上表

省（市）	港口岸电设施建设改造情况
河南省	周口港中心港区项目47个泊位共47套岸电设施全部建成，信阳闽河港区10个泊位共10套岸电设施全部建成，并与码头装卸设备同步试运行
湖北省	完成船舶受电设施改造235艘，港口岸电覆盖泊位数357个
湖南省	全省千吨级泊位中已有40个泊位完成港口岸电设施建设改造，岳阳锚地岸电示范项目建成投运，共建设88套岸电设施，其中40套港口泊位岸电设施、48套锚地岸电设施
重庆市	完成主城果园、佛耳岩以及长寿重钢等9座码头31个泊位岸电标准化改造
四川省	建成岸电系统84套，集装箱、干散货码头100%具备岸电供应能力
贵州省	光照库区新建2处岸电设施投入使用

船舶受电设施改造。 全面推进长江经济带11省（市）船舶受电设施改造，完成设施改造5391艘，年度执行率超99.6%。湖北、重庆54艘省际旅游客船均完成岸电系统受电设施改造。重点船舶岸电系统受电设施改造中，川江及三峡库区大长宽比示范船纳入改造计划67艘，已完成施工改造66艘；集装箱船纳入改造计划220艘，已完成施工改造211艘；滚装船纳入改造计划87艘，含46艘商品汽车滚装船和41艘载货汽车滚装船，已完成施工改造86艘。长江经济带船舶岸电设施受电设施改造情况见表5.2-2、图5.2-1。

长江经济带船舶岸电设施受电设施改造情况 表5.2-2

省（市）	不同类型船舶改造完成情况
上海市	内河商品汽车滚装船3艘，集装箱船3艘，特定航线江海直达船2艘，1200总吨及以上内河干散货船和多用途船15艘，海进江船舶111艘
江苏省	载货汽车滚装船5艘，集装箱36艘，三峡船型7艘，特定航线江海直达船32艘，通过三峡—葛洲坝枢纽通航建筑物600总吨及以上干散货船和多用途船29艘，1200总吨及以上内河干散货船和多用途船748艘，海进江船舶88艘
浙江省	集装箱船完成42艘，1200总吨及以上内河干散货船和多用途船完成1艘，海进江船舶完成66艘
安徽省	集装箱船45艘，三峡船型2艘，通过三峡—葛洲坝枢纽通航建筑物600总吨及以上干散货船和多用途船12艘，1200总吨及以上内河干散货和多用途船1885艘，海进江船舶40艘
江西省	集装箱船5艘，三峡船型7艘，通过三峡—葛洲坝枢纽通航建筑物600总吨及以上干散货船和多用途船1艘，1200总吨及以上内河干散货船和多用途船366艘，海进江船舶12艘
湖北省	内河商品汽车滚装船10艘，载货汽车滚装船13艘，集装箱船19艘，三峡船型30艘，特定航线江海直达船2艘，通过三峡—葛洲坝枢纽通航建筑物600总吨及以上干散货船和多用途船63艘，1200总吨及以上内河干散货船和多用途船91艘，海进江船舶完成14艘
湖南省	集装箱船19艘，三峡船型2艘，通过三峡—葛洲坝枢纽通航建筑物600总吨及以上干散货船和多用途船11艘，1200总吨及以上内河干散货船和多用途船245艘，海进江船舶3艘
重庆市	内河商品汽车滚装船25艘，载货汽车滚装船29艘，集装箱船61艘，三峡船型52艘，通过三峡—葛洲坝枢纽通航建筑物600总吨及以上干散货船和多用途船455艘，1200总吨及以上内河干散货船和多用途船489艘，海进江船舶2艘
四川省	三峡船型1艘，通过三峡—葛洲坝枢纽通航建筑物600总吨及以上干散货船和多用途船59艘，1200总吨及以上内河干散货船和多用途船119艘
贵州省	集装箱船1艘，通过三峡—葛洲坝枢纽通航建筑物600总吨及以上干散货船和多用途船10艘

船舶岸电使用情况。 2021年，长江经济带11省（市）船舶使用岸电51.48万艘次、553.54万小时，使用岸电量9704.03万千瓦·时，相当于替代燃油1.65万吨，减少二氧化碳排放约5万吨。长航局加强对船舶使用岸电情况监督，查处不按规定使用岸电船舶79艘

次。长江经济带11省市全年岸电使用情况见表5.2-3。

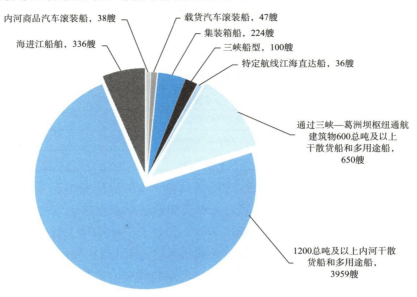

图5.2-1　不同船型受电设施改造数量

长江经济带11省市全年岸电使用情况表　　　　　　表5.2-3

省（市）	使用岸电船舶艘次（万艘次）	使用岸电小时（万小时）	使用岸电电量（万千瓦·时）	省（市）	使用岸电船舶艘次（万艘次）	使用岸电小时（万小时）	使用岸电电量（万千瓦·时）
上海市	3.97	57.27	1166.61	湖北省	1.72	19.34	706.71
江苏省	24.59	215.04	3768.45	重庆市	1.54	22.20	706.37
浙江省	10.90	146.00	3065.58	四川省	0.21	4.33	16.58
安徽省	4.99	42.82	115.22	贵州省	0.14	1.21	0.62
江西省	2.72	31.99	30.55	云南省	0.54	11.79	5.13
湖南省	0.16	1.55	122.21	合计	51.48	553.54	9704.03

5.2.2　推进LNG应用

LNG加注站建设。根据《长江干线京杭运河西江航运干线液化天然气加注码头布局方案（2017—2025年）》，长江干线布局45处LNG加注码头，京杭运河布局19处LNG加注码头。长江干线2021年建成运营上海崇明岛、江苏镇江港高桥港区、安徽芜湖、江西九江港、湖北宜昌秭归及鄂州、湖南岳阳云溪等7座LNG加注站。重庆LNG加注站探索LNG业务综合发展模式，全年加注船舶16艘次、加气116吨。在LNG接收站码头建设方面，已建成宁波、舟山、上海洋山港、上海五号沟、启东、如东、青岛董家口等接收站；江苏如东在建的江苏省液化天然气储运调峰工程规划新建3座20万立方米LNG储罐；协鑫汇东如东LNG项目获得省发改委批复，其中装船转运功能为江苏省内LNG接收站首例；如东洋口港LNG接收站项目正式签约，计划2022年一季度开工。

LNG动力船舶建设和改造。目前长江经济带共有LNG动力船约200艘。湖北省新建海川2号、3号等LNG动力船，经营阳逻至宜昌集装箱运输航线。湖南远洋集装箱运输有限公司完成1艘653TEU江海直达双燃料动力集装箱船建造。长江首艘混动三峡130型散货船在湖北枝江市开工建造。

LNG船舶航行政策。长航局自2019年6月1日起组织LNG动力船试运行通过三峡船闸。综合评估两年试运行情况，自2021年6月1日起，正式运行LNG动力船通过三峡船闸，并实行LNG动力船优先于同类型船舶过闸。江苏海事局会同江苏省交通运输厅出台了长江江苏段LNG船舶航行、停泊、作业安全保障措施，明确LNG船舶进江条件和标准。

5.2.3 发展节能高效船型

推进内河船型标准化。督促落实《内河过闸运输船舶标准船型主尺度系列》，严禁新建非标准船投入营运，鼓励建造标准化示范船型。截至2021年底，三峡过闸船舶标准化率达到90%，三峡船型市场保有量达241艘，在建40余艘。推动老旧船、单壳油船更新淘汰，长航局推进淘汰老旧省际客船6艘1685客位、液货危险品船394艘16.5万载重吨；江苏省推进单壳化学品船和单壳油船淘汰拆解，累计拆解船舶824艘。

推广应用新能源船舶。推广应用锂电池，电动船舶发展步伐加快，主要应用于工程船、公务船、客船、渡船等。30米级纯电动高速公务船舶"海巡12931"在三峡枢纽河段示范应用，三峡枢纽河段已有3艘纯电动公务船舶投入使用。浙江省完成嘉兴南湖锂电池动力客船、4艘锂电池动力水上巴士研发建造并投入使用，全省已投入营运纯锂电池动力船舶15艘、在建12艘；湖州64TEU纯电动集装箱船建造基本完成。湖北省建造完成全球载电量最大的纯电动游轮"长江三峡1号"。河南省共有新能源船舶419艘，全部为电瓶船。四川省第一艘新能源内河旅游客船"用九之星"在青神县岷江神木园段下水试航；在广元、乐山、眉山等地开展客船提档升级试点，计划试建20艘新能源锂电池船舶，同步建设19个岸电设施项目，已建成7艘船舶。云南滇池建造3艘150~200客位纯电力推进客船。长航集团7500吨绿色智能船"长航货运001"轮在江苏下水，该轮是中国内河第一艘绿色智能货运船舶，具备油、气、电混合动力。率先开展氢能示范应用，以氢燃料为主并辅以磷酸铁锂电池动力的双体交通船"三峡氢舟1号"通过方案设计审查。

5.3 推进船舶和港口污染防治

5.3.1 防污染设施建设和运行管理

船舶生活污水系统改造。14省市产生生活污水但不具备收集处理装备的100总吨以下运输船舶共927艘，已全部具备收集或处置装置，改造任务基本完成。长航局辖区内登记400总吨以下船舶生活污水设施改造全部完成。运输船舶生活污水防污染改造情况见表5.3-1。

运输船舶生活污水防污染改造情况　　　　　　　　　　表5.3-1

省（市）	运输船舶生活污水防污染改造情况
上海市	完成400总吨以下内河船舶生活污水环保改造，发放161艘节能减排船舶补助资金。
江苏省	完成3898艘400总吨以上船舶铅封。
安徽省	完成107艘100总吨以下船舶生活污水防污改造。
江西省	完成50艘100总吨以下船舶生活污水防污改造。
湖北省	完成220艘100总吨以下船舶生活污水装置改造。
重庆市	完成200艘100总吨以下船舶生活污水装置改造。
四川省	完成695艘100总吨以下船舶防污染设施加装改造，清理老旧船舶1455艘。
贵州省	完成54艘100总吨以下船舶生活污水装置改造。

港口和船舶污染物接收转运及处置设施建设。 各省市加大船舶和港口污染防治装备设施政策补助，提升污染物接收设施运行能力和管理水平。长江干线30余座船舶水污染物转岸码头逐步建成，固定接收设施基本实现全覆盖。港口和船舶污染物接收转运及处置设施建设情况见表5.3-2。

港口和船舶污染物接收转运及处置设施建设情况　　　　　　　　　　表5.3-2

省（市）	港口和船舶污染物接收转运及处置设施建设情况
上海市	上海港船舶污染物以移动接收的方式为主，目前全港码头均已与有接收资质的第三方移动接收单位签订了船舶污染物接收协议。
江苏省	239个码头采用自主接收生活污水，136个采用委托第三方接收生活污水。
浙江省	全省船舶和港口污染物接收设施基本实现"全覆盖"，累计建成各类储存池（罐）6166个，配备流动接收船153艘，初步实现船舶污染物接收转运处置"全闭环"。
安徽省	294个码头船舶污染物接收设施已全部与城市公共转运、处置设施有效衔接。
河南省	周口港、漯河港全部按要求配备了船舶生活污水、船舶垃圾、船舶含油污水接收设施，船舶污染物接收设施港口覆盖率达到了100%。
湖北省	全省船舶污染物转运率已达80%以上，处置率已达75%以上。全省船舶垃圾接收量3533吨，生活污水接收241705吨，含油污水接收8604吨。
湖南省	全省共接收船舶垃圾745吨、生活污水21887吨、含油污水2042吨。
重庆市	支持102座码头完成船舶污染物固定接收设施建设，占比超过60%。
云南省	昆明港、大理港、水富港、景洪港、思茅港等5个重点港口码头采取接收设施与后方城镇衔接的方式。

危险化学品洗舱站建设与运营。 长江干线13座水上危化品洗舱站全部投入试运行，全年共进行洗舱作业949艘次，接收洗舱水6.7万吨。推动组建长江洗舱作业联盟，成立了长江港航物流联盟洗舱专业委员会，制定《载运散装液体危险货物内河船舶换载货物洗舱要求》团体标准，编制完成《洗舱站安全生产标准化手册》等。江苏省开展长江洗舱站运营模式研究，为江苏段5座洗舱站搭建互联互通平台，在全国率先成立"江苏洗舱站联盟"，并研究统一的洗舱价格机制。沿江地区化学品洗舱站建设与运营情况见表5.3-3。

沿江地区化学品洗舱站建设与运营情况　　　　　　表5.3-3

省（市）	化学品洗舱站建设与运营情况
江苏省	南京大厂洗舱站开展洗舱15艘次，南京龙潭洗舱站开展洗舱81艘次，江阴洗舱站开展洗舱8艘次，南通江海洗舱站开展洗舱26艘次，南通如皋洗舱站开展洗舱33艘次。江苏5个洗舱站累计接收洗舱水142艘次，累计洗舱水接收处置1.02万立方米。
安徽省	安庆市洗舱站进行了5次作业（其中2次洗舱作业，3次接收洗舱水作业）。
江西省	九江港湖口港区洗舱站项目竣工验收，全省唯一的洗舱站项目即将投入使用。
湖北省	枝江港姚家港作业区水上洗舱站正式投入使用。
湖南省	岳阳港危化品船舶洗舱站2021年共完成船舶洗舱10艘次。
重庆市	在上游地区率先建成长寿川维、涪陵泽胜2处危化品船舶洗舱基地，实现洗舱污水零排放，截至目前两处洗舱基地共累计作业527艘次。
四川省	泸州洗舱站已完成工可报告编制工作，计划2025年底前建成投运。

5.3.2　船舶和港口污染治理

推动生态环境突出问题整治。落实长江经济带生态环境突出问题整改工作要求，从严抓好中央、省生态环保督察及"回头看"反馈问题、生态环境警示片披露问题整改，督导完成突出环保问题整改及销号任务，形成闭环管理。涉及长江航运的生态环境突出问题已按程序全部完成整改。

健全船舶和港口污染防治长效机制。落实交通运输部等四部委《关于建立健全长江经济带船舶和港口污染防治长效机制的意见》，按照实施季度调度机制和重点问题月度调度要求，加强部门联动，加强督查力度，巩固突出问题整治工作成效，确保各项任务措施落地见效。各地交通运输主管部门和长航局切实履行部门职责，建立健全污染防治长效机制。在巩固专项整治成果方面，严格源头管控，不断推进现有船舶改造升级，巩固污染防治总体能力；在提升运行和管理水平方面，加强船舶污染物接收转运处置有效衔接，强化危险化学品洗舱管理，加快岸电及清洁能源推广使用；在着力夯实各方责任方面，压实企业主体责任，严格落实部门监管责任，推动落实属地政府责任；在着力提升治理能力方面，完善法规政策，加快实现全过程电子联单管理。

推动船舶污染物船岸有效接收。落实联单监管要求，进一步健全"船—港—城"一体化防治体系，强化接收、转运和处置的闭环管理，推进港口自身环保设施和船舶污染物接收设施有效运行。长江干线码头船舶垃圾、生活污水、含油污水固定接收设施基本实现全覆盖并有效运行，船舶垃圾实现100%免费接收；全年共接收生活污水79.3万立方米，生活垃圾1.1万吨。长江海事管理机构推进污染防治网格化管理，辖区1320个泊位明确监管人员实施"一对一"监管，指导帮助辖区污染物接收单位完善油污水集中式预处理设施，畅通上岸处置通道，推动形成全过程闭环监管机制。江苏段持续深化"一零两全四免费"工作机制，推广船舶铅封制度，实现靠港和锚泊船舶污染物零排放、全接收，在航船舶污染物排放全达标。三峡河段"三控三全两禁止"防污染模式运行良好，全年船舶共交付生活垃圾24150艘次、1420吨；生活污水21225艘次、88853立方米；含油污水10742艘次、2942立方米；残油废油852艘次、143立方米，四类污染物接收量同比增长48％，基本实现应收尽收。上海市实施黄浦江下游段内河船舶污染物免费接收服务。黄石市探索"网格治污、智能交付"新模式。

加强化学品船舶洗舱作业管理。各级交通、海事管理部门依法持续加强船舶洗舱现场执法，加大对违规洗舱、违规排放洗舱水等行为的打击力度，有效实施船舶化学品洗舱水接收、转运及处置联合监管制度，组织相关航运企业作出化学品船舶更换货种洗舱作业书面承诺，督促航运企业落实更换货种洗舱要求，督促相关船舶和单位"应洗尽洗""应收尽收"。海事管理机构累计开展洗舱作业现场检查600艘次。

推进船舶水污染物"零排放"。推广"船上储存、到岸交付"的零排放模式，长江干线已有10845艘船舶实现零排放。长江海事局制定实施船舶水污染物零排放的指导意见、监管指南，建立水污染物零排放船舶清单，推进零排放示范区建设。2021年6月底前三峡库区及以上区段基本实现零排放，12月底前岳阳以上区段全面实现零排放，并于12月底启动全面推进安徽及以上区段零排放。

继续推广运行船舶水污染物联合监管与服务信息系统。长江经济带船舶水污染物联合监管与服务信息系统全面推广应用，信息系统完成改造升级并新增"接收确认""零排标识"等功能。截至2021年底，累计注册港口作业单位6809家，第三方接收单位954家；到港中国籍营运船舶注册数57993艘，注册率达97.4％；实现常年过闸船舶100％安装使用。已覆盖长江经济带内河码头，基本覆盖到港中国籍营运船舶，内河主要港口船舶污染物接收转运处置基本实现全过程电子联单闭环管理，初步实现船舶污染物来源可溯、去向可寻、动态可查。长江经济带污染物联合监管与服务信息系统应用情况见表5.3-4。

长江经济带污染物联合监管与服务信息系统水污染物接收量　　　　表5.3-4

省（市）	船舶垃圾（吨）	生活污水（立方米）	含油污水（立方米）	残油废油（立方米）	洗舱水（立方米）
上海市	658	15450	2478	1	0
江苏省	5088	345804	21190	40265	12079
浙江省	956	58078	39044	550	0
安徽省	1011	62013	996	212	327
江西省	377	31234	666	40	342
湖北省	3557	243786	8663	1234	2191
湖南省	860	70001	4189	230	286
重庆市	2475	167251	2780	43	40609
四川省	150	24209	189	20	0
贵州省	20	217	2	30	0
云南省	173	2555	37	2	0
总计	15324	1020596	80234	42627	55834

5.3.3 船舶和港口防污染管控

持续强化防污染能力建设。长江海事管理部门持续压实航运企业污染防治第一责任，督促1007家航运企业与主要船员签订环保承诺书共计18282份。组织开展绿色标杆公司和船舶评估和评选工作，打造"杨阳工作室"和岳阳危防实操轮训基地。完善长江干线防治船舶污染区域联动机制，优化武汉、岳阳段船舶污染应急联动示范区运行模式，在重庆长寿、九江新港、安庆港区等辖区重点港口实施船舶污染应急联动。发布《危险品船舶洗舱作业监管指南》《船舶靠港使用岸电监管工作指南》，进一步统一执法标准规范。

加强船舶防污染监管执法。长航局加大对船舶污染物偷排超排等行为查处力度，开展对船舶防污染设备使用、船舶污染物联单位制度执行等情况专项执法检查，累计检查到港船舶16.7万艘次，查处涉污违法行为5189起，其中偷排超排377起。加强到港船舶防污染现场检查，落实过闸船舶100%防污染检查，开展船旗国监督检查2.67万艘次，查出防污染类安全缺陷1.05万项，其中滞留缺陷1632项。

加强载运危险货物船舶安全监管。长江海事局继续加强载运危险货物船舶常态监管，现场检查1.1万艘次；采取"四不两直"方式开展涉危企业安全与防污染专项检查，督促辖区危险品码头、加油站、洗舱站、航运公司等涉危企业严格落实应急演习制度；推进涉危企业风险排查和隐患治理，构筑危险货物立体监管网；持续深化高质量选船长效机制；完善危险品船舶分级分类管理模式，按照新的分级标准评选A级船舶396艘，C级船舶100艘，严控C级船舶到港率。开展船载危化品管理"江苏模式"泰州先行试验区、危化品运输船岸协同管理示范"一区一点"建设，探索实施对危化品船舶数据化和积分信用制管理。江苏省、浙江省落实危险货物运输跨区域全链条安全监管体系，打造全链条全覆盖的危险化学品运输安全监管与信息服务模式等试点示范项目。

持续强化船舶大气污染防治监管。全面落实《船舶大气污染物排放控制区实施方案》《船舶大气污染排放监测通用要求》，督促船舶严格遵守排放控制区规定。加强船舶燃油质量监督检查，加强船舶黑烟监测管理，加强船舶尾气监测，完善船舶大气污染监控网络，依法查处船舶违法违规行为。长江海事局构建燃油"远程+现场"检测工作机制，为基层一线执法人员配备燃油快速检测仪，常态化开展燃油质量专项检查；在长江江苏段6座跨江大桥上安装23套固定式船舶尾气遥感监测装置，初步形成"初筛—精筛—确定"的综合立体式监控网络，全年移动式船舶尾气排放设备共计监测船舶尾气超4000艘次，有效查处燃油超标船舶53艘次，实施船舶燃油抽检7282艘次，查处燃油硫含量超标违法行为108起。各地将船舶尾气监测要求纳入打赢蓝天保卫战实施方案，完善船舶尾气监测有关配套政策，保障船舶尾气排放监测落地见效。

5.3.4 维护长江流域水生生物安全

推进水生生物重要栖息地禁限航区划定研究。长江海事管理机构调查掌握长江流域水生野生保护动物栖息情况，联合武汉理工大学开展航运对长江流域重要水生生物影响因素分析，研究长江干线水生生物重要栖息地禁限航区划定标准。

协同共建长江"十年禁渔"防控网。长航局系统配合长江渔政、公安、水利、市场监管等部门，严格落实长江禁捕退捕措施，建立联合监管模式，加强长江干线禁捕管理区日常监管，加强长江商船携带渔网渔具执法监管，强化禁渔宣传引导，强化禁捕退捕"陆治水打"，严防渔船违法捕捞作业，非法捕捞得到有效遏制，江河水面基本实现"四清四无"。地方交通、海事部门协同公安、渔政等部门联合开展长江禁捕禁渔专项执法检查行动，持续推进挂靠渔船、乡镇渔船、涉渔"三无"船舶专项整治。共开展联合执法560余次，配合地方政府拆解涉渔"三无"船舶697艘，联动处置涉渔违法行为87起。

5.4 完善绿色发展保障体系

5.4.1 创新绿色发展推进机制

做好长江保护法贯彻实施。交通运输部印发《关于贯彻实施〈中华人民共和国长江保护法〉的意见》，进一步强化长江流域生态环境保护修复交通运输工作，推动长江流域交通运输全面绿色转型。沿江各省市和长航局对内开展《长江保护法》系统学习，对外做好宣贯解读，进一步提升从业人员安全环保意识。各单位以贯彻落实长江保护法为契机，完善规划管控，促进资源节约集约利用，强化岸线管理，保护水生生物重要栖息地；提升长江黄金水道功能，推进长江流域大宗货物及中长距离货物运输向铁路、水路转移；强化航道生态建设与保护，提高航道灾害防御能力，做好航运用水保障；完善运输管理，强化污染防治，加强长江流域危险化学品运输管理，依法严格实施危险化学品禁运目录，建立健全船舶和港口污染防治长效机制。四川省和重庆市协同立法，出台《四川省嘉陵江流域生态环境保护条例》《重庆市人民代表大会常务委员会关于加强嘉陵江流域水生态环境协同保护的决定》，以"四川条例+重庆决定"形式共同保护嘉陵江。

做好碳达峰碳中和工作。三峡通航管理部门以新能源船舶和风光水电综合应用为着力点，推进建设长江三峡通航"碳达峰碳中和"先行示范区。各地区各有关部门研究制定落实碳达峰碳中和工作的实施意见或绿色低碳发展行动方案，推进绿色低碳发展。四川省启动"绿水绿航绿色发展五年行动"，以推进船舶节能减排、航道生态智慧、航运绿色低碳为切入点，加快全省水运高质量可持续发展，助力加快实现碳达峰碳中和目标。

5.4.2 完善政策法规体系

完善法规制度体系。《中华人民共和国长江保护法》于2021年3月1日起正式实施，交通运输部组织开展《港口和船舶岸电管理办法》《水上液化天然气加注作业安全监督管理办法》等相关部门规章的制修订工作，各省市积极开展相关配套规章制修订工作。持续完善船舶垃圾排放接收转运处置监管法规和制度文件，重庆市将推进船舶污水上岸集中处置纳入《重庆市水污染防治条例》，从地方立法的角度为船舶水污染物"上岸转移"提供法治保障。

加大政策支持力度。财政部会同有关部门在加强生态环境保护、促进资源综合利用和支持企业绿色高质量发展等方面出台了一系列税收支持政策。利用中央预算内投资资金对中西部地区水上洗舱站建设给予5.8亿元的资金补助，助力长江干线13座水上危化品洗舱站完成建设。沿江各地交通、海事管理部门积极推动出台促进长江航运绿色发展的财政补贴政策，江苏海事局会同江苏省交通运输厅港航中心向江苏省人民政府申请长江江苏段危化品洗舱站运营专项奖励资金，以缓解公用洗舱站在起步阶段面临的运营困境。

第 6 章

协同发展

6.1 协同发展机制建设

6.1.1 服务国家重大战略实施

支撑区域重大战略和区域协调发展战略实施。常态化对标推进长江经济带综合交通运输体系建设、推动长三角交通运输更高质量一体化发展、畅通多向出川渝综合运输大通道、推进中部地区内部开发大通道建设、加快构建东部地区现代化综合交通运输体系等创新举措和改革措施，最大限度争取、用活发展政策和优惠政策。加强顶层设计、部门协调，加快推进长江干线水运大通道扩能升级，联合相关部门和地方持续深化三峡水运新通道研究，积极协调中国长江三峡集团和四川、云南地方推进金沙江翻坝转运系统建设，加快推进支流高等级航道未达标段航道攻坚建设，促进水路省际通道中长期规划建设区域合作和互联互通水平的提升。推动长江干线等沿线主要港口专业化、规模化发展，进一步推动港口资源高效利用，共建长三角世界级港口群，加快推进基础设施硬联通，持续推进制度规则软联通，引导社会物流"公转水""铁转水"，大力发展多式联运，促进长江航运高质量发展，夯实服务区域重大战略和区域协调发展战略实施的基础支撑。

推进交通强省建设和交通强国试点。按交通强国建设试点实施方案开展了推进长三角交通一体化、长江经济带运输结构调整、打造世界一流港口、提升合肥综合交通枢纽辐射能力、推进赣鄱黄金水道智能航运发展、智慧港口建设、内陆型多式联运建设、现代内河航运、交通科技兴安、内陆国际物流枢纽高质量发展、成渝地区双城经济圈交通一体化发展、交通运输投融资模式创新、数字交通建设、打造现代多式联运区域物流中心和内陆开放型综合运输大通道建设、双层集装箱海铁联运创新等试点。交通运输部海事局、长航局等开展了长三角"陆海空天"一体化海事监管体系建设、内河航运安全管控与应急搜救建设等试点。各试点单位建立健全试点工作推进机制，强化政策支持，加强上下联动，强化协同配合，扎实推进交通强国建设试点等部省规划落实，加快形成成功经验模式。

建立健全长江航运高质量发展长效机制。长航局对照交通运输部《关于推进长江航运高质量发展的意见》提出的目标任务，深入研究谋划，形成了长江航运"一个主题、四个发展、五个保障"的总体思路，即围绕高质量发展这个主题，重点抓好安全发展、绿色发展、协同发展、创新发展，切实提升政治、组织、法治、人才和资金保障能力，并印发深入推进长江航运高质量发展的40项任务清单。沿江各省市加强战略合作，协同推动长江航运高质量发展。重庆、四川、贵州、云南、陕西五省市港航部门签署《关于共同推进长江上游地区航运高质量发展战略合作协议》，以及航运数据共享平台、水上应急救援协作联动、乌江通航船闸联合调度、航运政策标准研究4个子协议，来自五省市的33家航运企业达成涵盖航旅融合、多式联运、干支直达、新开集装箱航线、货物散改集、船舶建造和运输合作等多个方面的19项省际合作项目，共同打造长江航运高质量发展示范区、长江航运绿色发展样板区、长江航运协同发展先行区。

6.1.2 协同发展工作机制建设

协同发展工作机制建设。长航局积极发挥交通运输部派出机构作用，继续加大与有关部门的沟通协调，先后与江苏省交通运输厅、安徽省港航集团、湖北省港航局、重庆市口岸物流办、交通运输部天津水运工程科学研究院、中交疏浚集团、长江航运公安局，以及扬州市、马鞍山市、池州市、岳阳市、宜昌市人民政府等举行工作座谈，围绕服务长江经济带发展、交通强国建设、长三角一体化发展等国家战略实施，进一步完善协同工作机制，落实长江航运高质量发展部署要求；深化与涉水部门合作，成立长江航运气象联盟，强化与水利、公安、渔业等单位的联合执法，打造行业协同共治新格局。长江三峡通航管理局联合宜昌市政府打造长江三峡通航营商环境示范区。长三角海事一体化融合发展提速增效。

社会协同共治体系建设。积极发挥政策咨询机构、学会、联盟等作用，加强专家库和行业智库建设。长江航道局成立专家委员会，主要由从事航道领域专业技术、在系统内具有一定知名度、影响力和代表性的专家组成；中国航海学会内河航运开发建设专业委员会更名为中国航海学会内河航运高质量发展专业委员会，专委会工作领域从以开发建设为主扩展到内河航运发展的诸多方面。长江港航物流联盟新成立洗舱专业委员会，推动制定内河船舶换货种洗舱标准应用。太仓海事局联合太仓市港口管理委员会、人民检察院，以及长江引航、水文、航道、海事等部门成立长江航运东大门通道安全"共建共治"联盟，建立"四防三建三强"机制，共同护航通道安全，为全国复杂航段的治理提供基层样本。

6.2 融合协同共建战略支点

6.2.1 推进航运中心建设

打造上海国际航运中心"升级版"。上海市印发《上海国际航运中心建设"十四五"规划》。依托上海港枢纽功能，发挥全球资源配置作用"千里运空箱"，以"输血"方式为外贸企业补充集装箱供给，与马士基、达飞等国际航运企业共同打造上海港东北亚空箱调运中心，成为集装箱周转"蓄水池"。推进长三角区域港口与物流一体化，整合"水—公—铁"物流通道资源，实现全流程覆盖。上海港集装箱水水中转比例达到49.6%，其中国际中转比例13%，较2020年提高0.7个百分点。中国船舶集团落户上海，与全球最大的集装箱码头上海港、中国最大的远洋航运企业中远海运集团一起，在上海形成航运市场从制造、运营到信息、服务的全要素集聚。中远海运集团推进区块链技术在航运业的应用，牵头打造了行业区块链联盟"全球航运商业网络（GSBN）"。上海航运高端服务业依托航运物流体系化建设加快发展，航运保险建立场内交易机制，进出口货运险实现线上交易，上海船舶险和货运险业务总量全国占比近1/4，国际市场份额仅次于伦敦和新加坡。在豪华邮轮项目取得重大突破，完成了价值4亿美元的豪华邮轮勘验和评估。全球知名国际航运组织相继在上海设立总部、分支机构或项目实体，上海波罗的海国际航运公会中心升级为亚太总部。《2021新华•波罗的海国际航运中心发展指数报告》显示，上海国际航运中心位居2021年全球航运中心城市综合实力榜上第三，仅次于新加坡和伦敦。

武汉长江中游航运中心建设。《武汉新港（武汉市）发展"十四五"规划》提出，围绕阳逻港为核心，汉南港、花山港、金口港为辅的集装箱港口集群化生产模式，全面实施"上游全中转、下游全分流"水运集装箱型运输组织模式；打通水铁联运"最后一公里"，阳逻国际港集装箱水铁联运二期项目开港通车，长江航运与铁路运输在项目区域内实现"无缝对接"，基本实现"船舶靠港、火车进站、集装箱互送"目标；构建内外联通新通道，进一步推动以武汉港为枢纽的东亚—中亚—欧洲国际开放新通道建设，拓展运河航线、汉江航线、中三角航线及武汉城市圈航线。创新提升四大航运服务功能，完善武汉新港空港综保区功能，扩大区港联动优势，相继落地进口棉花保税物流分拨中心等8大进出口商品分拨中心，推动国际贸易分拨业务集群化发展，在汉首推电脑硬盘保税检测维修业态，首创进口中规车保税仓储业务，3个在运行的保税分拨中心产能提升25%以上，新增落地保税物流项目5个，储备项目4个。武汉电子口岸全力推进区港联动系统建设，进一步推进武汉水运口岸数字化基础建设，推动传统口岸向智慧口岸升级，实现"货物批量报关，区港联动，通关信息自动推送"，截至2021年底，平台累计处理通关业务29万笔，转关运抵票数同比增长34.22%。长江航运产业研究中心发展智慧航运，推动智慧船舶、优秀船型研发。

重庆长江上游航运中心建设。《重庆市综合交通运输"十四五"规划（2021—2025年）》提出协同建设长江上游航运枢纽，加快畅通"一干两支"航道主骨架，依托多式联运枢纽型港口广泛的运输辐射腹地和强大的货物集聚能力，提速构建"覆盖成渝、沟通国际"的现代化、专业化、标志性港口群，全面建成中心城区果园、万州新田和涪陵龙头3大世界一流国际内河港口，支撑重庆长江上游航运中心在"一带一路"、长江经济带、西部陆海新通道联动发展中发挥引领带动作用，成为成渝地区双城经济圈战略性国际航运枢纽。果园港已汇聚综保区、自贸区、中新多式联运示范区和四向国际大通道等内陆开放全要素。重庆两路果园港综合保税区启动水港功能区建设，中新（重庆）多式联运示范基地项目一期仓储和堆场建成，果园港海关集中监管作业场所、果园保税物流中心（B型）等

11个项目竣工，长安民生物流、中远海运等多家物流企业入驻，实现成渝两地保税功能共享，实现铁水联运量、集装箱水水中转量分别增长6.1%、21.4%。重庆航运交易所交通电子口岸、长江旅客运输实名制、船舶交易等信息平台各航运服务信息平台平稳运行。

南京区域性航运物流中心建设。成立省市共建领导小组推动南京区域性航运物流中心建设，持续推进南京区域性航运物流中心和海港枢纽经济区建设。南京区域性航运物流中心规划有序推进。下关长江国际航运物流服务集聚区集聚效应逐步显现，长江南京通信管理局、南京航道局入驻协议已签署；集聚区二期工程南京港集团大楼项目正式交付。在港航数据资源集聚、航运指数体系构建等方面，落实江苏省和南京市共建航运交易中心合作协议，南京航运交易中心作为全省航运指数的官方发布平台参与江海河航运指数研发工作。

舟山江海联运服务中心建设。以服务长江经济带发展和"一带一路"建设为统领，坚持与浙江自贸区建设融合发展，江海联运综合枢纽港功能不断提升，江海联运物流组织不断优化。高质打造"江海联运在线"，构建"联运申报一站办""物流跟踪一键达"等5个特色应用场景，打通长江21个数字节点，数据服务基本覆盖安徽、江苏等长江下游主要港口，服务省内外企业增至3000多家、船舶增至3.7万艘次。国际海事服务基地保税油供应量突破550万吨，跃升为全球第六大加油港；外轮供应货值超30亿美元，同比增长30%。新引进美国船级社（ABS）等海事服务企业150家，累计集聚头部企业42家。船舶供应、船级社、检验检测等8个产业链节点初具国际竞争力。推进宁波舟山港通关监管一体化，实施船舶转港"一次查验"模式，创新实现甬舟两地指定监管场地资源共享。深化"提前申报""两步申报"等通关模式，油品、铁矿石等货种实行"两段准入"，开展进境空箱"船边直提"业务。合力打造宁波舟山港世界一流强港，率先实现跨港区拖轮、理货经营一体化。

6.2.2 共建航运枢纽

支撑港口型国家物流枢纽建设。国家发改委和交通运输部于2018年公布了127个国家物流枢纽承载城市名单，其中港口型国家物流枢纽承载城市涉及长江水系上海、南京、苏州、南通、连云港、宁波舟山、芜湖、安庆、九江、武汉、宜昌、岳阳、重庆、泸州等城市。宁波舟山、南京、宜昌、重庆、苏州、芜湖、武汉、岳阳等入选2019年、2020年的两批港口型国家物流枢纽建设运营取得初步成效。2021年，国家发改委印发《国家物流枢纽建设实施方案（2021—2025）》，对国家物流枢纽做优存量、做好增量、保证质量、加强监测、形成合力做出全面部署；印发《关于做好"十四五"首批国家物流枢纽建设工作的通知》，连云港港口型国家物流枢纽等25个枢纽纳入"十四五"首批国家物流枢纽建设名单。各地深入挖掘港口物流产业潜力，发挥长江黄金水道航运优势，加快布局干支衔接、江海联通、多式联运的物流贸易网络，加快完善"通道+枢纽+网络"的现代物流运行体系。武汉市依托阳逻港，整合港口后方集中布局、功能互补的核心物流设施，加快特色优势船队建设，做大做强集装箱国际中转业务，以多通路多式联运衔接"一带一路"与长江经济带。重庆市果园港国家物流枢纽重点口岸功能和重点基础设施系列项目有序推进。

推进枢纽节点高质量发展。交通运输部会同相关部委组织编制关于推动长江三角洲地区共建辐射全球航运枢纽的指导意见,加强基础设施"硬联通"、制度规则"软联通",促进陆、海、天、网"四位一体"互联互通,加快建设世界级港口群,提升航运枢纽整体竞争力、影响力。推进南通通州湾长江集装箱新出海口建设。推进芜湖、马鞍山、安庆江海联运枢纽及合肥江淮航运中心建设。川渝共同编制《共建长江上游航运中心建设实施方案》,推进实施增强现代航运基础设施网络等6大任务,以及完善对外通道体系、提升航运基础设施能级等16项工程。

培育发展枢纽经济。发挥枢纽优势,加强工业园区、产业集群与枢纽布局衔接、联动发展,打造具有区域集聚辐射能力的产业集群。江苏省打造枢纽经济发展样板纳入交通强国建设试点任务,将以连云港港、南京港、苏州港、南通港为重点,推动港产城融合发展,积极发展现代港口物流业、航运服务业以及高端装备制造、精细化工等临港产业。安徽省印发《芜湖马鞍山江海联运枢纽建设方案》,提出了国内领先的江海联运内河港口枢纽、国内一流的现代内河航运服务基地、国内先进的大宗商品储配交易中心和国内知名的港口高质量发展示范区4大功能定位。

6.2.3 全方位融入国际物流链

支撑服务自由贸易试验区建设。全国已建立21个自由贸易试验区和海南自由贸易港,更大范围、更宽领域、更深层次对外开放进一步深化。在自由贸易试验区建设方面,进一步开放市场准入,压缩自贸试验区外资准入负面清单,出台了一批贸易投资便利化改革措施,推出新的一批18个最佳实践案例,自由贸易试验区为外贸外资基本盘的稳定作出了积极贡献。水运行业加强制度创新、管理创新、模式创新,推进水运及相关辅助业务市场对外开放,支撑服务自由贸易试验区建设。作为浙江自由贸易试验区重要组成部分的宁波市北仑区试点推出"共享加油"模式,推动符合使用和安全要求的物流企业设立共享加油装置,将车辆的油品需求"化零为整",降低企业成本,提升物流效率。江苏在连云港成立新亚欧陆海联运通道自由贸易试验区联盟,完善国际海港枢纽能级,深化大宗商品分拨中心建设,以港口口岸功能为核心引擎,探索"共建共用"合作新模式,共同推进通关便利化改革,建立健全信息共享共用机制,推动沿线自由贸易试验区联动发展、协同开放。

服务水运口岸建设。截止2021年底,长江沿线共有一类口岸共24个,二类口岸7个,临时开放口岸2个,开放码头/泊位共计569个。国务院批复同意南通港口岸扩大开放通州湾港区,南通港吕四、东灶港、通州湾、洋口4个主要港口作业区实现口岸功能全覆盖。交通港航部门加强与海关、口岸等管理部门合作,共同协助港口、运输企业优化运输组织,积极争取综合保税区,协同推进口岸通关管理标准化。受疫情影响,国际航行船舶进出口岸共计33982艘次(其中江苏区段33874艘次),同比减少9.6%。

国际航行船舶通关便利化。长江海事局简化和规范国际航行船舶单证,实现国际航行船舶进出口岸"不见面审批","单一窗口"申报应用率100%;对已建立联合查验机制的口岸,优化国际航行船舶联合登临检查机制,推进船舶通关"一站式作业",实现"联合查验、一次放行"。配合相关部门做好入境国际航行船舶登临检疫和入境船员口岸查验工作,实现国际航行船舶进出口岸信息精准管控,严防水路疫情外部输入。及时处置船员紧急救助事宜,保障船舶船员应急处置渠道的畅通。上海海事局推进地方与国家标准版"单一窗口"对接,实现国际航行船舶进出口岸统一申报、联合查验、快速通关、无纸化办理;推出深水航道大型船舶边坡交汇举措、在洋山港区推行双档靠泊、双套泊位、双向通航、双窗口离泊的四双举措,提升船舶通关效率,保障船舶顺利进口靠泊,货物及时进港卸货。

6.3 多式联运发展

6.3.1 多式联运发展

人大政协围绕"多式联运高质量发展"协商议政。2021年6月9日和11日,全国人大、全国政协先后就"综合交通运输体系建设"和"多式联运高质量发展"主题召开专题会议。会议强调要深入领会习近平总书记关于加强综合交通运输体系建设的重要论述,贯彻落实"十四五"规划发展多式联运的重要部署,坚持立足国情实际与借鉴国际经验相统一、整体协同推进与重点领域突破相统一、加强顶层设计与鼓励基层探索相统一,因势利导、稳中求进,促进各种运输方式由相对独立发展转向一体化融合发展,建设交通强国,为全面建设社会主义现代化国家提供有力支撑。

多式联运示范工程。自2016年起,交通运输部、国家发改委先后公布了三批70个多式联运示范工程项目,其中涉及长江航运领域的第一批3个已通过验收,第二批5个进入建设尾声,第三批7个正在推进建设中,形成了一批可复制、可推广的试点经验,重庆果园港、黄石新港等一批示范工程被授予"国家多式联运示范工程"。开展第四批多式联运示范工程申报工作,重点支持服务支撑国家重大战略、运输结构调整效果显著、促进干线支线高效衔接、推动运输组织模式创新、研发重大技术装备、推动多式联运信息互联共享等7大类项目。各省市持续推进交通运输互联互通,推动部省级多式联运示范工程项目,给予相应的配套资金支持和政策扶持。多式联运示范工程建设情况见表6.3-1。

多式联运示范工程建设情况　　　　　　表6.3-1

省(市)	多式联运示范工程建设
上海市	安吉物流沿江沿海经济带商品车滚装多式联运示范工程已开发了信息采集设备、智能动态调度系统、手机APP等,供应链移动互联平台建设稳步推进,综合物流一体化解决方案趋向成熟
江苏省	江苏省国家级、省级多式联运示范项目分别达到4个、22个,累计开通示范线路116条,制定《海铁联运列车运行追踪接口标准》等3项标准

续上表

省（市）	多式联运示范工程建设
安徽省	开展第二批10个省级多式联运示范项目创建
江西省	赣州港多式联运示范工程打通深圳、广州、上海、宁波等"出海通道"，与多个港口达成"同港同价"协议，开通"同港同价"铁路专列
湖北省	武汉港阳逻水铁联运一期示范基地年集装箱吞吐量突破5万TEU，二期工程试运行；黄石新港多式联运示范工程通过验收，已形成集装箱铁水联运、散改集联运、车船直取联运3种联运模式；宜昌白洋、鄂州三江、武汉金控等第三批示范工程建设进入攻坚阶段。荆州积极申报第四批国家级多式联运示范工程
湖南省	岳阳、长沙、怀化各1个项目进入交通运输部多式联运试点范围。三个试点项目进展顺利，岳阳市多式联运部示范工程通过验收
重庆市	多批次国家多式联运示范工程项目有序推进，印发《关于公布第一批市级多式联运示范工程项目名单的通知》，积极推进市级多式联运示范工程建设

推进运输结构调整。巩固推进运输结构调整三年行动计划成果，以推进大宗货物"公转铁、公转水"为核心，以多式联运为重点，加快集装箱码头和以港口为中心的多式联运枢纽建设，促进船舶结构优化，已有10艘特定航线江海直达船舶投入营运；提升多式联运服务水平，综合利用市场机制和行政手段，健全运输结构调整长效激励机制，持续推进区域内大宗货物中长距离运输向铁路或水路转移，推动构建统一开放运输市场。

创新多式联运组织模式。各省市积极对接市场需求，创新运输组织模式，强化水陆联运衔接。上海市扩大芦潮港既有线路运量，鼓励船公司积极参与海铁联运业务，重点开拓长江中上游货源集聚地区业务，支持开展冷冻箱、滚装箱、散改集等特殊货种的海铁联运业务。江苏省加强"通道+线路+枢纽+节点"的粮食物流骨干网络建设，加强南京、泰州、苏州、南通等散粮仓储与物流设施建设，重点提升沿长江通道粮食接卸、江海联运、分拨集散能力；推广散粮、成品粮集装化物流方式，开发常态化、稳定化、品牌化的水水、公水联运等"一站式"粮食多式联运服务产品；连云港港开通"嘉峰站—连云港—宁波港""西安—连云港—泉州""蚌埠—连云港—东南亚"集装箱铁水联运班列"一单到底"试点，率先实现联运单证一体化。山东省印发《关于开展全省多式联运"一单制"试点工程的通知》，并对纳入多式联运"一单制"试点工程的企业给予政策支持，探索开展"内陆港一单制""国际铁路联运一单制""空陆联运一单制""海铁联运全程联运提单"等模式。南昌海关、深圳海关联手在全国首创"跨省、跨直属关区、跨陆海港"的赣（州）深（圳）组合港通关新模式，实现同港、同价、同等效率的陆海港一体化融合发展。长江新丝路公司结合中部地区粮食分拨中心建设目标，探索粮食作物多式联运全程物流创新，将舟山、上海、镇江等地粮食经水路运输到达武汉，开行大豆"散改集、公转铁"敞顶箱联运专列发运至中西部地区。民生轮船股份有限公司作为承运人，联合中国铁路成都局集团、重庆港务物流集团开展"铁江联运一单制"试点，将货物从南京龙潭港江运至重庆万州港后，再转铁路运到成都，两程承运人变为一程承运人。

6.3.2 江（河）海联运

完善江（河）海联运网络布局。依托长江黄金水道，发挥江河海统筹、承东启西优势，增强港口一体化发展合力，加强集疏运体系建设，强化江海联运、远洋中转、近洋直达等功能，构建起服务长江经济带、联通海上丝绸之路的战略通道。优化配置港口、航运、物流资源，加强航线布局、物流通道网络等建设，推动江河海联运发展。2021年各港口干支联动、江海直达航线布局动态情况见表6.3-2。

各省市港口新开通航线动态 表6.3-2

省（市）	新开通航线动态
上海市	不断深化"长江战略、东北亚战略和国际化战略"，紧抓国际中转和长江中转，强化洋山深水港的国际中转地位
江苏省	开通集装箱班轮航线南京—关西—广岛、南通—东京—名古屋外贸航线，张家港至上海外高桥、洋山港区五定班轮航线，太仓港至邳州、盘锦、锦州、天津、厦门内贸航线，南京—营口内贸航线、金坛到太仓内贸支线。开通南京港到洋山港点对点直达航线以及"宁镇扬""宁太""张太"等沿江穿梭巴士。盐城港推进海河联运一体化，开通大丰港区至韩国釜山港国际直达集装箱班轮航线，建湖港区至太仓集装箱班轮航线，亭湖港区至重庆果园港内河集装箱航线。宿迁港开拓内河与海运航线衔接，与外贸干线船公司合作相继开通近洋外贸集装箱航线和远洋外贸集装箱航线。连云港首次开通海河联运集装箱外贸航线，经新云台内河码头中转后直达新东方集装箱码头水运至东南亚地区。全省累计开辟94条内河集装箱航线
浙江省	优化对外贸易航线，开通嘉兴港东南亚直航线、"东洲—乍浦"至宁波外贸集装箱精品航线
安徽省	加强芜湖港"长江空箱调拨中心"建设，进一步加密芜湖—上海洋山/宜东航线，开通芜湖—上海外高桥点到点航线。郑蒲港开通首条舟山豆粕江海直达新航线，郑蒲—连云港—营口港江海直达航线，连云港—郑蒲—武汉中转航线。合肥至上海外贸定制直达航线、芜湖至日本快运航线、定埠至上海港航巴士相继开通
江西省	开通"九江—张家港"定点班轮，对接"九江—泸州"始发航线。开通九江红光国际港至南京港集装箱内贸航线
山东省	已开通集装箱航线313条（新增35条），其中外贸航线221条（新增25条、新增和加班855班国际集装箱航班）
湖北省	开通武汉港—济宁港集装箱班轮航线，武汉港—釜山港集装箱直达航线，"荆江速递"、叠加"小钟摆"航线，"宜都港—白洋港"三峡地区集装箱钟摆航线西线。开通阳逻港—龙潭港、阳逻港—白洋港点到点集装箱直达快班航线。开通黄冈港"长江—潍坊"纸浆班轮航线。"武汉—荆州—宜昌"集装箱航线实现班轮化、联盟化运营
湖南省	发展"渝—岳—沪""宜—荆—岳"水水中转航线，稳定开行岳阳港直航洋山港集装箱航线，开通了省内各集装箱港口至岳阳城陵矶港的集装箱水运"穿梭巴士"。开通岳阳—日韩台接力航线，对接上海（太仓）—日本、韩国、台湾港口干线
重庆市	沪渝集装箱直达快线开通万州—上海轮船，开行了宜宾、泸州、广元、广安等地至果园港集装箱水水中转航线，实现长江上游干线全覆盖。乌江+长江等干支直达航线和水水中转航线逐步完善
四川省	开通"南充港—重庆港"集装箱班轮航线，广元港至南充港集装箱班轮航线

江海联运量。长江干线全年江海运输完成13.7亿吨，增长5.0%；其中内贸运输量9.2亿吨，外贸运输量4.5亿吨。主要运输货种为金属矿石、集装箱、矿物性建筑材料、石油天然气及制品、其他货物、钢铁、粮食、非化工原料及制品等。长江中下游港口至上海洋山集装箱运输、长江中下游港口至舟山干散货运输等特定航线江海直达运输，主要运输货种为集装箱、粮食等，大部分为外贸集装箱和外贸进口干散货，全年完成运输量约600万吨。浙江省完成江海联运量3.5亿吨，增长7.9%；其中宁波、舟山分别完成0.7亿吨、2.8亿吨，增长1%、9.7%；完成集装箱江海联运量55.1万TEU，增长30.6%。

海河联运量。浙江省完成海河联运量4209.7万吨，同比增长12%。其中，散货联运量3656.3万吨，增长9.1%，主要运输货种煤炭、油品和建材分别占散货总量的47.2%、

2.7%和48.3%；嘉兴、宁波和温州分别完成2931.6万吨、693.7万吨和31.1万吨，分别增长13.3%、6.6%和下降3.3%。完成集装箱海河联运量53.1万TEU，增长44%，其中嘉兴地区完成52.6万TEU，增长45%，宁波地区完成5099TEU，下降17.6%。

6.3.3 铁水联运

完善铁水联运网络布局。充分发挥港口区位优势和口岸功能，加强集装箱快班轮航线、中欧班列等对接，继续完善铁水联运集装箱班列线路，拓展铁水联运物流通道。2021年各港口新开行铁水联运班列动态见表6.3-3。

各省市港口新开行铁水联运班列动态　　　　　　　表6.3-3

省（市）	铁水联运航线布局
上海市	进一步优化以水公铁为一体的内陆集装箱码头（ICT）模式，拓展淮安、扬州、芜湖、张家港、台州等地业务合作，大力推进海铁联运新点新班列开行。上海芦潮港铁路中心站海铁联运业务已对接9省27市，其中苏州、常州、湖州、长兴、海安、无锡六地组织了固定车底每天开行的循环班列，同时南京、丹阳、重庆则每周开行班列，日均箱量稳定在1000TEU以上
江苏省	苏州、无锡等地开通了至上海芦潮港、宁波港的海铁联运班列。连云港港开行并稳定运营至中亚、欧洲国际货运班列，开发"中欧班列+铁海联运"新模式，完成"西安—连云港—韩国平泽"回程班列首发装船
浙江省	宁波舟山港开通马鞍山、盐城、六安等6个海铁联运业务点，新增株洲等2条海铁联运班列，稳定开行江西区域上饶、南昌班列天天班，辐射范围包括江苏、安徽、湖北、四川、重庆等9个长江经济带沿线省市的30余个城市
安徽省	芜湖港开通连接新疆、山西、陕西、安徽淮南等地至芜湖下水转运本省和江西、浙江的煤炭铁水联运线路
江西省	推动九江与抚州、宜春市公水、铁水、水水联运业务发展与互动，九江至抚州铁水联运通道开通运行
山东省	累计开通海铁联运班列线路76条（新增6条）
湖北省	武汉至日本集装箱直达航线对接中欧（武汉）班列，"日本—武汉—欧洲集装箱水铁联运国际中转新通道"、"日本—中国（武汉）—蒙古"海铁联运国际新通道正式开通；开行"阳逻港—吴家山—杜伊斯堡"水铁联运测试班列。开辟"东北—武汉—云贵川"北粮南运散改集、铁水联运新线路，以及"宜昌—武汉—营口"南肥北集集装箱铁水联运新通道。开行大豆"散改集、公转铁"敞顶箱联运专列，将舟山、上海、镇江三地粮食经水路运输到达武汉经敞顶箱发送至中西部地区。借助西部陆海新通道，开通"武汉—钦州—东南亚"铁海联运班列。黄石新港至成都、重庆等地班列稳定运行。宜昌水铁公多式联运已开通4条示范线路
湖南省	岳阳港可北向由湘欧班列连接新疆；南向通过铁水联运，连接粤港澳大湾区，对接湘粤非水铁海通道；西南向连接广西钦州港，对接西部陆海新通道。打通了中欧班列至长沙，水运至岳阳、太仓的铁水联运班列。开通了怀化—岳阳—绍兴的铁水联运线路。新增"粤港澳大湾区—岳阳多式联运大通道"
重庆市	开行至成都、西昌、攀枝花等地的铁水联运集装箱班列，以及至成都大湾、城厢、普兴的双向货运班列，开行至宁波渝甬铁海联运班列，开通至连云港海铁联运通道。开通了"陕西至果园"、"青海至果园"、"新疆至果园"铁路班列
四川省	开通泸州、宜宾至昆明、成都等6条铁水联运班列，新增达州至万州港东出铁水联运班列，泸州到广州双向班列、宜宾至钦州班列，开行广西防城港—广安铁海联运班列
陕西省	开通安康—武汉集装箱铁水联运专列，打通"陕西—武汉—海外"的陆海贸易新通道

集装箱铁水联运量。2021年，全国完成港口集装箱铁水联运量754万TEU。海铁联运方面，上海市完成海铁联运41.7万TEU，同比增长56%；江苏省集装箱铁水联运量同比增长12.6%，沿海主要港口大宗货物铁路和水路集疏港比例提升至95%，苏州海铁联运年发运量达到3.1万TEU，增长超40%；浙江省集装箱海铁联运量120.4万TEU，增长19.8%，其中宁波舟山港突破120万TEU居全国第二；山东省完成海铁联运量256万TEU，

增长22.1%。长江干线铁水联运方面，开展集装箱铁水联运业务的港口有泸州港、重庆港、荆州港、武汉港、黄石新港、九江港、芜湖港、南京港等8个港口，全年共完成铁水联运量24.4万TEU，同比增长31.3%。其中，吞吐量排名靠前的重庆、武汉、九江、泸州港分别完成7.9万TEU、4.8万TEU、4.0万TEU、3.7万TEU。长江干线集装箱铁水联运量见图6.3-1。

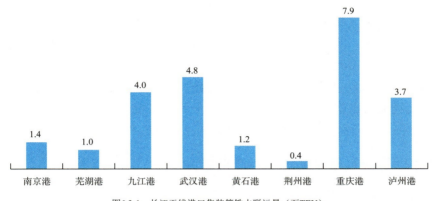

图6.3-1 长江干线港口集装箱铁水联运量（万TEU）

6.4 航运与相关产业融合发展

6.4.1 促进水路客运与旅游融合发展

推动旅游航道、水路旅游客运发展。开展《长江游轮旅游客运服务质量规范》研究，在水运"十四五"发展规划中纳入部分旅游航道试点工程。推进三峡库区水路客运联网售票和电子船票应用，实现系统稳定运行、水路客运数据统一归集。湖北省依托长江水域、航道、岸线等优势，打造武汉、宜昌内河游轮母港，开发精品游、品质游。

启动国内水路旅游客运精品航线试点。落实《关于开展打造国内水路旅游客运精品航线试点工作的通知》，围绕提升旅游客运船舶和设施品质、提升港口客运站和停靠站点服务品质、创新水路旅游服务产品、提升水路旅游服务质量、提升安全绿色发展水平等试点内容，部署打造国内水路旅游客运精品航线试点工作。省级交通运输主管部门、长航局加强对试点工作的指导。

挖掘航运文化旅游产品。各地依托航道、码头、船舶等，结合沿线人文历史、古村院落、民俗风情等传统文化载体打造和提升，大力建设滨水绿道、景观廊道，促进传承航运和地域文化的联动。浙江省打造钱塘江夜游、千岛湖豪华游等一系列自然观光产品、文化体验产品、休闲度假产品及运动养生产品，充分利用本土文化、旅游、景区特色，将多媒体、虚拟现实等高科技手段与传统水上旅游项目相结合，推出多项水上旅游沉浸式演艺产品。湖北省推动清江库区、汉江环郧阳岛生态旅游航道等项目前期工作，陕西省开展黄洛渭三角区旅游航道建设前期工作。

6.4.2 推进航运与现代物流融合发展

推进港口物流转型升级。各地加快港口物流要素整合，创新组织、服务模式，推进港口物流转型升级。扬州按照"前港—中仓—后产"模式，推动区港联动发展，合力打造临港产城高质量发展新高地。安徽省芜湖朱家桥外贸综合物流园区、合肥派河国际综合物流园、安庆长风一期改造工程等港口物流园区项目加快推进。江西省稳步推进南昌、九江、赣州、鹰潭物流枢纽建设，抚州海西综合物流园、赣州国际陆港等一批现代化综合货运枢纽建成。湖北省港口集团所属中港物流公司联合中华棉花集团在阳逻综保园区内开展大宗商品物流分拨项目，成立进口棉花保税物流分拨中心。湖南省推动跨省区港口物流合作，推动岳阳港与舟山市开展江海联运合作，共建大宗商品散货集散中心，共享港航物流数据信息。川渝两地加快港航物流深度合作，广元港集团与重庆民生集团合资成立民生广元物流有限公司，推动嘉陵江至长江干支联运航线常态化运行。

6.4.3 推进航运与装备制造等相关产业融合发展

推动跨行业合作。各地加强港航企业、装备制造企业之间的战略协作，推动航运与生产制造、商贸金融等跨业跨界融合，推动运输链融入供应链、产业链，提升价值链。江苏省港口集团与江苏扬子江船业集团签订战略合作协议，在内河电动船舶、港口仓储物流发展、大重件拖带等方面开展技术研讨、业务开发，在大型船舶技术交流、拖航、试航、水运运输和造船等方面加强合作。镇江市二重港发港务有限公司，重点围绕港发集团建设砂石交易中心，逐步延伸运营产业链，发展成为集装卸、运输、贸易、金融、中介服务为一体的综合物流运营管理企业。果园港国家物流枢纽与成都经开区签署协议，共同建设成都无水港，以汽车产业为基础，共同探索推进长江港口功能延伸和成渝地区通关便利化。

第 7 章 创新发展

7.1 发挥科技创新支撑引领作用

7.1.1 科技创新与政策

落实科技创新部署。落实《关于科技创新驱动加快建设交通强国的意见》，加强战略、规划、政策制定的协调衔接，完善实施组织保障机制，深化"科交协同"机制，深化政企合作，形成推进科技创新的强大合力。长航局研究制定新形势下进一步加强行业科技创新的意见，编制完成长江航运信息化等"十四五"发展规划，明确"十四五"科技项目库和重大科研项目清单。各省市在"十四五"综合交通和水运行业专项规划中多措并举加快科技创新步伐，制定"十四五"交通运输创新发展规划，对水运领域科技创新作出一系列部署。

强化科技制度保障。加强科技项目管理，长航局修订科技项目管理办法，加强多渠道项目统筹，规范重点环节管理，强化成果应用与绩效评估。加强国家级科研平台国家内河航道整治工程技术研究中心和省部级科研平台长江航运技术行业研发中心航道整治及维护基地、河口海岸交通行业重点实验室等建设，编制《国家内河航道整治工程技术研究中心"十四五"科技发展规划》。加强科技成果推广应用，中国水运建设行业协会及航道分会组织开展绿色航道建设技术交流与观摩会，推广应用绿色航道建设技术；江苏省组织开展智慧港航发展论坛，主题研讨"双循环"格局下智慧港航融合发展。强化舆论宣传保障，配合开展"创新引领科技支撑加快建设交通强国"为主题的科技活动周，多形式开展科技成果展，组织青年创新创意大赛，鼓励群众性生产技术创新活动。

7.1.2 重点科技项目研究

重点科技项目。发挥政府统筹协调和引导激励作用，争取国家科技资源支持，加大水运领域前沿技术、共性关键技术等研究投入，鼓励产、学、研、用多方参与，协同推进重大科技研发。国家发改委重大专项"三峡船闸调度系统国产化"，交通运输部重点科技项目"交通基础设施中长期性能观测网（航道观测网）"通过立项，长航局推选9个系统内重点项目列入交通运输部年度重点项目清单项目。完成国家重点研发计划"长江黄金航道整治技术及示范"项目，内河航道设施监测预警与服务、三峡水运新通道航运关键技术研究等省部级项目完成主体研究任务。积极参与工信部高技术船舶科研项目

"氢燃料动力船舶关键技术研究"，开展三峡后续工作科技项目"三峡升船机运行初期运行维护关键技术研究"，"大型通航枢纽扩能与运营安全保障科技示范工程"通过验收。江苏省启动船闸工程建设质量与品质提升关键技术等研究，贵州省大力推进科技重大专项峡谷河流超高水头梯级枢纽及航道提等升级关键技术研究。长江航运相关的2021年度交通运输行业重点科技项目清单创新研发项目情况见表7.1-1。

长江航运相关的2021年度交通运输行业重点创新研发项目　　　表7.1-1

序号	项目名称	承担单位	推荐单位	开始时间	结束时间
重点项目方向：交通基础设施维养技术体系研究					
1	长江干线公务船舶技术状况智能评价体系研究及示范应用	武汉德尔达科技有限公司、长江航道局、武汉理工大学	交通运输部长航局	2021年6月	2023年6月
2	智能浮鼓在库区推广应用可行性及维护对策研究	重庆文理学院、长江万州航道处	交通运输部长航局	2021年3月	2022年3月
重点项目方向：交通基础设施全要素、全周期数字化改造升级技术研究					
3	长江干线中下游航道地理信息云平台及趋势智能研判系统研究及示范（第一阶段）	长江航道勘察设计院（武汉）有限公司、武汉大学、长江航道规划设计研究院	交通运输部长航局	2021年1月	2022年12月
重点项目方向：北斗导航系统应用研发					
4	全国产化多模块组合式单北斗遥测遥控航标灯研发	长江航道局、武汉中原电子集团有限公司、湖北蓝宇航标股份有限公司、福建吉星智能科技股份有限公司	交通运输部长航局	2021年1月	2022年12月
5	5G智慧堆场装卸系统	招商局国际科技有限公司	招商局集团有限公司	2021年1月	2023年12月
重点项目方向：航运安全与应急救援关键技术					
6	长江口航道养护深水航道浮泥观测(2021)	上海河口海岸科学研究中心	交通运输部长航局	2021年5月	2022年6月
面上项目方向：交通基础设施建设领域					
7	三峡船闸闸阀门启闭机液压系统优化研究	长江三峡通航管理局	交通运输部长航局	2021年4月	2023年12月
面上项目方向：交通装备领域					
8	连云港港口4000HP纯电动拖轮研发与建造	连云港港口集团有限公司、连云港港口集团有限公司轮驳分公司、连云港鸿云实业有限公司、中国船舶工业集团公司第七○八研究所、中国船舶重工集团公司第七一二研究所	江苏省交通运输厅	2021年1月	2022年1月
面上项目方向：安全应急领域					
9	基于图像识别技术的葛洲坝船闸生产安全监管系统方案研究	长江三峡通航管理局	交通运输部长航局	2021年4月	2022年12月
面上项目方向：绿色交通领域					
10	长江航道"水、滩、岸"立体空间生态修复及涵养技术研究与示范	长江航道勘察设计院（武汉）有限公司、武汉大学、交通运输部天津水运工程科学研究院	交通运输部长航局	2021年10月	2023年8月
11	船舶应用电池动力安全技术研究	中国船级社武汉规范研究所	中国船级社	2021年7月	2022年12月

续上表

序号	项目名称	承担单位	推荐单位	开始时间	结束时间
面上项目方向：交通信息化与"新基建"领域					
12	山区河流智慧航道应用技术研究及示范	中铁长江交通设计集团有限公司、大连易海科技有限公司、重庆航运建设发展（集团）有限公司、中国软件与技术服务股份有限公司、重庆市船舶检验中心有限公司、重庆交通大学、武汉理工大学	重庆市交通局	2021年6月	2024年6月
13	长江干线数字航道及长江电子航道图建设与应用成效评估	长江航道测量中心、长江航道局、武汉大学	交通运输部长航局	2021年4月	2022年4月

基础研究和应用基础研究。长航局聚焦安全发展、绿色发展、协同发展、创新发展及行业治理热点焦点难点问题，围绕运输理论、航道长期性能观测、水上交通风险规律、污染物风险监测评估与管控、绿色智能融合基础理论、前沿交叉领域技术应用等布局基础研究和应用基础研究项目。开展长江航运综合信息服务平台可持续运营模式研究，统筹研究中小航运企业"云化服务"方案，编制完成《长江航运大数据治理标准规范体系研究》，《长江口航道疏浚土用于生态修复可行性研究和政策分析》等项目通过验收。

重大科技创新成果和奖励。长航局依托长江航运数据中心等基建项目，开发科技管理系统，逐步建立科技项目库和成果库，5项科技成果进入交通运输重大科技创新成果库。长江航道测量中心与交通运输部科学研究院联合开展的《长江航道大数据应用示范开发》项目荣获交通运输部科学技术成果证书，该项目是"首批交通运输行业重点科技项目清单成果登记项目"之一。绞吸式挖泥船智能作业系统理论体系与关键技术、长江干线船舶水污染物联合防治关键技术研究及应用等获中国航海学会科技进步一等奖，长江干线港口岸线资源利用规模调控及政策研究、航道整治与生态融合技术及应用、世界一流港口综合评价体系研究与成果应用、特定航线江海直达运输成套技术研发与应用等获中国航海学会科技进步二等奖。长江航运相关的2021年度交通运输重大科技创新成果库项目情况见表7.1-2，长江航运相关的2021年重点科技项目奖励见表7.1-3。

长江航运相关的2021年度交通运输重大科技创新成果库项目成果 表7.1-2

序号	成果名称	主要完成单位	分类
1	宽扁型江海直达船开发	武汉理工大学	重大科技创新项目
2	山区河流高等级航道通航扩能关键技术研究	交通运输部天津水运工程科学研究所、中交水运规划设计有限公司、长江重庆航运工程勘察设计院、长江航道规划设计研究院等	
3	内河生态航道建设关键技术研究与应用	交通运输部天津水运工程科学研究所、长江航道规划设计研究院等	
4	江苏内河航道基础设施养护成套技术研究	华设设计集团股份有限公司	

续上表

序号	成果名称	主要完成单位	分类
5	长江生态航道建设关键技术及应用	水利部交通运输部国家能源局南京水利科学研究院、长江航道局等	
6	长江下游潮流界变动段三益桥边滩与浅滩演变驱动机制分析	交通运输部天津水运工程科学研究所	论文
7	长江口航道建设及维护技术实践与研究	上海河口海岸科学研究中心	

长江航运相关的2021年重点科技项目奖励表   表7.1-3

序号	成果名称	主要完成单位	获奖类型
1	绞吸式挖泥船智能作业系统理论体系与关键技术	武汉理工大学、长江航道工程局有限责任公司	中国航海学会科技进步奖一等奖
2	长江干线船舶水污染物联合防治关键技术研究及应用	武汉理工大学、江苏海宇航务工程有限公司、长三角航运发展研究院（江苏）有限公司、南京汇海交通科技有限公司、武汉欣海远航科技研发有限公司	
3	绿色低碳港口评价指标体系与建设指南研究及应用	交通运输部水运科学研究院、江苏省交通运输厅港航事业发展中心	
4	多库联调下卵石滩群联动航道整治技术	重庆交通大学、长江重庆航运工程勘察设计院、长江重庆航道工程局、中国水利水电科学研究院	
5	长江干线港口岸线资源利用规模调控及政策研究	交通运输部规划研究院	
6	航道整治与生态融合技术及应用	交通运输部天津水运工程科学研究所、长江航道局、长江航道规划设计研究院、水利部中国科学院水工程生态研究所、天津大学、水利部交通运输部国家能源局南京水利科学研究院	中国航海学会科技进步奖二等奖
7	复杂多分汊河段航道滩槽调控技术及示范	长江航道局、交通运输部天津水运工程科学研究所、重庆交通大学、河海大学、长江航道规划设计研究院	
8	世界一流港口综合评价体系研究与成果应用	交通运输部水运科学研究院、交通运输部规划研究院、交通运输部天津水运工程科学研究所、上海海事大学	
9	特定航线江海直达运输成套技术研发与应用	交通运输部水运科学研究所、中国船级社武汉规范研究所、舟山市港航事业发展中心	
10	贵州绿色低碳港航建设技术研究与实践	贵州省航务管理局、交通运输部水运科学研究所、江苏健龙电器有限公司	
11	跨拦临航道工程航道通航条件影响评价报告编制规定	长航局、长江航道规划设计研究院	"中国水运建设行业协会科学技术奖"标准化奖一等奖
12	强动力高含沙条件下长江口深水航道养护成套技术研究与应用	长江口航道管理局、上海河口海岸科学研究中心、长江南京航道工程局、长江武汉航道工程局	"中国水运建设行业协会科学技术奖"科学技术进步奖一等奖
13	长江电子航道图关键技术研究与应用	长江航道局、长江航道测量中心、长江武汉航道局	
14	大水深条件下提高水下钻孔爆破关键技术研究	长江重庆航道工程局、中国地质大学	"中国水运建设行业协会科学技术奖"科学技术进步奖二等奖

续上表

序号	成果名称	主要完成单位	获奖类型
15	典型枢纽运行影响的下游航道治理关键技术及应用	江西省港航设计院公司等	"中国水运建设行业协会科学技术奖"科学技术进步奖三等奖
16	内河水上施工新型装备关键技术研究	常州市港航事业发展中心等	
17	内河航道船舶过闸多元感知和智能管控云平台关键技术研究与应用	安徽省港航建设投资集团有限公司、安徽省港航集团有限公司等	中国智能交通协会科学技术奖二等奖

7.1.3 先进适用技术研发和推广应用

航道建设技术应用。国家重点研发计划项目《长江"黄金航道"整治技术研究与示范》通过验收，项目成果在长江上游重庆朝天门至涪陵河段航道整治工程、长江中游荆江河段航道整治二期工程、长江下游武汉至安庆河段6米水深航道整治工程、长江南京以下12.5米深水航道建设二期工程等国家重点工程中示范应用，有力支撑了工程前期工作和建设实施。《强动力高含沙条件下长江口深水航道养护成套技术研究与应用》已推广应用至南槽一期工程、横沙东滩一、六、七、八期工程及中港疏浚的船舶装备升级改造。

枢纽通航技术应用。由长江三峡通航管理局牵头，联合中交水运规划设计院有限公司、武汉理工大学和交通运输部水运科学研究所共同承担的交通运输科技示范工程"大型通航枢纽扩能与运营安全保障"项目通过验收，项目从通过能力提升和通航安全保障两个维度，开展了通航枢纽平面布置、通过能力提升、运行仿真模拟、安全风险防控与保障四个方面相关技术的研究与示范，在依托工程中全面推广应用，并在湘江、乌江、西江等枢纽通航建设管理过程中得到运用。《三峡—葛洲坝梯级枢纽急流险滩通航关键技术研究及应用》项目成果直接应用于三峡—葛洲坝梯级枢纽航道整治、智能调度组织、绿色锚地建设、船舶污染防治等方面，为近100万艘次船舶安全锚泊、过坝提供通航服务。

绿色智能技术应用。组织开展5G、北斗、人工智能、绿色环保等新技术在长江航运的试点、示范和应用，交通运输部科技应用示范工程"长江危险品船舶动态安全监管与应急"通过验收。无人机无人船在海事监管、航道巡查、航道测量、整治建筑物观测、应急调度等主要生产业务领域推广应用。中国船级社与武汉理工大学开展长江绿色智能船舶合作，共同推进节能环保、智能高效、群体协同的高性能示范船舶建设。

7.1.4 标准化推动高质量发展

标准化工作稳步推进。交通运输行业深化标准化改革工作，推动政府主导制定的标准与市场自主制定的标准协同发展，推动现行有效强制性标准和在研标准完成转化、整合、修订等工作，进一步强化了政府制定标准的公益属性，提升推荐性标准体系的整体有效性。地方行业主管部门开展标准化专项规划编制，建立地方交通运输标准化管理体制，与国家标准、行业标准有效衔接，逐渐形成了上下联动、协同推进的标准化工作格局。社会团体围绕行业创新领域开展团体标准的制修订工作。一批交通运输重点企业积极参与交通运输国家标准、行业标准研究与标准制修订，根据发展需要构建企业标准体系，制定技术水平高于国家和行业标准的企业标准。

重点领域标准体系建设。安全应急方面，交通运输部加强了从业人员安全作业行为、设备设施安全状态、运输服务作业环境条件、安全生产作业环节、运输作业安全评价、应急救助和打捞等方面标准制定，组织编制《油船在港安全作业技术要求》等强制性国家标准。在绿色交通方面，加大了节能降碳、生态保护、污染防治、资源循环利用，以及监测、评定与监管等方面标准制修订力度，发布了《港口煤炭粉尘浓度控制指标和测试方法》等行业标准。在运输服务方面，重点围绕多式联运、冷链物流、危险货物运输等专业领域，加快物流设施设备、运输作业、管理服务和信息化等方面标准制修订，制定了《货物多式联运术语》，推动《多式联运运载单元标识》《多式联运货物分类与代码》等标准立项。在信息化方面，加快了信息化技术设施、数据资源、信息应用、网络安全、工程规范等方面标准制修订，发布了《交通运输视频图像文字信息标注规范》《交通运输行业安全生产监督监察信息数据元》等行业标准。

水运标准体系建设。加强水运重点领域高质量标准有效供给，聚焦基础设施、运输装备、运输服务、智慧航运、安全应急和绿色发展等方面开展了标准制修订工作，涵盖国家、行业、地方、团体、企业标准五个层级。基础设施方面，发布了《航道工程基本术语标准》《航道养护技术规范》《内河数字航道建设工程质量检验标准》《数字航道运行条件下航道养护标准》维护篇和运行篇，修订了《水运工程质量检验标准》《内河数字航道工程建设技术规范》等标准，《上海市内河港口标准化技术规范》《液化天然气燃料车船对接加注作业规程》《江苏省航道建设工程智慧工地建设技术标准》《智慧航道外场感知设施建设技术指南》《江西省内河航标技术标准化指南》等地方、团体和企业标准也相继发布。运输装备方面，发布《长江运输船舶操纵性衡准》，开展《江海直达货船船型尺度系列》《多功能单北斗船载智能终端技术标准》《自动化集装箱码头操作系统技术要求》制修订。运输服务方面，发布长江（内河）航运标准合同。智慧航运方面，发布《水路运输电子证照》《海事电子证照》《航标数据采集规范》《水运工程标准数据维护与应用系统技术规程》《公路水路交通地理信息数据交换内容和格式》《港口海铁联运电子数据交换技术要求》，开展《内河航道信息交换标准》等制修订。安全应急方面，发布《公路水运工程施工安全风险评估指南》《长江航运企业安全生产风险评估与管控指南》等，开展《内河交通安全标志》等标准制修订。绿色发展方面，发布《内河航道绿色建设技术指南》《内河航道绿色养护技术指南》《港口能源消耗在线监测系统建设规范》《港口大气污染物排放清单编制技术指南第1部分：集装箱码头》等，开展《钢质船舶岸电受电设施技术条件》、船舶洗舱安全作业等制修订。此外，《三峡通航绿色发展建设指标》发布，《一零两全四免费服务标准》《长江江苏段水上绿色综合服务区建设标准》等地方标准纳入制定计划，湖南省编制发布干散货码头环保隐患整治指南、港口码头及船舶岸电设施建设技术指南。

强化标准实施。加快推进区域标准制定和实施，不断完善《长江干线通航标准》《内河过闸运输船舶标准船型主尺度系列》等标准实施机制，促进长江干线航道区段标准统一、提高船闸通过效率；做好长三角区域标准《船舶水污染物内河接收设施配置规范》等地方标准的实施；打造现代化内河航运示范先行区，湖州港航部门加快标准在内河水运领域的普及应用和深度融合，累计发布1项团体标准，16项市级标准。码头岸电设施系列标准的实施，为岸电技术应用起到了推进和保障作用。智慧航运标准建设全面提速，推动北斗卫星定位导航、自动化集装箱码头等新技术创新应用标准发布实施，推动行业信息化应用迈上新台阶。

7.2 推进航运数字化智能化转型

7.2.1 智慧航道管理服务

数字航道和智慧航道服务。长江干线数字航道综合业务系统上线试运行，建立起基础管理、协同内控、议事决策、监督考核四大综合管理数字化应用体系。长江航道打造"北斗+5G"远程监控平台推动生产监督相融合，该平台具备数据留痕、查询分析、实时监督、运行轨迹回放等功能。组织开展AIS虚拟航标研究，开通长江中下游AIS虚拟航标服务。新版长江航道在线上线试运行，新增"专用航标信息""专用航标工程""专用航标维护""航道测绘"等业务办理模块，为长江沿线用户提供了更加丰富、更加形象、更加准确的航道信息服务。江西省推进赣鄱黄金水道智能航运发展试点，建成赣江鄱阳湖区航道249座航标遥感遥测系统。

电子航道图的推广应用。全年完成1871幅长江电子航道图数据更新和发布，进一步丰富长江电子航道图主要通航服务地理信息，进行航路、水上综合服务区等图层叠加，新增包含水上绿色服务区、码头、桥梁等26项拓展数据的地理信息专题图层。长江干线（水富至宜宾段）电子航道图建设工程项目验收，将数据集成到长江航道图APP上，实现了水富至宜宾段电子航道图显示浏览、助导航标志查询搜索、助航信息服务等功能。长江电子航道图APP用户数量达到13.1万，注册数量达到5万，微信小程序累计使用超过5000人。长江电子航道图在500余艘江海联运船舶上使用，实现电子航道图在船舶北斗导航系统中的深度应用，为船讯网、金马云物流、长江汇等多家航运企业提供定制化信息服务。长江航道部门与舟山市港航和口岸管理部门等共同推进江海联运信息化建设、运营、服务，合力打造"江海E行"智能平台，打通江图与海图的"数据壁垒"，推进江、海、港、航等数据互联互通，实现长江航道数据和海洋航道数据的高度融合和互通，构建江海联运"一张图"。推动长江电子航道图干支联通，实现电子航道图关键技术及长江干线数字航道建设成果在全流域开放共享，以项目合作方式落实京杭运河（济宁、湖西段）、汉江、信江等推广应用工作，汉江、赣江电子航道图全面接入长江电子航道图

APP，数据覆盖支流高等级航道里程1045公里；信江项目电子航道图制作与应用开发取得阶段性进展，红卫坝—界牌—双港—褚溪河口共计231公里电子航道图的生产制作已初步完成，并在电子航道图APP中开发实现了数据下载及电子航道图显示与浏览等功能；小江、梅溪河、涪江等7条支流270余公里电子航道图完成制作。

枢纽智慧通航。三峡通航要素初步实现数字化采集，语音、视频、业务数据三网有效融合，北斗应用不断深入。"三峡通航E站"上线3.0新版本，增加了"远程申报"功能，实现小程序与远程申报企业微信端的身份信息交换及数据对接，新增了"线上处罚""好差评""通过量统计""诚信管理"等功能模块，实现通航信息、过坝信息、待闸锚泊、政务服务等7方面移动端办理；注册船公司393家、船舶2913艘、用户51252人，总访问量超过4000万次。"长江三峡河段智能通航"列入交通强国试点项目，试点建设聚焦智能调度、智能安检、智能监测、智能运维，拟通过引入AI、5G、大数据、北斗、BIM等高新技术与通航基础设施深度融合，创新打造内河智能航运试验区，实现全方位覆盖、全天候运行、全过程监控，提升通航全要素融合、全数据集成、全信息互通、全过程服务的三峡通航智能化水平。上海市在大治河西枢纽二线船闸推行"智慧调度"小程序，环比提高过闸能力50%，运行保证率99%。江苏省交通船闸水上ETC服务系统、运盐河船闸远程控制系统建设项目、谏壁船闸开展智能化应用项目、浙江省"浙闸通"智慧过闸调度系统、江西省智慧航道运行管理系统、乌江智慧通航管理平台（一期）项目等基本建成投用。江苏省开发了区域性船闸统一调度软件，具备调度管理、运行监测分析、船闸智能分析、统一信息发布、综合管理APP等功能，以及信用管理、危险货物船舶管理、船舶信息对比清理等拓展功能。安徽省加强"皖航通"智能过闸系统普及应用，合裕线、沙颍河、水阳江、沱浍河四条航道实现跨航道联合调度运营，累计调度过闸船舶70余万艘次，过闸货物10.5亿吨。江西省建设信江智慧船闸集控调度中心，初步实现界牌、虎山嘴及双港三座船闸的远程集中控制与管理。汉江崔家营航电枢纽开展"E船畅"内河通航调度系统崔家营APP建设，辅助智能排序和调度管理，实现智慧通航试运行。苏皖交界水域乌江河闸"滁河通"APP上线，有效解决乌江河口待闸船舶锚泊秩序差、通航效率低、监管盲区漏洞等问题。

航道整治智慧工地。长江航道部门研发了长江航道整治工程远程监控指挥平台，与原BIM+GIS项目管理平台融合，实现多项目多维度工程施工质量、安全、进度、费用的项目全要素过程管理。长江干线黑沙洲水道整治建筑物维护中试点应用BIM技术，初步实现黑沙洲水道数据融合与实景仿真、维护期的航道整治建筑物BIM模型信息查询、整治建筑物技术状况辅助分析等功能。江苏省编制发布航道建设工程智慧工地建设技术标准、智慧航道外场感知设施建设技术指南，开工镇江段智慧运河工程航道外场感知设施。

7.2.2 智慧海事监管服务

智慧海事建设。物联网、云计算、大数据和移动互联等新技术在海事系统广泛应用。交通强国建设交通运输部海事局试点任务长三角"陆海空天"一体化海事监管体系建设、长江航务管理局试点任务"内河航运安全管控与应急搜救建设"相继启动。长江海事局组织研发安全监管"一库一图"系统,为智慧监管、移动执法、船岸协同提供支撑;与中国移动、华为公司开展战略合作,共同推进北斗与5G技术的融合创新,在宜昌水域率先打造"5G+北斗"智慧海事监管示范项目。长江干线首套船载和岸基危化品船舶智能自主监控系统在泰州调试运行。江苏海事加快构建"多维感知、高效协同、智能处置、优质服务"的快反处置体系;联合中船八院在泰州建立智慧海事研发测试基地,全面升级上线国产VTS系统2.0版,上线全国首个船籍港管理平台。泰州海事在饮用水源地安装国内最先进的浮动式水面溢油监测报警系统,提升辖区船舶溢油预警监测和应急处置能力。南通海事开发"一港全景"海上交通管理与港航调度一体化平台,上线运行"一区全景""智信皋港"平台。张家港海事局"智汇江海"监管服务平台上线,创新推出"船信码"。扬州海事局试点建设船岸作业界面的智能监控系统,实现对到港危化品船舶靠泊和作业的全区域、全过程、全天候智能监控。

长三角"陆海空天"一体化海事监管体系建设。长三角"陆海空天"一体化海事监管体系建设获批交通强国试点项目,通过深化长三角水上动态监管模式改革,建设"陆海空天"一体化海事监管指挥平台,建立区域水上"大交管"新型监管模式,形成长三角智能航海保障体系。江苏海事局在南京、镇江、张家港、南通和太仓成功试点的基础上,全面开展全要素"水上大交管"建设,统筹推进快速反应处置体系建设,促进港航一体化融合,开发运行港航调度、锚泊服务、卡口抓拍等信息化系统,推动船舶智能卡口实现船舶"逢过必知、来必相识",推动"人、艇、物"资源向执法一线集中,融合升级智慧监管服务平台,基本形成以水上交通管理中心为核心、快速反应处置中心为执行、业务职能部门为支撑的全要素水上"大交管"动态管控新格局,构建"江河海一体化"监管模式。

5G等技术协同应用。"基于北斗的长江航运多源时空信息智能服务应用试点"获批交通强国试点项目。长江北斗地基增强系统正式运行,实现长江干线"全覆盖、可替代、保安全"的建设目标,面向社会公众提供高精度定位服务;开通运营长江北斗网,使用北斗终端的社会船舶达1.4万艘。宜昌水域的"5G+北斗"智慧海事监管示范项目,实现宜昌坝下5G专网全覆盖,形成以长航5G无线专网、北斗高精度定位为核心的七大子系统,以及智慧监管、移动执法、应急指挥三大应用,成为长江海事"陆海空天"一体化和"水上大交管"建设的样板。长江航道打造"北斗+5G"远程监控平台,具备数据留痕、查询分析、实时监督、运行轨迹回放等功能。舟山引航站、浙江移动舟山分公司与中化兴中石油转运(舟山)有限公司共同打造"基于5G+MEC大型船舶智慧引航项目",首创在船舶引航中探索应用5G技术。重庆市推动现有监控系统与北斗技术有效衔接,构建"管理智能、服务便捷、数据融通、支撑有力"的智慧港航管理体系,实现161套工作船艇北斗终端安装,完成大数据中心架构搭建和视频监控平台部署,并接通16个危货码头。

7.2.3 创新智慧物流运营模式

智慧港口运营模式。围绕打造智能化管控系统、数字化供应链和"互联网+"创新平台等核心应用,推进智慧港口运营模式创新。建设自动化码头设施,有效提升码头作业效率。上港集团超远程智慧指挥控制中心项目发布,在全球港口中首次使用F5G技术实现超远程控制港口大型设备作业,实现100公里外操纵岸桥"隔空取物"。推进智慧物流上下游产业链一体化衔接协作,建设"货运一单制、信息一网通"的港口智慧管理系统。发挥互联网扁平化、交互式、快捷性优势,建设"数据一个库、监管一张网"的港口安全监管体系。

港口智慧物流信息平台。推进港口智慧物流平台建设,有效实现信息共享,推动港口全面提质增效。长航局与重庆市共同推进"长江智慧物流工程",启动智慧物流试点建设;果园港多式联运智慧运营中心依托重庆国际贸易"单一窗口"、重庆智慧口岸物流平台与果园港现有信息化系统,提供数据集成、信息共享、调度指挥、应急响应等公共服务功能,集装箱"无纸化"平台、智能闸口系统配合升级优化后的集装箱系统智能算法,实现了单证电子化、道闸无人化、服务自助化,成为内河首家实现集装箱电子提货的港口。安徽港航集团采用线上线下相结合的方式,开发多式联运信息化系统、无船承运业财一体化平台、船货宝APP,初步建立制造业厂区、港口码头、物流园区和铁路场站之间的线上信息链接,整合社会个体船舶运力资源元素,探索船舶智慧驾驶技术和多式联运的良性生态。江西省建成九江智慧港航综合物流服务信息平台,注册企业近300家,构建跨境贸易便利化智能动态显示屏,初步形成九江港全程物流链跟踪服务体系。湖北省"云上多联"平台通过对接多式联运各类参与方作业系统,建设铁、水、公数据互通接口和接驳渠道信息交换体系,实现协同管理公、铁、水等多式联运业务作业订单,以及全程物流可视化跟踪及预警。四川泸州港利用长江物流公共信息平台逐步达成进出港口单证电子化,实现无纸化办公。

7.2.4 推进数字政府部门建设

推进数据创新应用。各级交通运输主管部门贯彻国家、行业和本部门制定实施的数据资源开放共享规章制度,将其落实到信息化建设、管理、运维等各个环节。交通运输部印发《关于推进交通运输行业数据资源开放共享的实施意见》《交通运输政务数据共享管理办法》。深入推进长江航运信息资源整合工作,推动长三角地区交通运输数据资源共享交换示范。长航局制修订《长江航运政务数据资源管理办法》,完成数据资源目录编制,共梳理应用系统222个、数据目录427条、数据项7162个。地方交通运输主管部门持续开展本级及外部单位数据资源接入工作,研究以业务需求为导向的数据治理措施,深入数据指标体系建设,开展跨部门数据资源共享应用示范。

加快推进信息化平台建设。各地交通运输主管部门统筹本地区各级互联、协同联动的政务服务平台,加快实现网上政务全覆盖,加快推进政务服务向移动端延伸,实现更多政务服务事项"掌上办"。长航局政务服务平台上线试运行,实现长航局行政事项在线申报及审批,运输市场信用、指数、政务信息的采集、处理分析与公示。江苏海事局政务咨询智能服务系统上线试运行,通过官方网站、政务自助服务终端、船E行微信公众号,可获得便捷、实时、高效的海事政务咨询在线服务。重庆海事局研发运行"行政处罚不见面系统",优化"行政处罚不见面"办理模式。浙江省通过"浙里办"APP和"浙江政务服务网"推进水路运输电子证照申领工作,通过"云上船检"小程序进行入港临时检验。

加强政务信息系统优化整合。加快推进管理信息系统建设,依托国家和行业统一的数据资源共享平台,以及运政、海事等专业数据资源共享平台,促进行业、社会数据资源整合共享,提升信息服务能力和品质。江苏省整合交通运输部门各条线行政审批系统,打造一体化交通运输政务服务平台,完成公路、航道、港口、海事、建管、跨省超限运输等业务事项的上线试运行;开展交通运输电子证照拓展应用,完成道路运输、水路运输、港口和建设工程共16类证照的电子化工作,并实现在移动端、PC端的查询与展示,支持审批办事、现场执法和招投标等场景应用,成为全国首个实现交通运输电子证照全覆盖的省份。"湖州港航公共信息服务平台"小程序上线试运行,整合政务服务、生态环保、航运资讯、民生保障、文化体验功能,实现水上服务区各类服务功能"一码通行""一端获取"。

推进"互联网+"监管执法。加强"互联网+监管"系统建设,强化信息化技术、装备配置应用,加快实现各方面监管平台数据的联通汇聚,推进智慧执法、APP掌上执法,探索推行以远程监管、移动监管、预警防控为特征的非现场监管。长江海事组织安全监管"一库一图"系统研发,为智慧监管、移动执法、船岸协同提供支撑;芜湖海事部门现场执法系统"海E通"正式运行,覆盖水上巡航检查、现场监督检查、船旗国船舶安全检查、危管防污检查、船员履职能力检查和渡船安全监督管理。长江危化品运输安全监管系统建成并投入运行,包含港口危险货物作业数据共享、危险货物在港安全监管和危险货物在船安全监管三个主要子系统。江苏省实施"一体化+智慧执法+信用监管"交通综合执法新模式,围绕形成一个指挥中心、一支执法队伍、一张监管网络、一套制度体系的试点工作方案,在南京、南通、常州等6个市全面试点实施6大类19个项目;海江河全覆盖的港口安全监管信息平台实现了全省危险货物港口经营人、码头、储罐全覆盖。

第 8 章

行业治理

8.1 法治政府部门建设

8.1.1 深化法治政府部门建设

贯彻落实法治建设要求。行业各单位统筹推进法治政府部门建设,把法治要求贯穿到航运发展各领域各环节,制定新发展阶段深化法治政府部门建设的时间表、路线图,法治政府部门建设各项工作取得新成效。长航局把加快建设法治政府部门作为深入推进长江航运高质量发展"一个主题、四个发展、五个保障"总体思路中"法治保障"的重点内容,并通过"清单化"进行全面部署。各省市交通运输主管部门按照相关分工方案,全面深化法治政府部门建设。

开展执法领域突出问题专项整治。行业各单位以做好行政处罚法的实施工作为抓手,以建立长效工作机制为重点,梳理排查突出问题,持续调整完善政策制度,深入开展执法领域突出问题专项整治行动。长航局建立制度规范48项,全年走访航运企业2100多家,暗访执法场所112次,全面完成238项突出问题整改。长江海事局先后开展"执法顽瘴痼疾清理整治""严格规范公正文明执法""讲政治优作风强服务专题教育""执法隐患排查防控""执法队伍轮训"等专项活动,145个自查问题全部清零,制作《长江海事执法规范教学片》《内河船舶污染典型案例宣传片》。江苏省出台交通运输执法领域突出问题长效治理推进行政执法规范化建设意见,完成44项突出问题整改,走访座谈企业5389个,暗访执法场所113次,办理12328执法类投诉1578件,12328热线电话考评获全国交通运输系统第一。

持续加强法规制度建设。加快推进法规清理与修订,参与《航道养护管理规定》《港口岸线使用审批管理办法》《中华人民共和国内河海事行政处罚规定》等一系列部颁规章和行政规范性文件的制修订。长航局制定印发《长江干线航道违法行为行政处罚自由裁量标准》等规范性文件。各省市进一步完善地方性法规规范体系,出台《上海市水上搜寻救助条例》《浙江省水上交通安全管理条例》《江西省水路交通条例》《江苏省内河干线航道建设管理办法》《安徽省港口岸线精细化管理实施细则》等地方规范性文件,实现以立法或行政规章的形式统筹、规范、约束水运领域建设活动和管理行为。加强信用监管领域制度建设,长航局制定印发《长江干线省际客船、水系省际危险品船运输市场信用信息管理办法(试行)》,江苏海事局印发《江苏海事监管领域信用管理规定》，长江三峡通航管理局印发《三峡通航诚信评定实施细则（试行）》；上海、安徽、重庆等省市印发水路运输市场信用管理实施细则，湖南、四川、云南等省印发交通运输信用管理办法；江苏省交通运输厅印发《江苏省内河航道船舶过闸信用管理办法》《江苏省道路水路运输信用管理操作指南》等一系列文件。

纵深推进"放管服"改革。 各级管理部门严格落实《中央层面设定的行政许可事项清单（交通运输部）》《市场准入负面清单（2021年版）》中涉及水运领域的行政许可事项改革，持续放宽准入门槛。按照《加强和规范交通运输事中事后监管三年行动方案（2021—2023年）》要求，各地区、各部门制定具体实施方案，做好各自领域的事中事后监管相关工作，进一步理顺了安全生产、水上交通运输（含海事管理）等领域监督机制，明确监管职责、程序和内容，深入推动信用监管、"互联网+监管"、包容审慎监管等新型监管方式应用。梯次出台"承诺轻罚"等一批制度，公布首违（轻微）免罚清单，推动政务服务"一网通办"和政务好差评制度。长江海事局建立固化了"两要一不要"说理式执法、"三三式"海事政务服务新体验、"极简政务"等长效机制33项，推出轻微海事违法行为"不予处罚""首违可不罚"两张清单。

强化行政权力制约和监督。 行业各单位继续规范行政权力运行，规范重大事项决策程序实施机制，加强行政规范性文件、重大行政决策等合法性审核和公平竞争审查，防范重大法律风险。长江海事局开展海事履职研究，参加直属海事权责清单合法性审核，按要求完善了局权责清单。抓好"八五"普法工作，聚焦《长江保护法》《行政处罚法》等，组织开展专题讲座和宣传活动，加强普法宣传。自觉接受外部监督，全面加强政务公开工作，提高相关平台、热线服务水平，完善创新公众参与方式，健全公共监督机制，及时回应群众诉求，鼓励社会组织积极参与行业治理。

8.1.2 深化体制机制改革

行政管理体制改革。 持续巩固深化长江航运行政管理体制改革成果，细化推进长江航运高质量发展的体制机制改革措施，长江航道与海事部门加强战略合作，健全航道通航管理联动、应急反应同步、信息共享交换等机制，构建航道与海事合作新模式。各地持续深化水运行业承担行政职能事业单位改革，健全体制机制，提升治理效能。江西省组建江西省高等级航道中心，设置五个片区中心和赣江、信江通航中心，构建"1+2+5"管理体制，实现全省航道管养"一盘棋"。重庆市推进地方水上应急救援体制和船闸管理体制改革。

综合行政执法改革。 贯彻落实深化交通运输综合执法改革的要求，省级综合执法机构职能不断夯实，省级以下综合执法机构改革步伐加快推进，省市县三级综合行政执法改革工作基本完成；水运领域财权事权改革取得新突破。按照《交通运输综合行政执法事项指导目录（2020版）》，梳理规范执法事项。长航局印发《长航局关于深化长江海事行政执法与刑事司法衔接机制的意见》，完善与公安、水利、生态环境、渔政等涉水部门的联合执法机制，加强干支流航运执法联运协作，深化综合执法示范区和示范基础建设，以点带面提升全线综合执法效能。江苏省在全国率先发布《江苏省"十四五"交通运输综合行政执法监督规划》以及10多项综合执法制度。加强执法规范化建设，落实《交通运输综合行政执法队伍素质能力提升三年行动方案（2021—2023年）》，继续实施长航局系统行动执法队伍素质能力提升三年实施方案。全面推行行政执法三项制度，提升基础执法信息化和规范化水平，切实推进严格规范公正文明执法。浙江、江苏两地交通运输部门探索水上联合执法行动新模式。

8.1.3 提升依法行政服务效能

开展执法规范化信息化建设。贯彻落实《交通运输部关于严格规范公正文明执法的意见》《关于建立交通运输行政执法规范化长效机制的意见》等，着力转变执法观念，优化执法方式，规范执法行为，提高素质能力，严肃执法风纪，加强监督问责。长江海事局试行开展长江干线船舶"登轮一次查"，增强海事现场执法规范化水平。推进综合执法"四基四化"建设，加强综合执法人员培训，长江海事局实现2559名执法人员测试全覆盖，执法队伍素质能力明显提升；站所标准化逐步升级，由"功能单一、人力为主"向"综合服务、智慧便捷"转型。江苏省在全国率先完成统一全省交通执法标识，并参与制定全国标准，建成交通运输部示范工程"海江河全覆盖的港口安全监管信息平台"，非法营运智能化整治举措被交通运输部在全国推广。严格实施执法监督，完善海事执法督察工作机制，组织开展重大执法决定法制审核制度、行政执法全过程记录制度落实情况抽查，定期开展现场执法着装情况抽查；持续深入开展执法领域突出问题专项治理，全面推行"执法前自查、执法中记录、执法全过程追溯"工作模式。

加强和规范事中事后监管。加快构建以"双随机一公开"监管为基本手段、以重点监管为补充、以信息化监管为支撑、以信用监管为基础的新型监管体系。全面实施"双随机一公开"监管，及时调整更新"两库一单"。长航局组织实施加强和规范事中事后监管三年行动，向社会公布事中事后安全监管工作任务清单，针对水路运输管理、海事管理和安全生产管理等领域，确定了13项重点任务，累计实施双随机监管56724次，推动"双随机一公开"监管全覆盖、常态化、规范化。长江海事管理机构加快建设"1+3"信用管理体系，全面推行海事信用承诺制，加快构建"信用+智慧"双轮驱动的海事新型监管机制，与地方航务管理部门打通信用互认通道，实现联管共治，对失信船舶、诚信船舶采取差异化奖惩措施。江苏海事局搭建"守信江海畅行、失信寸步难行"信用管理体系，构建全要素、全过程、全方位的船籍港管理模式，实施信用联合奖惩机制。沿江各省市继续优化信用管理操作流程，推行信用承诺实际运用；京杭运河山东段与苏北段开启船舶信用和调度管理跨省合作新模式，实现跨区域信用联合奖惩。

持续提升政务服务水平。落实深化交通运输"证照分离"改革进一步激发市场主体活力的要求，长航局印发《交通运输领域涉及长江航运"证照分离"改革事项清单》。构建"远程+自助"不见面审批为主、传统窗口办理为辅的新型政务服务模式，依托全国一体化政务服务平台、中国海事综合服务平台、海事政务自助服务站终端等渠道，全面推行审批服务"马上办、网上办、就近办、一次办、自助办",持续拓展"一件事一次办""一网通办"事项,推行"预约办""不见面办""并联办"等办理方式,运行海事"一网通办"和政务好差评系统。推广实施海事电子证照,辖区船员证书网上"无纸化"业务量达到23321份。落实"信用+政务"分级分类管理要求,江苏海事局首创首推国际航行船舶代理信用记分管理系统。利用业务咨询电话、局外网"我要咨询"栏目、微信工作群、智能语音系统以及政务大厅服务窗口等与行政相对人即时互动,正确解读政策、指导办理业务;健全常态化政企沟通机制,及时回应企业关切。长江海事局设置海事政务咨询智能热线,提供全天候不间断咨询服务。

8.2 依法履行管理职能

8.2.1 基础设施建设管理

强化项目建设要素保障。交通运输主管部门落实推动交通运输基础设施高质量发展的要求,坚持规划建设与运营服务并重,统筹基础设施规划、设计、建设、运营、维护、更新等各环节,继续完善基本建设管理制度,进一步规范水运基础设施基本建设管理,加强全生命周期管理。认真落实"十四五"规划部署,继续加强与交通运输部的沟通衔接,按照"建设一批、储备一批"的要求,夯实项目前期研究和设计,强化部门联动,聚合力、破堵点,主动加强对接、创新思路,做好统筹衔接。积极协调有关部门在用地、环保、资金等要素保障方面做好相关工作,有序推动航运工程项目建设。积极争取中央补助资金和地方财政支持,最大限度争取和用活财政资金和财政政策,创新投融资机制,拓展市场化融资渠道。统筹跨方式、跨区域的重大项目建设,统筹存量和增量、传统和新型交通基础设施规划建设,促进协同融合,提高资源要素配置效率。

积极研究制定水运建设投融资政策。财政部印发《关于全面推动长江经济带发展财税支持政策的方案》,利用中央预算内投资和车辆购置税资金,支持实施长江干流重大航道整治工程及水上交通安全监管和救助系统建设,支持推进长三角高等级航道网建设、支流航道整治和梯级渠化工程,加大对航运中心、主要港口和综合运输枢纽公共基础设施和集疏运体系建设的支持力度。各级政府与交通运输主管部门落实交通运输投融资政策,健全中央和地方各级财政投入保障制度,加大财政资金支持力度,发挥交通投融资企业市场化融资功能,拓展市场化融资渠道。上海市制定《上海市促进现代航运服务业创新资金管理实施细则》,加快推进上海国际航运中心建设,完善现代航运服务体系,提高航运资源配置能力。湖南省交通运输厅推动进一步发挥湘水集团筹融资功能,按照"以电促航、滚动发展"的思路,支持该集团继续采用航电开发模式建设沅水鱼潭枢纽和资水桃花江枢纽,同时明确湘水集团应从已建成航电枢纽发电收益中提取部分资金用于航道建设,择机研究配备优质资产增强平台"造血"功能。

水运建设市场监督管理。各级交通运输主管部门进一步规范建设项目行政审批管理，加强项目动态管理和重点项目检查，督促项目建设单位会同其他参建单位严格执行基本建设程序，规范工程质量管理，不断提高工程建设管理水平。加强水运工程建设项目招标投标管理，严格按照《水运工程建设项目招标投标管理办法》（2021年版），进一步规范水运工程建设项目招标投标活动，保证水运工程建设项目的质量。加快水运工程建设市场信用体系建设，进一步完善水运工程建设市场信用体系，维护统一开放、竞争有序的水运建设市场秩序，按照交通运输部部署开展2020年度水运工程设计、施工、监理企业和监理工程师信用评价工作。长航局上线试运行长江水运建设市场信用信息管理系统（2022年版），实现在统一平台完成信用信息登记、招标备案、信用评价、信息发布。重庆市出台水运工程建设市场信用管理实施细则，规范水运工程建设从业单位和从业人员的市场行为。湖南省上线"湘交农支"APP，涵盖了水运工程建设项目，构建以农民工信息监管平台为载体，并与公路水运建设市场信用体系互联的交通建设领域农民工工作体系。

8.2.2 水路运输市场监管

水路运输市场监管。长航局和沿江交通运输主管部门认真履行国内水路运输市场监管职责，进一步规范行政许可行为，创新完善监管方式，优化营商环境。严格按规定要求办理行政许可事项，督促不满足经营资质要求以及未落实《国内水路运输管理规定》相关要求的企业整改落实，限期整改并形成闭环管理。积极推动国内水路运输经营者自有船舶运力规模达标，引导不达标的国内水路运输经营者依法开展兼并重组，对不能满足自有船舶运力最低限额要求的经营者，做好督促整改及复查等相关工作。加强船舶营运证件管理，严格按规定要求做好《船舶营业运输证》配发、换发、注销等工作。会同海事管理机构加强对国内水路运输经营者和船舶管理业务经营者海务机务管理人员配备的监督管理。加强国内水路运输经营者公司化经营管理，与海事管理机构共同严厉打击国内水路运输"挂靠"经营和船舶管理公司"代而不管"、未经许可擅自经营国内水路运输业务等违法行为。海事管理机构在现场监管中加强对《船舶营业运输证》的检查，船舶检验机构严格按照新增客船、液货危险品船舶运力批准文件把关，从源头上保证新建船舶与新增运力批准文件的符合性。水路运输管理部门继续加强对本行政区域的老旧运输船舶的市场准入和营运管理，海事管理机构加强对辖区老旧运输船舶安全监督管理。加强水路运输市场监管，推动信用信息共享、互认，引导航运市场经营主体依法守信经营。水路运输管理部门和海事管理机构加强信息沟通，重点强化企业、船舶、船员的证书信息、违法信息、水上交通事故信息等方面的信息共享，完善信息交流机制。

水路运输市场宏观调控。长航局认真履行长江干线省际客船、水系省际危险品船运输市场宏观调控的职责，有序新增经营主体和船舶运力，加快淘汰老旧省际客船、液货危险品船，鼓励企业兼并重组，推进运输市场信用体系建设，加强长江水系省际客船、危险品船运输经营人诚信监测管理，维护诚实守信、公平竞争的市场秩序。进一步规范长江水系省际植物油船运输市场管理，要求自2021年1月1日起，长江水系省际植物油运输按照散装液体危险货物运输管理，企业应持有长江水系省际"化学品船植物油运输"许可证，从事长江水系省际植物油输的船舶应持有长江水系省际"化学品船植物油运输"营运证。完成运输植物油船专项整顿，129艘船舶全部改建或退市；鼓励企业兼并重组，省际液货危险品运输企业减少12家。

水路运输服务保障。强化水路客运服务保障，水路运输管理部门、海事管理机构指导督促水路客运企业统筹做好疫情防控和运输服务保障，按相关要求严格做好疫情防控工作。有力保障水路货物运输，继续落实好防疫物资、重点生产生活物资运输船舶优先过闸、优先引航、优先锚泊、优先靠离泊"四优先"措施，开辟国计民生重点物资和进出口外贸物资运输"绿色通道"。长航局继续加强水运经济形势分析研判和水运市场运行监测，开展长江水路运输市场供需评价和指数运行分析评估，完善与港航企业的联系机制，制定并试运行水路运输市场分析通报工作机制，开展长江多式联运发展调研和长江港口集装箱铁水联运政策研究，编制发布长江省际客船、危险品船运输市场分析报告、运力分析报告、长江干线水运经济形势季度分析报告等，加强市场引导，帮助企业解决实际问题，提出有关政策措施建议。

提升引航服务保障质量。长江引航中心深化"阳光引航"品牌建设，提升长江引航服务能力。保障港口物流供应链安全稳定，应对恶劣天气影响98天，累计调派专班引航员5.96万人次，引领来自疫情高风险国家和地区船舶3.19万艘次，全年引航申请受理率、准点率均达到100%。提升国际航行船舶服务力量，通过推进内贸引航员引领中国香港籍船舶、充实江苏段外贸引航队伍、持证管理人员进专班、加快引航员考培进度等举措，深度挖潜提升服务力量，有效缓解疫情导致的长江口压船压港现象。保障重点物资运输通道顺畅，对载运电煤、成品油、粮食等国计民生重点物资船舶优先安排、优先引领，全年优先保障电煤船、成品油船、粮食船舶5900余艘次，优先引领集装箱船4422艘次，优先保障8935万吨重点民生物资运输；主动对接港航企业需求，为产业链保供保畅、特色品种经营保驾护航，累计为4321艘超大型矿砂船、海工船、载运风电设备船等特种船量身定制引航方案、提供技术保障和精准服务。严格进江国际航行船舶疫情防控，因时因势调整优化防控措施，织密织牢防控网，共妥善处置应急响应45起（其中被引船舶船员核酸或抗体阳性的重大风险响应36起），成功处置染疫船舶"金源""贝西克塔斯"轮。

8.2.3 港口航道行政管理

港口岸线使用审批。交通运输部、国家发改委对《港口岸线使用审批管理办法》作出相应修订。交通运输部对原交通部2004年第5号公告发布的港口深水岸线标准进行调整，其中长江南京长江大桥以下河段等水域内的港口岸线属于沿海港口岸线范围，深水岸线标准为适宜建设各类型5万吨级及以上泊位的港口岸线；除沿海港口岸线以外的河流、湖泊、水库等水域内的港口岸线为内河港口岸线，深水岸线标准是指适宜建设各类型3000吨级及以上泊位的内河港口岸线。2021年长江流域港口深水岸线审批情况见表8.2-1。

2021年长江流域港口深水岸线审批情况摘选 表8.2-1

省（市）	使用岸线项目
江苏省	苏州港太仓港区协鑫发电有限公司一期和二期码头改建工程，南通港吕四港区通州作业区江苏景通港务有限公司码头工程、吕四港区东灶港作业区三港池海门海螺新材料项目码头工程、通海港区招商局邮轮制造有限公司制造基地项目配套码头工程、通州湾港区三港池1号至3号泊位码头工程、内河港启东港区吕四作业区内河转运码头一期工程，常州港圩塘港区新长江码头改扩建工程、内河港溧阳港区溧城西作业区码头工程、泰州港靖江港区八圩作业区博联码头改扩建工程、靖江港区八圩作业区大明物流有限公司码头工程、靖江港区八圩作业区永益华元物流码头改扩建工程、靖江港新港作业区深国际物流中心码头工程，扬州内河港高邮港区城东作业区码头工程、江都港区白塔作业区扬州中远海运重工有限公司1号至3号舾装码头和2号材料码头工程，宿迁港泗阳港区成子河作业区新建庄码头一期工程
安徽省	安庆港宿松港区公用码头工程，芜湖港荻港港区芜湖南方水泥熟料产能置换项目配套码头技改建工程，马鞍山港乌江港区石跋河作业区和县聚鑫港口有限公司码头项目，郑蒲港区安徽中洋船舶工业有限公司造船基地码头二期工程，淮南港大通港区上窑作业区珍珠综合码头项目、凤台港区九里湾作业区凤台新港综合码头项目、寿县港区五里闸作业区寿县捷力综合码头工程，阜阳港太和港区陶庙作业区码头工程
江西省	九江港西港区官湖作业区滚装码头、西港区官湖作业区多用途码头工程、城东港区国家能源集团九江发电有限公司煤码头干灰泊位改建工程、湖口港区银砂湾作业区船舶液化天然气加注工程、湖口港区银砂湾作业区综合码头工程、庐山港区姑塘作业区赛诚综合码头工程、星子港区沙山作业区综合码头一期工程、吉安港中心城港区吉州砂石码头一期工程，赣州港赣县港区五云作业区综合枢纽码头一期工程
山东省	济南港主城港区一期工程、章丘港区一期工程、济宁港主城港区跃进沟作业区物流园区码头11至16号和17至19号泊位工程、鱼台港区张黄工业园作业区9号至12号通用泊位工程、枣庄港台儿庄港区马兰屯作业区7号至9号件杂货码头工程
湖北省	武汉港沌口港区金诚通达码头工程、林四房港区娲石码头改扩建工程，黄石港棋盘洲港区棋盘洲作业区三期工程、阳新港区富池作业区华新水泥综合码头工程，荆州港公安港区埠河散货码头工程、江陵港区郝穴作业区国强通用码头工程、江陵港区江陵经济开发区综合码头工程、松滋港区车阳河港口二期工程，宜昌港宜都作业区洋溪临港物流园综合码头工程、宜都港区枝城作业区铁水联运码头一期工程、枝江港区姚家港作业区毛家场散货码头工程，巴东港宝塔河港区泓宇物流综合码头工程，蕲春港茅山港区权顺散货码头工程和蕲州港区扎营作业区散货码头工程，武穴港田镇港区华新水泥综合码头改扩建工程
湖南省	岳阳港云溪港区岳阳铁水集ລ煤炭码头一期工程、华容港区洪山作业区华容煤炭铁水联运储配基地码头一期工程，益阳港龙塘港区长安益阳电厂煤码头工程，常德港德山港区金中信油库配套码头工程
重庆市	重庆港涪陵港区石溪作业区大石溪码头工程等4个项目、万州港新田作业区二期工程

港口规划管理。交通运输部、生态环境部进一步明确港口总体规划调整适用情形和相应环境影响评价工作要求，明确港口总体规划调整的9类适用情形，明确港口总体规划调整环境影响评价工作的编制要求、审查程序等。

港口经营管理。港口行政管理部门贯彻落实《港口经营管理规定》（2020年修订），规范港口经营行为，维护港口经营秩序，增强港口经营活力。依法严格实施港口经营许可、备案管理，持续优化港口经营许可审批服务的事项，强化港口经营资质年度核查与资质动态管理，加快推进在线政务服务，落实"证照分离"改革要求，保障港口经营公平透明，优化港口营商环境；上海市修订实施港口经营许可告知承诺实施细则，加强对港口经营行为的监管。确保水路运输通道畅通，采取有效措施保障重点生产生活物资运输的港口正常运转，畅通港口集疏运体系，推动货主（货代）企业加快提离滞港货物。强化港口污染防治，鼓励港口经营人优先使用清洁能源、新能源，推动港口经营人落实船舶污染物接收设施配置责任和接收义务。加强港口风险防范和安全管理，压实企业安全生产主体责任，要求港口经营人加强作业管理、危险货物过程管理，完善港口应急管理。加强港口监督管理，强化行业收费监管和服务，开展港口经营市场检查，强化信用监管措施,进一步规范港口企业经营行为和收费行为。

航道行政管理。航道管理机构继续加强航道和通航建筑物维护管理,加强航道保护,保障正常通航秩序。加强涉航工程监管,做好涉航工程航道通航条件影响评价现场监督检查与航评审核工作,督促落实航道通航安全保障措施,长航局全年完成187个项目涉航工程航评审核。做好专用航标许可工作,优化航标配布,长航局全年办理107项航标许可。各地加强内河辖区航道通航条件影响评价现场监督检查与航评审核工作,保障航道畅通安全。

8.2.4 通航管理和服务

船舶登记。海事管理机构依据职责开展辖区内的船舶登记工作,推动海船转籍登记"不停航办证"服务在长三角部分地区试点;落实自贸区国际船舶登记特别规定,下放国际航行船舶登记权限。长江海事局全年完成船舶登记工作量10971次,其中内河船舶7857次、海船3114次;辖区登记在册船舶14085艘,其中海船3344艘、内河船10741艘。上海海事局辖区登记注册船舶1986艘,制定实施《中国(上海)自由贸易试验区临港新片区国际船舶登记管理规定》,优化工作流程,设立"一窗对外"船舶登记机构,下放并调整36项行政执法事权,截至2021年底完成17艘次"中国洋山港"籍国际船舶登记,获评上海市服务贸易创新试点最佳实践案例、入选全面深化服务贸易创新发展试点第二批"最佳实践案例";支持上海市"高效办成一件事改革",实现"船舶开航一件事"高效办理。推广内河船舶证书"多证合一"改革,承担内河船舶船员证书"多证合一"改革试点工作的江苏海事局,整合船舶所有权证书、抵押权登记证书、光船租赁登记证明书等,形成内河船舶登记证明书,实现船舶"一证可查";整合船舶国籍证书、船舶最低安全配员证书、船舶电台执照、船舶制式无线电台识别码证书、船舶(临时)安全管理证书、高速客船操作安全证书,形成内河船舶航行资质证明书,实现船舶"一证通行";船员适任证书、培训合格证整合为内河船舶船员资格证明书,实现船员"一证任职";浙江省交通运输厅全面推广内河船舶证书"多证合一"改革工作,启用《内河船舶证书信息簿》,从杭州、湖州试点向全省全面推广,从适用于仅航行于本省地方海事辖区的船舶扩大到本省地方海事辖区登记营运的船舶。长江海事局2021年船舶登记工作量见表8.2-2。

长江海事(含江苏海事)辖区船舶登记工作情况 表8.2-2

项 目	总计(次)	内河船舶(次)	海船(次)		
			合计	国内航线	国际航线
总计	10971	7857	3114	2981	133
船舶所有权登记	2201	1489	712	677	35
船舶国籍登记	3659	2613	1046	992	54
船舶抵押权登记	1005	694	311	310	1
船舶光船租赁登记	1081	799	282	269	13
船舶注销登记	3025	2262	763	733	30

船舶进出港报告管理。海事管理机构按照《船舶进出港报告管理办法》要求，进一步规范船舶进出港报告管理，完善现场监管模式，督促航运公司和港口码头压实安全管理责任，提高船舶进出港报告规范性和准确性，坚决遏制船舶进出港报告违法行为。上海海事局辖区上海港全年船舶进出港243.24万艘次，同比增长15.6%，国际航行船舶进出口岸查验37760艘次，同比减少1.7%，国内航行船舶进出港报告239.47万艘次，同比增长15.9%。

航运公司体系审核和监督检查。长江海事局督促相关航运公司制定安全管理体系建立运行计划，统筹做好航运公司安全管理体系审核发证工作，严格航运公司审核及日常监督检查，对受到疫情直接影响的公司通过开具问题清单强化风险提示、加强跟踪验证，全年共开展公司审核705家次、船舶审核3663艘次。加强对航运公司的安全监督检查，对严重违法违规的重大不符合问题严格监督整改，对江苏、上海、湖北、安徽4个省市16家省际客船、危险品船运输企业开展监督检查，及时通报地方交通运输主管部门督促相关企业落实整改，强化重点跟踪航运公司闭环管理，列入重点跟踪航运公司1家，收回公司符合证明2家，注销船舶安全管理证书3艘。306家航运公司、1579艘船舶纳入NSM规则第四批船舶生效范围，年底209家公司、1595艘船舶全面建立安全管理体系。按照自2021年10月1日起船舶安全管理体系审核实行全国通办的要求，海事部门对现行船舶审核发证工作进一步优化，服务航运企业。

船员管理。加强船员教育培训与考试发证工作，长江海事局组织船员考试9.86万人次。其中，内河船员考试2.19万人次，签发船员适任证书1.35万本；海船船员考试7.67万人次，签发船员适任证书0.53万本。支持湖南省退役军人首期"浪花计划"海员培训开班，全力促进退捕渔民实现再就业，免费培训退捕渔民转为内河船员。开展船员服务便利工程，长江海事局在长江全线推广运行"长江船员之家"APP，全面启动长江干线海事劳工条件检查，维护船员权益。长江海事辖区船员管理工作数据见表8.2-3。各级海事管理部门加强船员违法监管，依法依规开展船员违法记分工作，定期通报船员违法记分情况，增强船员守法意识和安全环保意识。地方海事辖区船员管理工作数据见表8.2-4。长江海事局全年实施船员违法记分事件5566件、违法记分17779分，分别增长22.0%、17.9%。

长江海事辖区船员管理工作数据　　　　表8.2-3

项目			数量		同比（%）
			2021年	2020年	
船员理论考试（人次）	内河船员	适任考试人数	13477	8342	61.6
		特培考试人数	8443	3960	113.2
	海船船员	三副/三管及以上	9879	5506	79.4
		GMDSS	2407	1117	115.5
		值班水手/机工	12084	6594	83.3
		合格证	52298	35676	46.6
签发证书	内河船员	适任证书	13496	9266	45.7
		特培证书	6576	2544	158.5
		服务簿	5442	3398	60.2

续上表

项目		数量		同比（%）
		2021年	2020年	
签发证书	海船船员 适任证书	5258	4404	19.4
	海船船员 海员证	7125	3332	113.8
	海船船员 服务簿	5599	3151	77.7
	海船船员 合格证（项目数）	27165	19020	42.8

地方海事系统内河船员考试与证书基本情况　　　　表8.2-4

省（市）	船员考试数量（人）	船员证书发放数量（本）	船员有效证书数量（本）	省（市）	船员考试数量（人）	船员证书发放数量（本）	船员有效证书数量（本）
上海市	1084	2009	26748	湖北省	3343	6819	16092
江苏省	4245	5257	10632	湖南省	8432	8322	23406
浙江省	2597	8054	17055	重庆市	4468	3132	6779
安徽省	26032	38878	67091	四川省	3150	3204	19157
江西省	6165	5418	10510	贵州省	1780	2510	10240
山东省	9400	9654	16066	云南省	2013	1624	8489
河南省	4865	4525	10621				

船检管理。各级海事管理机构依据各自职责权限对船舶检验工作实施监督管理，规范船舶检验服务，保障船舶检验质量。长江海事局（不包括江苏海事局辖区）全年完成验船质量监督检查2763项，检查率49.4%，查出问题船舶数量103艘次；吨位丈量复核抽查149艘次，抽查率40.1%；长江海事、船检部门同船检查船舶152艘次。上海海事局推动长三角区域五家船检机构正式试点船舶检验"通检互认"。

8.3　加强党的全面领导

8.3.1　强化政治建设

加强政治机关建设。长航局始终把讲政治放在首位，牢固树立政治机关意识，始终站稳政治立场，持续深化模范机关建设。不断夯实基层基础基本功，充分发挥党支部战斗堡垒作用和党员先锋模范作用，推进支部标准化规范化建设，创新党建业务深度融合的有效机制。持续推进正风肃纪，坚持典型案例警示教育常态化，持续推动中央八项规定及其实施细则精神的落实落地，深化运用监督执纪"四种形态"，严格落实意识形态工作责任制，构建以工作纪律考评、执法业务监督、党风廉政监督"三位一体"的大监督格局。全面履行管党治党主体责任，建立全面从严治党主体责任清单。

学党史办实事。始终紧扣党史学习教育主题，统筹推进长航系统党史学习教育，成立5个专项工作组，开展7个专题学习，组建青年理论学习小组24个，举办专题培训班2期，主会场和54个分会场1200余名党员、干部参加集中学习。在全系统范围内开展"党课人人讲"和全员大讨论，8976名党员走上讲台，讲党史、谈感悟，深研细悟再提高。刊发相关稿件、视频6000余篇，新华社、人民日报等媒体报道310篇次，《给船员们一个温暖的"家"——长江干线水上综合服务区扫描》等重点稿件在新华社、人民日报等媒体刊发，"水上综合服务区建设"典型经验被《中央党史学习教育简报》选登。以"我为群众办实事"为抓手，立足行业实际和主责主业，聚焦人民群众和广大干部职工的"急难愁盼"，把实事办到群众的心坎。全面完成列入交通运输部发布的4件实事和长航局公布的26件实事及直属单位推出的150件实事项目，大力开展"春暖行动"，创新开展轻微违法行为首违不罚、不见面处罚、登轮一次查、干支"一张图"、船员"党建E家"等工作。推进海事政务自助服务站建设作为2021年交通运输部"贴近民生实事"项目之一，长江干线全面运行148个海事政务自助服务站，基本覆盖长江干线主要港口码头、水上服务区、船员培训学校和基层海事站点，形成纵横全覆盖、服务全时段的政务受理网络，实现长江干线海事政务7×24小时自助办理，累计办理各类业务近2万件次。南京海事局成立江苏省首个水上交通事故"一站式解纷中心"。

8.3.2 强化人才保障

加强干部队伍建设。长航局坚持以新时代好干部标准选人用人，持续优化干部队伍结构，抓好干部梯队建设，加强干部交流培养，健全干部激励保护机制，不断激发党员干部干事创业精神。印发长航局党委加强人才保障工作指导意见，完善人才工作措施。持续加强领导班子建设和干部队伍建设，研究制定加强对"一把手"和领导班子监督的具体措施，建立干部人事档案信息管理系统，有序做好领导班子和干部日常管理。注重优秀年轻干部发现培养，在局系统范围内选派政治素质好、能力素质强的同志组建局系统乡村振兴驻村工作队赴一线真锤实炼。各级交通运输主管部门有序做好领导班子和部管干部日常管理，持续打造高素质专业化干部队伍，强化干部职工教育培训，建设忠诚干净担当干部队伍。

加强行业技能人才培养。长航局加强领军人才培养和创新团队建设，积极推荐国家和省级各类高层次人才入选6人，推荐团队1个作为专业技术人才先进集体表彰对象，推荐2人作为国家公派出国留学项目访问学者人选并被录取。积极落实交通运输部等六部委《关于加强高素质船员队伍建设的指导意见》，加强与有关部门和社会各界的紧密协同，不断优化船员发展环境，提升船员职业的吸引力，推动建设高素质船员队伍。各级交通运输主管部门统筹推进行业技能人才队伍建设，健全技能人才培养、使用、评价、激励制度，积极举办职工职业技能培训和职工综合素质教育。长江三峡通航管理局船闸及升船机运行员黄勇、江苏省港口集团南京港江北集装箱码头有限公司电动装卸机械司机周家浩等同志被授予2021年度"全国交通技术能手"称号，重庆海事局重庆朝天门海事处杨阳、张家港港务集团港埠分公司港口装卸机械司机黄强等同志被授予"全国交通建设工匠"荣誉。

8.3.3 精神文明建设

精神文明创建。弘扬新时代交通精神，长江航道"航标灯精神"和长江引航中心高级引航员姚泽炎等作为长航局系统代表入选《中国交通运输精神谱系》。持续深化品牌建设，"绿色航道畅通服务""畅行三峡一路阳光""三峡水上温情驿站""人和忧乐坚韧""水上国门形象第一人"等为代表的长江航运文化品牌得到进一步提升。"尚崇卓越、行佑川江"文化品牌等12项文化建设成果获评交通运输文化建设优秀成果及第三届交通运输优秀文化品牌。依托长江干线水上绿色综合服务区，推动在六圩河口、长江汇绿色综合服务区等水上基地设立"新时代文明实践中心"和长江船员服务驿站，为"流动党员"提供生产技能培训、党建知识学习、远程互动交流等"一站式"服务。

先进典型培树。注重凝聚典型培树推动力，参加全国脱贫攻坚先进、中华环境奖评选、"五个一百"网络正能量评选等活动，做好感动交通年度人物、最美搜救人、最美港航人等申报创建工作，加强学习宣传发挥示范引领作用，营造崇尚先进、争当先进的浓厚氛围。长航局驻雪岩顶村工作队被党中央、国务院授予"全国脱贫攻坚先进集体"称号，长航局系统3个集体、5名个人荣获全国交通运输脱贫攻坚表彰，1个集体荣获全国五一劳动奖状称号、1名个人荣获全国五一劳动奖章称号，长江引航中心"抗疫专班"荣获"2020年感动交通十大年度人物"，李然获评"2020年感动交通年度人物"，2名个人获全总女职工表彰。泰州海事局靖江海事处等6个单位获全国青年文明号称号。

航运文化建设。长航局和各地交通运输主管部门积极推进《中国港口史》《中国运河史》编纂工作，系统总结港口和运河建设的实践经验。长航局举办庆祝中国共产党成立100周年档案展，以"长河卷云色，载梦一百年"为主题，再现近百年来长江航运波澜壮阔的历史画卷，全方面展示百年党史中关于长江航运发展的重大事件、重大成就、典型人物及动人故事，生动形象展现中国共产党成立100年中的长航印记。"网上贵州交通博物馆"上线试运营，全面展示贵州交通运输波澜壮阔的发展历程。加强以航运为主题的多元文化建设，全面梳理长江黄金水道、大运河等航运文化资源现状，深入研究航运文化的理论与实践层面问题，挖掘长江航运文化精神内涵。"川江航道绞滩船及历史资料"获选首批重庆市工业遗产，长江航道规划设计研究院获批武汉市科普教育基地。

新闻宣传工作。围绕深入推进长江航运高质量发展，以综合服务区建设、航道通航能力提升、船舶水污染物防治和提升安全监管服务水平为重点，策划推出《一江碧水万里船歌》等一批高质量的新闻报道，在新华社、人民日报、央视、经济日报等国家主流权威媒体发布。"我家住在长江边"主题宣传活动入选中央网信办2021中国正能量"五个一百"网络精品征集评选展播，"沿着江河海看浙江""疫后重振看湖北""沿着湘江航道看发展"等采访团近距离感受水运文化的源远流长，见证了水运日新月异的发展变化。"长江航运"政务微信微博被评为交通运输行业"优秀政务微信""十大政务微博"。长江海事局抗洪英模陈纪如登上《新闻联播》。

第 9 章
发展展望

9.1 宏观环境展望

9.1.1 宏观经济政策新走向

进入2022年，世界经济复苏动能减弱，国际地缘政治影响加剧，国内经济面临需求收缩、供给冲击、预期转弱三重压力，存在诸多不确定性和困难。但从历史、大势和全局的角度看，我国经济总体运行在合理区间、拥有很强韧性。在以习近平同志为核心的党中央坚强领导下，各地区各部门贯彻党中央、国务院部署，抓紧落实中央经济工作会议精神和《政府工作报告》举措，退税减税降费、金融支持实体经济、积极扩大有效投资、促进消费和外贸平稳发展、保障物流畅通促进产业链供应链稳定等政策的实施，推动高质量发展，将支撑我国经济实现量的合理增长和质的稳步提升。

坚持把稳增长放在更加突出位置。坚持"稳字当头、稳中求进"主基调，按照"宏观政策要稳健有效，微观政策要持续激发市场主体活力，结构政策要着力畅通国民经济循环，科技政策要扎实落地，改革开放政策要激活发展动力，区域政策要增强发展的平衡性协调性，社会政策要兜住兜牢民生底线"要求，加大宏观政策跨周期调节力度，着力巩固经济回升向好势头，确保实现我国经济增长5.5%左右的目标。

稳市场激发经济发展内生动力。提升积极的财政政策效能，实施新的组合式税费支持政策。继续实施稳健的货币政策，综合运用多种工具为中小微企业提供更多支持，加大对实体经济的支持力度。强化就业优先政策，落实落细稳市场主体保就业的各项举措，深化"放管服"改革，加强市场监管，将更大激发市场活力和发展内生动力。

深入实施创新驱动发展战略。更大力度提升创新驱动发展能力，加快关键核心技术攻关，加大企业创新激励力度，深化产学研用结合。更大力度构建现代产业体系，促进传统产业升级，促进产业数字化转型，将巩固壮大实体经济根基。加强数字政府建设，推动政府数字化、智能化运行，将为推进治理体系和治理能力现代化提供有力支撑。

实施扩大内需战略。进一步加大政策支持力度，积极扩大有效投资，促进消费扩容升级，深入实施区域重大战略和区域协调发展战略，稳步推进城市群、都市圈建设，将助力稳定经济基本盘，增强区域发展平衡性协调性，提升新型城镇化质量，促进国民经济循环畅通。

扩大高水平对外开放。进一步加大出口退税等政策支持力度，持续优化外贸营商环境，深化通关便利化改革，自贸试验区建设、开发区改革创新、综合保税区发展等，将促进外贸平稳发展。高质量共建"一带一路"，推进西部陆海新通道建设，将拓展国际合作新空间。区域全面经济伙伴关系协定将加速东亚经济一体化进程。

推动绿色低碳发展。加强生态环境综合治理，深入打好污染防治攻坚战，有序推进碳达峰碳中和工作，推进能源低碳转型，推进绿色低碳技术研发和推广应用，推进节能降碳，推动能耗"双控"向碳排放总量和强度"双控"转变，将加快形成绿色低碳生产生活方式。

保障和改善民生。全面巩固拓展脱贫攻坚成果，扎实稳妥推进农村改革发展，将形成强大乡村振兴合力。统筹做好民生保障、精神文明、安全生产等工作，不断满足人民对高品质美好生活的期待。

9.1.2 区域发展新举措

14省市都制定了2022年的经济增长目标，多处于5.5%~7%区间，折射出从重"量"转向重"质"的发展主旋律。各地区将贯彻党中央、国务院部署，以实施国家战略任务为牵引，根据本地区经济工作会议精神和政府工作报告部署，着力服务和融入新发展格局，纵深推进区域发展布局，细化实化具体举措，将为经济平稳运行提供有力支撑。

推动长江经济带发展。推动长江经济带发展领导小组全体会议对推动长江经济带高质量发展重点工作进行了系统部署。2022年，将深入学习贯彻习近平总书记关于推动长江经济带发展的重要讲话和指示批示精神，全面落实推动长江经济带发展领导小组全体会议的部署要求，持续抓好长江大保护，深入打好污染防治攻坚战，扎实抓好生态系统保护修复，持续抓好长江"十年禁渔"，加强生物多样性保护；加快长江黄金水道建设，推进航道、船舶、港口和通关管理"四个标准化"，大力发展多式联运；加强城乡区域协调联动发展，谋划好产业协同发展；推动高水平对外开放，强化长三角引领带动作用，提高中上游地区开放水平，深度融入"一带一路"建设。

推动长三角一体化发展。推动长三角一体化发展领导小组第四次全体会议对推动长三角一体化发展重点工作进行了系统部署。2022年，将紧扣一体化和高质量两个关键词，加快推进"十四五"规划明确的国家重大工程项目落地实施；突出强化科技创新，推动科创和产业深度融合，力争在若干重点领域取得突破；在重点领域、重点区域、体制机制一体化上再下功夫，加强制度衔接和政策协同，推动生产要素在更大范围内畅通流动；推进高水平对外开放，深化自贸区贸易投资体制改革，推动浦东高水平改革开放先行先试，加快在制度型开放上闯出新路。加快完善现代化综合交通网，打造"轨道上的长三角""水上长三角"，助力实体经济尤其是制造业提升竞争能力、推动高质量发展。

长江中游城市群协同发展。2022年3月，国家发改委印发《长江中游城市群发展"十四五"实施方案》，提出要以培育发展现代化都市圈为引领，优化多中心网络化城市群结构，提升综合承载能力，在全国统一大市场中发挥空间枢纽作用，打造长江经济带发展和中部地区崛起的重要支撑、全国高质量发展的重要增长极、具有国际影响力的重要城市群。

成渝地区双城经济圈建设。2022年，将协同推进土地管理、市场监管、税费征管一体化等改革取得突破，联动推进成渝地区高标准市场体系建设，探索经济区与行政区适度分离改革，推动重大合作平台建设，深化川渝产业链、供应链配套协作，推动重大合作项目实施，聚焦现代产业体系、西部科学城、西部金融中心等共建领域，实施引领性标志性项目。

9.1.3 交通运输发展新任务

加快建设交通强国，努力当好中国现代化的开路先锋。当前，交通运输发展仍面临需求结构分化、供给受到冲击、运行成本高企、市场预期不稳、风险隐患增多等多重压力，但交通运输经济运行总体平稳、长期向好的基本面没有变。展望2022年，投资、消费和外贸的物流需求将持续恢复，物流业务活动仍将趋于活跃，物流产业转型升级加速，预计物流业延续稳中有进发展态势。聚焦"加快建设交通强国，努力当好中国现代化的开路先锋"，聚焦建设现代流通网络、助建全国统一大市场，交通运输系统将按照稳中求进工作总基调，坚持规划引领，有效保安全、保畅通、稳市场、稳投资、促转型、防风险，推动高质量发展。加快建设现代化综合交通运输体系，着力推进基础设施现代化、技术装备现代化、运输服务现代化、行业治理现代化和人才队伍现代化。深入贯彻落实《交通强国建设纲要》和《国家综合立体交通网规划纲要》，加快建设"6轴7廊8通道"的国家综合立体交通网主骨架，加快形成"全国123交通出行圈"和"全球123快货物流圈"，努力实现人享其行、物畅其流的目标。深入贯彻落实好《"十四五"现代综合交通运输体系发展规划》，加快实现综合交通运输一体化融合发展，智能化、绿色化取得实质性突破，综合能力、服务品质、运行效率和整体效益都能显著提升。

交通投资新动向。2022年政府工作报告强调，要积极扩大有效投资，适度超前开展基础设施投资。交通运输部印发《关于积极扩大交通运输有效投资的通知》，就加快构建现代化高质量国家综合立体交通网、加快公路水运重大基础设施建设等重点任务作出部署；水运方面，将大力推进长江、京杭运河等重点水运项目建设，加快推进长江干线航道标准化畅通工程等前期工作和建设，新增及改善高等级航道700公里以上；新型基础设施建设方面，将推进智慧航道、智慧港口等重点工程建设，开展智能航运先导应用试点；绿色低碳基础设施方面，将加快建设一批绿色港口、绿色航道，加快推进港口集疏运铁路建设，推进长江经济带船舶使用岸电。14省市交通运输主管部门也提出了2022年的投资目标和重点，计划完成交通建设投资近2.17万亿元。如浙江省计划完成投资3400亿元，其中水运210亿元；江苏省计划完成投资1809亿元，其中水运162.6亿元；湖南省计划完成投资1000亿元，其中水运60亿元。

推动长江经济带交通运输发展。2022年，将围绕落实推动长江经济带发展领导小组办公室工作部署和推动长江经济带交通运输发展部省联席第九次会议要求，继续把修复长江生态环境摆在压倒性位置，加快推进现代化高质量综合立体交通网建设，着力把长江经济带打造成为畅通国内国际双循环的主动脉、综合立体交通网的示范带。一是守住长江经济带交通运输安全底线，提高安全风险防范应对能力，强化安全生产监管，提高安全应急管理能力，全力确保行业安全稳定发展。二是开展新一轮生态环境突出问题整改，重点抓好船舶污染防治、港口污染防治，切实解决好突出问题。三是突出长江主轴功能，加快推进航道、船舶、港口码头、通关管理"四个标准化"，扎实推进现代化高质量综合立体交通网建设；系统提升黄金水道功能，加快推进航道标准化建设，加快促进干支航道衔接，加快港口集约高效发展；加快推进综合交通一体化融合发展，完善铁路、公路、航空、邮政运输网络，推进枢纽节点建设，重点发挥存量资源潜能、扩大优质增量供给，加快建设东西畅通、南北辐射、有效覆盖、立体互联的长江经济带现代化高质量综合立体交通网；提高运输服务能力和品质，推动形成统一开放运输市场，优化运输组织方式，加快铁水联运发展；着力提升综合交通可持续发展水平，加快发展绿色交通，完善高效率的物流网络，增强智慧创新发展动能。

9.2　高标准推进长江航运高质量发展

9.2.1　助力交通当好中国现代化开路先锋

长江航运的规模、质量和治理水平实现跨越式发展，市场生态持续优化，运输需求旺盛，保障物流畅通促进产业链供应链稳定的地位和作用不断增强，当前和今后一个时期，长江航运发展仍处于重要战略机遇期。展望2022年，既要看到我国经济健康发展的长期态势，为长江航运发展营造了良好环境，又要高度警惕国际国内环境一些超预期变化、经济下行压力进一步加大，对长江航运平稳运行带来的不确定性和挑战。长江航运将坚持稳字当头、稳中求进，贯彻新发展理念，有效落实好各项宏观政策和决策部署，高质量深度融入长江经济带发展，把握长江航运发展规律，加快提升长江黄金水道功能，推动航道、港口、船舶和通关管理"四个标准化"，持续改善供需关系，按照有效保安全、保畅通、稳市场、稳投资、促转型、防风险的总体要求，高标准推进安全、绿色、协同、创新发展，着力提升行业治理效能，助力交通当好中国现代化开路先锋。

坚持服务大局，持续提升长江航运综合保障能力。全面加强长江航运安全生产工作，毫不放松抓好新冠肺炎疫情常态化防控工作，全力保障物流畅通促进产业链供应链稳定，加快建设统一开放的长江航运市场。适度超前开展基础设施投资，加快建设现代化高质量长江黄金水道，精准补齐网络覆盖和衔接短板。加快推进存量网络提质增效，强化一体融合衔接，促进区域交通运输一体化水平提升。加强长江航运领域新型基础设施建设，推动基础设施数字化、网联化升级。

坚持人民至上，努力建设人民满意长江航运。围绕航道、港口、船舶和通关管理

"四个标准化"建设,大力发展多式联运,加快完善航运物流服务体系,加快推进专业化物流发展,加快实现物畅其流。推动形成系统完备、相互衔接的长江航运法规体系、政策体系、标准体系。加快完善与交通强国建设相适应的体制机制,深化重点领域改革,持续优化营商环境。

坚持开拓创新,以创新引领长江航运高质量发展。以创新为引领,强化科技创新和治理创新,推动长江航运高质量发展。注重科技创新赋能长江航运发展,打好关键核心技术攻坚战,推广清洁化、智能化、数字化运输装备及成套技术设备,推进运输装备先进适用、完备可控。推动大数据、互联网、人工智能、区块链等新技术与长江航运行业深度融合,大力发展智慧航运和智慧物流,推动长江航运新业态规范健康稳定发展,不断增强发展动能。造就更多一流的领军人才和创新团队,大力弘扬新时代交通精神,为加快推进长江航运高质量发展提供有力支撑。

坚持生态优先,着力推动长江航运全面绿色低碳转型。加快构建绿色高效长江航运体系,优化调整运输结构。推动长江航运用能低碳多元化发展,推进新能源、清洁能源应用。加快推动港口岸电设施建设和改造,提升船舶靠港岸电使用率。持续推进船舶和港口污染防治。建设绿色航道、绿色港口,加快基础设施绿色升级。

坚持交通天下,着力推动长江航运高水平对外开放合作。坚定实施长江航运更大范围、更宽领域、更深层次对外开放和国际合作,积极推进与"一带一路"物流通道互联互通,支撑服务自由贸易区建设,统筹联运、口岸、保税、物流等功能,提高通关效率,促进国际贸易便利化。

9.2.2 以安全发展为根本,增强安全保障能力

把习近平总书记关于安全生产重要论述作为长江航运安全生产的根本遵循,旗帜鲜明把安全发展摆在深入推进长江航运高质量发展的首要位置,切实把安全发展融入建设现代长江航运体系全过程,坚决落实安全生产责任制,扎实开展安全生产强化年和大检查,坚决守牢长江航运安全发展的底线红线,科学精准有效做好疫情防控和长江航运保通保畅等各项工作,保障长江航运安全生产形势稳定。

夯实本质安全管理基础。加强船舶、船员、船公司安全管理,加强航道(船闸)运行安全管理与应急处置,加强港口安全设施建设维护,实现重要设施设备实时监测、智能感知和风险预警。强化关键信息基础设施安全,确保网络安全、数据安全。加强安全生产监管和应急救援专业能力建设,加强长江干线万州、武汉、南京水上应急救助基地和航道应急抢通基地设施等应急装备建设,提升重点水域可视化智能监控水平。持续推进平安工地和平安百年品质工程建设,加强在建项目质量安全监督管理。加强水上治安综合治理,坚决防范和打击各类违法犯罪。

加强安全生产体系建设。加快构建制度更完善、运行更可靠、保障更有力的长江航运安全生产体系。坚持"三管三必须",从人、船、环境、管理四个方面系统梳理安全监管责任链,厘清安全生产监督管理职责和边界,细化责任分工、完善监管责任链条,

完善工作协同和信息共享机制。从系统管理的角度查找安全问题和薄弱环节,完善安全风险分级管理和隐患排查治理双重预防机制,完善重大风险防范工作机制,提出针对性安全防范措施。

加强安全生产风险防控。扎实开展安全生产强化年和安全生产大检查,继续深化安全生产专项整治三年行动,持续加大客运、危险品运输、"三无"船舶、内河船涉海运输、非法采砂等突出违法行为整治力度,继续推进船舶碰撞桥梁隐患治理行动,推进危险货物港口作业安全生产重点难点问题整治,优化完善危险品船舶过闸管控措施,实现安全生产专项整治三年行动巩固提升。紧盯重点水域、重点部位、重点环节、重点时段,加强分析研判、预警监测、值班值守、统筹指导,组织开展"安全生产月""汛期百日安全"、枯水期"一战三保"、三峡水库蓄水及消落期等季节性安全活动。强化风险隐患排查和监测预警,加强区域风险联防联控,强化整改落实。全面推进防范化解长江航运"五大安全风险"专项工作,建立重大风险"一图、一册、一表",实施省际客船、危化品船风险防控"一船一策""一企一策",落实分级分类管控措施,实施重大隐患及时"清零",形成闭环管理。

强化安全生产监管。抓紧抓细抓实安全监管各项工作,在船舶现场监督检查、通航管理、船舶检验、公司审核等方面重点谋划,加强业务条线压力传导,切实落实各项安全监管措施。深化海事新型监管机制,试点开展全要素水上"大交管"建设应用,完善信用联合监管工作。严格落实恶劣气象等条件下禁限航、防汛防台风和枯水期保通保畅等安全措施,强化重点领域安全保障、重点物资运输保障,加强长江引航安全管理。

提升应急处置能力。推动完善省级水上搜救机制,推动地方人民政府建设或完善水上搜救联席会议制度。持续完善应急预案体系,健全部门间信息共享、协同监管和应急联动机制,加强应急管理知识培训和技能训练。根据辖区搜救工作特点,开展水上人命搜救、船舶溢油应急处置、航道应急抢通、地质灾害应对等针对性强的科目实战演练和无脚本演习,建立演练全过程评估指标体系,做好演练总结评估工作。做好重点时段安全应急保障工作。完善疫情防控常态化措施,健全与国家重大公共卫生突发事件相适应的水上应急处置预案。

9.2.3 以绿色发展为路径,增强可持续发展能力

贯彻习近平总书记关于碳达峰碳中和工作的重要论述和推动长江经济带发展的重要讲话和指示批示精神,落实"双碳"工作要求和"共抓大保护、不搞大开发""生态优先、绿色发展"的理念,完善长江航运绿色发展机制,加快基础设施绿色升级,健全船舶和港口污染防治体系,做好长江航运领域碳达峰碳中和工作,确保碳达峰碳中和长江航运工作取得实效。

完善长江航运绿色发展机制。研究制定有利于促进基础设施绿色升级、推进运输结构和用能结构调整优化的相关政策措施。健全推进机制,完善绿色监管体系,强化绿色评估和监管。实施绿色基础设施、节能环保、船舶和港口污染防治、生态保护修复等重

点领域绿色技术研发重大项目和示范工程，支持绿色技术创新成果应用。持续跟踪国内外最新环保政策，结合行业实际情况，联合水运科研单位以及相关航运企业，推动制修订长江航运领域水污染排放和碳排放标准。协同抓好长江"十年禁渔"、河道采砂管理等专项工作，增强生态环境监测监管能力。

加快基础设施绿色升级。优化空间结构，着力深化绿色航道、绿色港口建设，推广节能环保材料、工艺工法，加强生态修复和保护，强化岸线用途管控，在具备条件的地区推广航道疏浚土综合利用。加快水上绿色综合服务区增量提质，研究制定服务、管理标准，打造2至3个在全国内河具有示范效应的样板服务区。

健全船舶和港口污染防治体系。完善污染防治长效机制，推动港口接收设施与城市公共转运处置设施有效衔接，推进长江干线已建洗舱站等绿色服务设施有效运营。加快推进船舶污染物治理智能监控设施建设，完善船舶水污染物联合监管与服务信息系统功能并深化应用，基本实现长江经济带内河主要港口船舶水污染物接收转运处置全过程电子联单闭环管理。在长江干线四川至安徽段全面推广船舶污染物"船上储存、交岸处置"的"零排放"模式，在长江干线江苏段持续巩固"一零两全四免费"污染治理模式。深化危化品高质量选船机制，逐步向干散货船推广应用。持续加强船舶防污染监管执法，督促航运企业和船员遵守船舶防污染规定，严厉打击船舶违规向水体排放污染物。

做好长江航运领域碳达峰碳中和工作。以全面绿色低碳转型为引领，以提升运输装备能效利用水平为基础，以优化运输用能结构、提高运输组织效率为关键，全力推进长江航运领域碳达峰碳中和各项工作。抓好运输结构优化，助力大宗货物和中长距离货物运输"公转铁""公转水"，发挥综合交通的组合优势和长江航运的比较优势，加快发展以水路为骨干的多式联运，推动新技术与长江航运业态融合发展。抓好节能低碳装备推广应用，推动绿色智能船舶示范应用和产业化发展，加快推广应用新能源和清洁能源船舶，引导LNG动力船舶发展，加快老旧运输船舶更新改造，加快推动港口和船舶岸电设施协同建设和改造，提升船舶靠港岸电使用率。深入实施船舶大气污染排放控制区管控，探索船舶大气污染防治区域合作机制，加强对船舶使用燃油的监督检查，逐步完善以船舶尾气监测为基础的船舶大气污染监控网络。

9.2.4 以协同发展为核心，加快长江黄金水道建设

以"建制度"为统领，以"调结构"为重点，更好发挥推动长江经济带交通运输发展部省联席会议统领作用，完善省际协商合作机制、长航局与地方交通运输部门沟通协调机制，把自身发展放到协同发展的大局之中，把落实《交通强国建设纲要》《国家综合立体交通网规划纲要》和"十四五"各项规划任务结合起来，加快推进航道、船舶、港口码头、通关管理"四个标准化"，加强与其他运输方式的衔接协调，推进长江航运与相关产业融合发展，推动长江航运高水平对外开放合作，提高整体运输效率，提升长江航运竞争力。

提高航道网络通达能力。一是畅通长江干线航道，加快推进长江干线航道标准化畅通工程。持续开展长江干线航道系统治理和维护管理，通过多种途径方式加快推进区段标准统一。加快推进长江干线朝天门至涪陵、江乌二期等航道在建项目进展和涪陵至丰都、荆江二期、南京以下12.5米深水航道完善工程等航道整治项目有关前期工作。完善长江口辅助航道条件，推进长江口南槽航道治理二期工程前期工作及北港航道工程技术研究。按照航道区段标准统一的总体要求，加快转变数字航道条件下长江航道维护管理方式，进一步提高长江航道科学养护水平。加强三峡—葛洲坝枢纽通航建筑物运行管理，积极疏解三峡枢纽瓶颈制约，配合深化三峡水运新通道前期论证。二是继续开展长三角高等级航道网和主要支线航道建设。进一步提升长三角高等级航道网重点航道通航能力，加快通扬线高邮段、长湖申线、湖嘉申线二期等重大项目续建步伐，建成苏申外港线航道工程、京杭运河二通道（亚运保障项目）、上浦船闸及航道工程等，建设苏申内港线、油墩港航道整治工程。加快推进浙北集装箱运输主通道、大芦线东延伸、宿连航道一期等河海直达通道建设。继续推进京杭运河主航道升级改造工程、湖西航道整治工程、大清河航道工程等在建项目建设。加快推进岷江龙溪口等航电枢纽、龙溪口至宜宾航道整治一期工程等重点水运项目建设，有序推进嘉陵江利泽、乌江白马等航电枢纽和沅水金紫至洪江四级航道建设工程、资水益阳至芦林潭二级航道整治工程、唐河省界至社旗航运工程等航道整治工程。推进汉江雅口枢纽全面完工、孤山枢纽船闸通航、新集枢纽船闸土建完工、碾盘山枢纽通航蓄水，完成湘江永衡三级航道一期工程、汉江安康至白河航运建设工程等重点项目建设。开工建设汉江蔡甸至兴隆段2000吨级航道整治工程、赣江新干枢纽至南昌二级航道整治工程、岷江东风岩航电枢纽工程等重点项目。继续推进引江济淮航运工程建设，开展湘桂、赣粤运河前期研究。以航道维护工作为重点，全面落实航道养护、应急保畅、水位调度、船闸运维、工程疏浚、水情发布等方面具体任务，确保"应养尽养、干支协调"。深化船闸区域集中调度试点，提高船舶过闸效率。

强化港口功能提升和高效衔接。进一步优化沿江港口功能布局，优化完善公共锚地等设施，促进港口管理标准化。推进长三角世界级港口群一体化，支持市场主体以资本为纽带，形成以上海为中心、江浙为两翼、安徽等长江流域为腹地，与国内其他港口合理分工、紧密协作的国际航运枢纽港格局。推进泰州港靖江港区新港作业区省煤炭物流靖江基地项目二期等工程建设，建成南通港吕四作业区西港池8~9#集装箱码头工程，推动以徐州港、淮安港、无锡内河港、苏州内河港等为示范的内河港口规模化、专业化、现代化发展；编制合肥江淮联运中心、安庆江海联运枢纽以及蚌埠、淮南淮河航运枢纽建设方案，改扩建马鞍山港9号码头，加快建设芜湖港朱家桥码头、安庆港长风作业区二期工程。全面建成武汉阳逻铁水联运二期、荆州江陵铁水联运煤炭储备基地、黄石棋盘洲港区三期等重点港口工程，持续推进重庆港主城果园和万州新田、周口港商水港区等港口工程建设，加快岳阳港煤炭铁水联运储配基地等支撑项目建设。

持续提高运输服务供给质量。大力推进船舶标准化，严格执行过闸船舶标准船型主尺度系列国家强制标准，积极发展三峡船型、江海直达船型，严禁新建非标准船舶投入营运。继续加强长江干线省际客船、液货危险品船运输市场宏观调控，促进运输市场主体多元化和适度竞争。加快推进大宗干散货、集装箱运输和冷链物流、大件运输、危险品运输等专业化发展。加强运输组织保障，全力以赴抓好保通保畅工作，稳定大宗货物运输，全力做好重要物资和初级产品运输，统筹做好春运等重要节假日和重要活动期间运输服务保障工作；在做好疫情防控工作的前提下，对运输重点物资船舶实施优先引航、优先靠离泊、优先过闸、优先装卸，全力做好煤炭、天然气、粮食等重要物资运输保障工作，全力保障国内国际物流供应链畅通。加强长江航运市场监测和信息引导，完善长江水路运输市场信息共享工作机制，加强航运基础数据、运输生产动态数据的监测汇集、整理分析与信息发布，更加精准引导服务港航企业生产经营，稳定市场预期。

支撑引领区域协调发展。落实长江航运服务保障区域重大战略、区域协调发展的措施部署，持续服务地方经济社会发展，扩大更加便捷高效经济的服务供给。推动长三角地区共建辐射全球的航运枢纽，推进武汉中游、重庆上游航运中心和南京区域性航运物流中心建设，助力上海国际航运中心、舟山江海联运服务中心建设。协调推动长江中下游主要港口至上海洋山集装箱运输、至宁波舟山港干散货运输发展，支持打造长江中下游主要港口至宁波舟山港江海直达精品航线，畅通完善江海运输体系。推动运输结构优化调整，推进大宗货物和中长途货物运输"公转铁""公转水"，支持各地开展多式联运试点示范创建，完善枢纽港口水水中转、干支中转航线，积极推动集装箱和大宗散货铁水联运发展。积极参与沿江自由贸易实验区和沿江口岸"单一窗口"建设，强化港口航线网络与中欧班列对接，促进长江通关管理标准化，推进口岸通关便利化。加快补齐农村等重点地区的基础设施短板。

着力推进一体融合发展。在加强基础设施"硬联通"的基础上，着力推进制度规则"软联通"，创新联运"一单制"服务模式，畅通货物流通的全链条各环节，提高运输组织效率。建立合力推动运输市场结构优化协调机制，强化政策、规划、管理、服务等方面的协同联动。大力培育和发展航运交易、航运金融保险、海事仲裁、信息引导以及人才培养等现代航运服务业，推动形成专业化服务支撑体系。深化港航协同，加强与沿江地方政府战略合作，打造属地管理责任、行业监管责任、企业主体责任三位一体的水上安全共治体系。深化船港城协同，打造船港城一体化、绿色服务供给多元化的船舶污染治理体系。推进水路客运与旅游融合发展，推进内河旅游航道建设，试点打造长江水路旅游客运服务精品航线。

9.2.5 以创新发展为导向，提升长江航运发展品质

坚持创新驱动战略，以高质量科技供给支撑行业高质量发展，以融合发展护航行业数字化、智能化转型，着力解决动力不足、支撑不强等问题，持续提升高质量发展水平。

增加高质量科技供给。完善科技创新体系，全面推动科技规划任务落实，更好发挥

战略导向作用。强化基础研究，抓好港航工程建设、安全保障、运营管理等领域关键核心技术自主创新，推广新能源、智能化、数字化装备及成套技术设备，推进运输装备先进适用、完备可控。实施科技支撑长江航运安全发展、绿色发展、协同发展行动，强化关键核心技术研发与前瞻性、战略性技术研究储备，加强船舶自主航行、船岸协同等领域技术研发，加强高升程、大吨位升船机关键技术研发，加快科技攻关和成果应用，支撑引领长江航运高质量发展。强化企业创新主体地位，推进创新资源向企业聚集，拓展科技合作开放方式，促进政产学研用深度融合，强化行业重点科研平台建设，推进重点实验室、技术创新中心等建设，提升科技成果转化能力。

形成交通强国试点示范经验。推进内河航运安全管控与应急搜救建设试点，在长江干线部分区域建成覆盖长江航运的无线宽带网络，研究确定海事智慧监管体系与应急搜救体系；推进长江航运多源时空信息智能服务应试点，实现长江干线北斗卫星高精度位置信息服务功能在监管、测量方面的初步应用；推进长江干线绿色航道建设及应用试点，完成绿色航道技术在武安段航道整治工程中的应用总结，初步形成中下游生态涵养区的建设理论与方法，局部生态环境监测评估方法；推进长江干线智慧航道建设及应用试点，初步实现长江电子航道图个性化、定制化服务全线覆盖，完成长江干线航道演变分析预测预报方案；加快长江三峡河段智能通航试点，完成三峡河段航道立体监测网络、一体化动静态电子航道图设计方案；推进长江干线港口和船舶岸电创新发展试点，建设长江干线港口和船舶岸电智慧监管服务平台。各省市交通运输主管部门统筹做好交通强国建设试点任务实施，打造一批先行先试典型样板，取得试点任务的阶段性成果，形成具有地方特色的经验。

推动长江航运数字化转型。推动大数据等新技术与行业深度融合，推进行业数字化、智能化发展。继续开展长江航运数据中心建设，初步实现长航局系统数据信息的汇聚集中与交换共享，开展基于5G的应用场景和产业生态试点示范。拓展北斗系统行业应用，持续扩大社会船舶北斗终端应用规模，完善三峡坝区航道航标遥测遥控系统，推动北斗系统与安全监管、过坝调度、船舶防污、航运服务等深度融合应用。推进基础设施智能化升级，积极推进智慧航道、智慧港口、智能船舶建设，推广应用先进适用的设施装备，深化开展BIM+GIS手段在航道整治建筑物养护管理中的应用，持续应用虚拟航标。推动长江干线数字航道提升完善建设工程、长江干线电子航道图升级完善建设工程，加大电子航道图推广应用，积极向长三角高等级航道、京杭运河、乌江推广，向长江口延伸；统筹推进长江干线智慧航道建设及应用，推进永州至衡阳等支流智慧航道建设。在苏州港太仓港区、南通港吕四港区、苏州白洋湾内河港等加快远程控制、无人集卡、港区智能作业建设，推进长沙和岳阳等智慧港口建设。提升长江航运公共信息服务能力，推动数据信息的汇聚集中与交换共享，建设并上线运行长江航运公共信息服务平台"初级版"。完善数字化、信息化监管手段，加强非现场监管、信用监管、联合监管，提升行业监管的协同化、智能化水平。

推动长江航运融合化转型。加强与关联产业跨界融合，促进长江航运枢纽经济、平台经济、通道经济发展。推动长江航运与现代物流融合，依托港口城市国家物流枢纽建设，以航运中心和主要港口为重点，高标准建设港口型国家物流枢纽示范区。依托自贸试验区、综合保税区和开放口岸，加强与口岸衔接，将长江港口打造成内陆国际物流枢纽和"一带一路"开放合作重要平台，将长江航运打造成开放、安全、稳定的全球物流供应链体系的重要链条。推动长江航运与旅游融合，提高长江干线省际旅游客运软硬件服务水平，围绕水上客运与其他交通方式客运服务协同，探索推广"一票式"联程服务。依托长江三峡等特色化精品旅游线路，开展旅游航道试点示范，有序发展长江两岸水上观光旅游，推出一批长江水上特色旅游示范线路和特色都市水上游品牌。推进长江游轮港口示范工程建设，探索推进航运旅游集散中心、长江游轮母港建设。推动长江航运与相关产业融合，探索建立长江航运与制造业等相关产业融合发展模式，引导企业主体融合发展、设施设备融合联动、业务流程融合协同、标准规范融合衔接、信息资源融合共享。推动长江航运与生产制造、流通环节资源整合，鼓励物流组织模式与业态创新。

加快完善与交通强国建设相适应的体制机制。着力加强党的建设和精神文明建设，推动党建工作与业务工作深度融合，以高质量党建引领高质量发展，打造管党治党严的氛围，抓好意识形态工作，为高质量发展强本固基、激发动能。进一步深化法治政府部门建设，持续加强法规制度建设，纵深推进"放管服"改革，加快推动综合执法改革落地见效，加强执法规范化建设，坚持依法行政，严格规范公正文明执法，强化干部队伍建设，提升行业精神文明建设成效，大力弘扬新时代交通精神。持续提升行业治理效能，稳妥有序推进实施"十四五"规划确定的重大项目，全面增强新型监管机制效能，推动"信用+智慧"相互赋能，提升公共服务能级，进一步优化营商环境，全面落实全力确保安全稳定发展、毫不放松抓好常态化疫情防控、全力保障国际国内物流供应链稳定畅通、加快建设统一开放运输市场、着力提高运输服务供给质量、有力支撑区域重大战略和区域协调发展战略实施、加快推进绿色低碳转型等重点任务。

省域篇

报告1

上海市水运发展综述

2021年,上海水运紧紧围绕实施"三大任务、一大平台"、强化"四大功能"、深化"五个中心"建设,实现了"十四五"良好开局。上海国际航运中心迈向世界一流国际航运中心,上海港集装箱吞吐量连续12年位列全球第一。

一、交通运输经济运行情况

2021年,上海市各种运输方式对外旅客发送量约1.3亿人次,同比增长17.2%。其中,铁路8369万人次,增长22.6%;公路1468万人次,增长10.2%;水路10.1万人次,下降34.2%;航空3273万人次,增长8.4%。全社会货物运输量完成15.5亿吨,增长11.5%。其中,铁路496.1万吨,增长3.8%;公路5.3亿吨,增长14.9%;水路10.1亿吨,增长9.8%;航空436.6万吨,增长8.5%。全港货物吞吐量完成7.8亿吨,增长8.3%。其中,内贸货物吞吐量3.6亿吨,增长10.4%;外贸货物4.1亿吨,增长6.6%。集装箱吞吐量4703.3万TEU,增长8.1%;其中,外贸集装箱吞吐量超过3200万TEU,增长约3%;内贸箱量超630万TEU,增长2.3%;国际中转箱量超600万TEU,增长13.4%,集装箱水水中转比例达49.6%。水运口岸进出货物吞吐量4.1亿吨,增长6.6%,其中集装箱吞吐量3955.3万TEU,增长8.7%;水运口岸出入境人员43.4万人次,下降26.8%。全市港航企业在积极做好疫情防控的基础上,有力推进运输生产平稳运行,全社会货物运输量小幅增长,港口集装箱吞吐量再创历史新高,并连续12年蝉联集装箱吞吐量世界第一。

二、水运发展基本情况

重大工程项目建设扎实推进。发布《交通强国建设上海方案》《上海市综合交通发展"十四五"规划》《上海国际航运中心建设"十四五"规划》等。总投资17.52亿元的长江口南槽航道治理一期工程通过竣工验收,正式投入运行。平申线航道、大芦线航道二期等工程持续推进。全年实施内河5条航道维护疏浚工程,完成疏浚约103万立方米;实施黄浦江、洋山进港航道等7条外港航道维护疏浚工程,完成疏浚约324万立方米。

上海国际航运中心能级提升。上海在新华·波罗的海国际航运中心发展指数中排名第三,国际航运中心建设从"基本建成"向"全面建成"迈进。成功举办首届北外滩国际航运论坛,发布"2021上海倡议"及8项重大成果。上海波罗的海国际航运公会中心升级为亚洲总部,亚太运输资产保护协会落户浦东。外籍国际航行船舶沿海捎带政策试点实施。

服务品质持续提升。"上海港太仓服务中心"在江苏太仓港揭牌成立，新推出"太申快航"，海关"联动接卸"更为高效。上海芦潮港铁路中心站海铁联运业务已对接9省27市，实现铁路与港口信息系统互联，其中苏州、常州、湖州、长兴、海安、无锡六地组织了固定车底每天开行的循环班列，南京、丹阳、重庆则每周开行班列，日均箱量稳定在1000TEU以上。中欧班列"上海号"开通运行。全年完成海铁联运41.7万TEU，同比增长56%。有序开展船闸运营保障工程，大治河西枢纽二线船闸全年安全平稳运行；全年开闸8248次，保障过闸船舶29428艘次，安全事故零发生。

绿色创新深入发展。污染治理加大力度，实现黄浦江下游段内河船舶污染物免费接收全覆盖。岸电覆盖率持续提高，全市已建成68个专业化岸电泊位，覆盖率达到79%。积极做好船舶岸电改造、补贴和标准化建设。上港集团超远程智慧指挥控制中心项目落地。依托港口智慧大屏和大数据，洋山港区的船舶计划从48小时向72小时升级。洋山港智能重卡完成4万TEU转运，外高桥港区启动港内智能转运车辆试点应用。通过优化和调整外场港航智能感知设备的布局与选点，实现对出入上海港船舶的智能识别，建设上海港电子航道图，试点完成约15万艘船舶的船名图片知识库模拟。

安全生产落实落细。严格落实交通领域疫情防控措施，严防境外疫情输入，督促全港码头企业做好新冠疫情防控工作，全面落实涉外港口高风险人员"三区两通道"等集中管控工作，组织开展码头新冠疫情突发事件防控演练，积极有序推进全行业疫苗接种。持续加强港口安全生产管理，开展港口危险货物安全生产三年行动，逐步建立重大风险"五个清单"，完成港口危险货物安全评价报告备案18份，危险货物事故应急预案19份，港口重大危险源备案4份。进一步推进水上搜救体系和能力现代化建设，推动《上海市水上搜寻救助条例》出台，筑牢守好城市安全底线。

市场营商环境不断优化。深入推进"放管服"改革，持续优化"高效办成一件事"，"船舶开航一件事"在市"一网通办"正式上线，实现"全程网办"或"线下+线下"模式。推进行政审批制度改革，全面推进"证照分离"改革，构建"五位一体"的行业综合监管体制。上海港全面落实国家减税降费部署，降低港口使用成本。上海国际贸易"单一窗口"对接22个部门，实现口岸货物申报和运输工具申报全覆盖。除国内水路运输业务，其他航运业务均已对外开放，累计34家外资国际船舶管理公司获批入驻自贸试验区。发布《上海市水路运输市场信用管理实施细则》《上海市水路运输市场信用信息目录清单（2021版）》。不断加大航运高端人才、紧缺急需人才和特殊人才引进力度，航运相关学科专业水平持续提升。

三、2022年发展思路

聚力重大战略落实。推进《交通强国建设上海方案》水运领域任务全面实施。加快实施《上海交通系统贯彻落实〈上海市推进浦东新区高水平改革开放打造社会主义现代化建设引领区行动方案〉实施方案》水运领域各项工作。推动《构建长三角世界级港口群形成一体化治理体系总体方案》印发实施。建立长三角区域船舶污水垃圾接收转运处置信息共享机制。

加快建设世界一流航运中心。开展新一轮上海港总体规划修编，推进洋山深水港区北作业区和沈家湾作业区建设运营，推动沿海捎带业务落地见效，巩固提升海空枢纽地位。加快建设内河高等级航道、海铁联运等集疏运体系。合力推进长江口辅助航道建设。推进苏申内港线、大芦线东延伸、油墩港航道整治等项目开工，完成大芦线航道整治二期工程。推进黄浦江航运功能调整。建设外高桥港区沪通铁路专用线，研究推动南港码头铁路专用线建设。推动铁路芦潮港中心站作业能力提升改造，增开2条固定线路班列。推动芦潮港内河港区投入运营，实施沿江通道西延伸、浦东段等建设项目，改善外高桥地区疏港条件。全力打造世界级航运交易所。继续推动航运指数期货上市，打造集装箱舱位交易平台。推进苏州河水上游览项目开发。筹办好"北外滩国际航运论坛"。

提升港航绿色发展水平。鼓励老旧内河船舶淘汰更新，促进航运绿色循环低碳发展。加强新能源船舶推广应用，继续推进LNG等新能源技术应用。加快海港专业化泊位和内河码头岸电设施建设，完成内河船舶受电设施改造，实现内河码头岸电设施全覆盖。推进船舶污染物接收处置全过程联单电子化。

提升航运发展软实力。深化"放管服"改革，强化区域联动，加强政策支持，强化法制保障，完善人才保障，加强国际交流。积极推进"互联网+监管"，推进工程监管智能化，提高监管效率。加快数字化设施建设，重点推进洋山港智能重卡示范运营。持续做好口岸常态化疫情防控，扎实做好常态化防控和安全生产工作。深入挖掘航运文化遗产内涵和时代特色。

（上海市港航事业发展中心）

报告2

江苏省水运发展综述

2021年,江苏省港航系统全力探索建设交通运输现代化示范区,各项工作取得了积极成效,顺利实现"十四五"和现代化新征程的良好开局。

一、交通运输经济运行情况

2021年,全省累计完成综合客运量6.6亿人次,同比下降22.5%;综合旅客周转量1142.1亿人公里,增长5.1%,公众出行体验不断优化。完成综合货运量29.3亿吨,增长6.6%;综合货物周转量11779.1亿吨公里,增长8.2%,现代交通物流体系加快构建。全省港口完成货物吞吐量32.1亿吨,增长8.2%;其中外贸吞吐量5.9亿吨,增长6.6%。全省公铁水空累计完成投资1779.8亿元,增长7.7%,综合立体交通网络加快完善,总里程达18.71万公里。

二、水运发展基本情况

水运发展谋绘新篇。江苏省政府与交通运输部签署《部省共建交通运输现代化示范区合作框架协议》,印发《江苏交通运输现代化示范区建设的实施意见》《江苏省"十四五"水运发展规划》《江苏省大运河现代航运建设发展规划》《江苏省内河集装箱高质量发展倍增行动计划(2021—2023年)》等;印发落实习近平总书记指示推进运河转型提升的实施意见,制定长江港口功能优化提升、京杭运河转型提升两个"三年行动计划"。连云港港列为《国家综合立体交通网规划纲要》中11个"国际枢纽海港"之一。《连云港港连云港区规划调整方案》《苏州港太仓港区局部规划调整》《南通港总体规划(2035年)》获批,《苏州港总体规划》修编通过部省联合审查,《镇江港总体规划》通过省内审查。积极争取宿连航道、望虞河等13条共1067公里航道即将纳入新一轮"国家高等级航道网"。

水运支撑作用巩固提升。水路货运量占全省综合货运量近40%,太仓港年集装箱吞吐量突破700万TEU。全省港口完成煤炭、油气制品、金属矿石、粮食、集装箱等物资超过19.4亿吨,各货种均实现10%以上快速增长;完成集装箱吞吐量2180万TEU、增长15.0%。全省交通船闸通过船舶305万艘次,过闸船舶总载重31.6亿吨;过闸货运量22.1亿吨;征收过闸费11.5亿元,减免过闸费3.38亿元。

重大港航工程加快建设。全年完成水运建设投资177亿元,其中港口138亿元,航道

39亿元。全年建成万吨级以上泊位12个、千吨级以上泊位12个。南通港三夹沙南航道、小庙洪上延航道等11个港口项目开工建设；连云港港盛虹炼化一体化项目配套码头交工；南通通州湾新出海口吕四作业区建成开港；镇江港高桥港区LNG加注站码头建成；连云港港30万吨级航道二期工程完成投资超年度计划50%。全年建成航道56公里，桥梁15座，船闸1座，千吨级航道覆盖率提升1.4个百分点。通吕运河、长湖申线（苏浙省界—京杭运河段）、京杭运河江苏段绿色现代航运综合整治工程等4个干线航道项目开工建设，扬州京杭运河施桥船闸至长江口门段等项目建成交工。常州丹金溧漕河金坛段、丹金船闸，扬州京杭运河施桥三线船闸获国家优质工程奖；京杭运河施桥船闸至长江口门段和常州魏村枢纽纳入交通运输部平安百年品质工程试点名录。

港航服务能力不断增强。开展《江苏省航道养护管理办法》《江苏省内河航标管理实施细则》《江苏省船闸大修工程管理办法》等制修订，发布《江苏省内河航道船舶过闸信用管理办法》《船闸运行方案编制指南》，养护管理制度体系进一步健全，过闸服务质量进一步提高。实施玉带船闸、刘老涧一号船闸大修等专项养护工程80项，一类维护航道通航保证率达98%，船闸通航时间保证率达98%以上，航标正常率达99%以上。严格实施集装箱船舶优先免费过闸，实现危化品过闸网上分类申报。信用港航建设进一步加强，全省1757家港口经营者信用年度被评为AAA级。

多式联运集约高效。江苏（苏州）国际铁路物流中心、上合组织（连云港）国际物流园铁路装卸场站工程等设施进一步完善，南通洋吕、中新钢铁、运河宿迁港等铁路专用线开工，苏州港太仓港区、南京港龙潭港区铁路专用线投入运营。持续强化运输组织，开展连云港—蚌埠集装箱铁水联运"一单到底"试点，22个多式联运示范工程累计开行精品示范线路86条，集装箱铁水联运量同比增长12.6%；沿海主要港口大宗货物铁路和水路集疏港比例提升至95%；累计开辟94条内河集装箱航线，完成内河集装箱运输量91万TEU、增长41.9%。

安全生产底线持续巩固。深化双重预防机制建设，制定全省航闸基础设施、港口公用基础设施及在建工程重大风险清单。开展安全隐患大排查、大整改，检查单位183家，排查问题316个。开展船闸安全生产标准化建设，全省78%的船闸实现安全生产标准化一级达标。全面取缔长江江苏段水上过驳作业，浮吊全面清零。完成全省高等级航道桥区水域航道、水上交通安全和桥梁安全风险隐患排查，为全省1111座跨高等级航道桥梁、1342座跨其他航道桥梁建立"身份档案"。严格疫情防控举措，实施船舶不见面过闸、建设养护工地封闭管理，设置水路查验点累计查验船舶10.8万艘次、船员21.5万人次，牢牢守住水运抗疫防线。

绿色发展扎实推进。建立完善污染防治常态化工作机制，完成3项2019年生态环境警示片披露问题复核工作，做好2021年生态环境警示片披露2个问题的整改工作；在全国率先制定实施内河船舶污染物接收设施建设指南，并成为长三角区域标准；率先成立"江苏洗舱站联盟"，明确船舶洗舱标准与要求。推动京杭运河综合整治工程初步设计环节落实环评要求，引导污染防治设施与港航工程同步规划、建设、使用。组织开展星级绿色港口评价，评选出31家星级绿色港口。持续加大船舶港口防污染监管力度，全年累计检查船舶2.8万余艘次，同比提高77.4%。全面完成内河码头专项整治，整治不合规内河码头2606个。支持港口岸电"应用尽用"，完成945艘内河船舶受电设施改造。推动国家电网江苏公司取消内河岸电服务费，用电成本降低近五成。在镇江港建成全省第一座长江LNG岸基式加注站码头。全省已建成港口岸电设施3147套，覆盖码头泊位3763个，全年靠港船舶用电达3013万度，分别增长44.6%、43.4%和81%。

积极推进智慧港航建设。在全国率先建成海江河全覆盖的港口安全监管信息平台，实现了全省危险货物港口经营人、码头、储罐全覆盖。在全国率先编制发布航道建设工程智慧工地建设技术标准、智慧航道外场感知设施建设技术指南，开工京杭运河镇江段航道外场感知设施。扬州、常州搭建京杭运河施桥至长江口门段、魏村枢纽等智慧工地管理平台，打造水运工程智慧工地示范项目。苏州港太仓港区四期建成长江流域首个自动化堆场，试点应用5G远程控制岸桥作业。

三、2022年发展思路

全力确保航运安全发展。推动安全生产责任落实，制定安全生产履职清单和年度重点任务清单，落实全员安全生产责任制。加强安全生产专项整治，持续查改全省航闸基础设施安全隐患，研究危险品船舶过闸全过程管控制度措施，继续开展京杭运河苏北段航行船舶"船证不符"问题专项整治。抓好港口危化品码头安全条件、通航建筑物运行方案、航道通航条件影响评价符合性技术审查，加强安全生产标准化建设，力争全省交通船闸100%一级达标。加强安全生产信息化建设，在港航建设中推广应用监测预警、智能化巡检和安防系统等安全防护防控产品，在船闸运行中研究"机械化换人、自动化减人、智能化无人"措施。加强应急体系建设，完善应急值守机制。常态抓好疫情防控，实行分级管控，初步建成水路口岸疫情防控信息化系统。

精准推动航运高质量发展。积极参与长三角世界级港口群一体化建设。推动以徐州港、淮安港、无锡内河港、苏州内河港等为示范的内河港口规模化、专业化、现代化发展。打造京杭运河航运转型提升样板，全面建设京杭运河江苏段绿色现代航运综合整治工程。建设省级港航运行中心和港口综合管理信息系统、港航运融合数据中台，深入实施航道基础设施数字化，建成1500公里电子航道图。加快推进港航运行智能化，基本建成京杭运河运行调度与监测系统，研究推动干线航道运行状态在线监测、拥堵状态预警、船闸联合调度，在重点港区加快远程控制、无人集卡、港区智能作业建设。突出与RCEP国家的近洋航线建设，优化美西、中东、欧洲等远洋航线运输布局，完善长江转运支线、江海河联运和集装箱航线网络，完成内河集装箱运输量100万TEU。

奋力快补航运基础设施短板。加大港口重点工程建设力度，计划完成港口建设投资120.3亿元，建成沿江沿海万吨级以上泊位10个、内河千吨级以上泊位12个，港口通过能力达到24.2亿吨。重点推进连云港港30万吨级航道二期、徐圩港区四港池46~47#液体散货泊位、南通港三夹沙南航道等工程建设，开工建设连云港港徐圩港区六港池64~65#液体散货泊位、30万吨级原油码头。以改善干线航道通航条件，完成航道建设投资42.3亿元，完成三级航道整治60公里，建成桥梁15座。推动内河集装箱运输网络化，积极推进宿连航道一期、申张线青阳港段等建设。建成苏申外港线航道工程、芜申线固城湖区段疏浚工程、申张线青阳港段航道工程及锡溧漕河宜兴段疏浚工程；加快芜申线东坝古滑坡段和杨家湾船闸上游引航道、申张线凤凰镇段、锡溧漕河无锡段桥梁工程等建设。继续推进已交工项目竣工验收，确保丹金溧漕河溧阳段等5个项目完成竣工验收。

稳步提升港航养护与运行效益。研究建立江苏省干线航道"目标导向、按需定支、量化考核"的养护科学决策机制，制定例行养护管理办法、专项养护资金分配细则和养护考核管理办法，发布内河航标管理办法、船闸大修工程管理办法、港航工作船艇管理办法等，推动养护水平保持全国前列。定期开展干线航道水下地形扫测，研究制定全省干线航道命名与编号规则，全面建成干线航道里程桩系统。开展长江锚地锚位尺度设计规范地方标准研究。指导督促各船闸编制发布运行方案，加强全省船闸运行数据分析，全面实施干线航道船闸24小时运行，深化船闸区域集中调度试点，确保京杭运河示范段船舶航行时间缩短10%以上。落实并完善集装箱船舶免费过闸、优先过闸保障措施。加强全省港口货种、货量、货值统计分析，及时、准确掌握全省港口运行状态，精准、有效提出意见建议。开展港口营商环境优化研究。修订港口经营者信用评分标准。

引领提高绿色航运发展质量。推动江海直达和江海河联运配套码头设施技术改造。推进全省干线航道生态建设，依托宿连航道等项目，开展高碳汇绿化，提高航道固碳能力。继续建设完善集岸电供应、船舶水污染物接收、加油、加气等服务于一体的"内河水上服务区"。试点开展内河繁忙航道多物种观测与系统生态状况分析。推动全省港口岸线资源有序开发，推广内河港口挖入式港池集中布局。继续组织开展星级绿色港口评价。持续提升港口基础设施、装备和运输组织绿色环保水平，组织实施岸电新三年建设计划，建设岸电推广示范区（点）。鼓励港口企业对装卸工艺进行清洁化改造。继续推动5座长江洗舱站、原油成品油装船码头油气回收装置有效运行。推进污染物接收转运处置全过程电子化监管。新建船舶防污设施达标配备率达到100%。

强化提升航运治理能力。完善财务支出、赔（补）偿费征收管理等管理制度，建立全省港航工程跟踪审计常态化管理机制。开展干线航道建设投融资研究。实施港航人才队伍强化工程。优化宣传机制，围绕大运河文化带建设，港产城、江海河融合等主题，讲好港航故事；建立港航先进典型库，弘扬港航精神。加强文明创建，举办港航"道德大讲堂"、走进船民志愿者服务等活动，加强文明窗口、文明站点建设，推动创建港航服务品牌。

（江苏省交通运输厅）

报告3

浙江省水运发展综述

2021年,面对"两个一百年"历史交汇的新形势、新要求,浙江港航坚决扛起"重要窗口""共同富裕示范区"新使命,全力助推高水平交通强省建设,实现港航"十四五"良好开局。

一、交通运输经济运行情况

全省完成交通固定资产投资2109亿元,同比增长3.5%。水运建设完成投资201亿元,增长0.3%。客运方面,公路完成客运量24246万人次、旅客周转量176.87亿人公里,分别下降37.6%和13.7%;水路完成客运量3846万人次、旅客周转量4.94亿人公里,分别增长14.5%和9.1%,均稳居全国第一;机场完成旅客吞吐量5183万人次,增长3.7%。货运方面,公路完成货运量21.67亿吨、货物周转量2636.97亿吨公里,分别增长12.7%和19.3%;水路完成货运量10.92亿吨、货物周转量10029.51亿吨公里,分别增长2.8%和1.5%。沿海港口完成货物吞吐量14.9亿吨,增长5.4%;外贸货物吞吐量59170万吨,增长5.2%;集装箱吞吐量3489万TEU,增长8.4%。

二、水运发展基本情况

强港建设扎实推进。宁波舟山港吞吐量实现"双突破",货物吞吐量12.24亿吨、稳居世界第一,集装箱3107.9万TEU,成为继上海、新加坡之后全球第3个3000万级集装箱大港,首次跻身国际航运中心指数10强。全力保障粮、煤、油、矿等重要战略物资运输的畅通稳定,完成进港量相当于全省粮食总产量的2倍、煤炭消费总量的1.4倍、石油及制品和天然气的3.3倍、钢材总产量的3.7倍。宁波舟山港一体化改革持续深化,特色航运服务业成效突出,累计引进各类海事服务企业417家,集聚链主型企业42家,实现海事服务总产出400亿元,增长15%;完成保税船用燃料油供应量550万吨,增长16.5%,跃升全球第六大加油港;外轮供应货值超200亿元,增长30%;外轮维修产值增长13.2%,船舶交易额增长16%。

港航数字化改革有力推进。系统构建"1+5+X"总体架构,子驾驶舱五大业务板块全部点亮,"浙闸通"等3项应用入选全省"S1一本账"。出台全国首个内河智慧航道建设导则;"港口危货安全智控在线"入选省数字政府"最佳应用","江海联运在线"荣获全国自贸区"最佳实践案例",船舶水污染物监管联单电子化获评交通基层和社会

"最佳实践"称号。

运输结构持续优化。全力推动港航领域碳达峰，全省水路货运量、周转量分别增长2.8%、1.5%，保持全国第2、第3，在综合运输中占比分别为33%、78%。完成江海、海河联运量3.5亿吨、4210万吨，分别增长7.9%、12%。集装箱海河、海铁联运量均超120万TEU，分别增长13.2%、19.8%，海铁联运量居全国第二。淘汰老旧、小型危险品运输船舶37艘；湖州64TEU纯电动集装箱船基本建成；全省海运运力达2676万载重吨，居全国第一，海洋、内河货船平均吨位分别超1万载重吨、590载重吨，分别增长11.4%、6.2%。创建美丽航道100公里，累计完成1650公里；长兴旅游航道开工建设，建成嘉兴"九水连心"旅游航道17公里。

水运投资持续领跑。全年完成投资201亿元，连续六年居全国首位。印发水运专班等"1+3"方案，建立省市县三级联动机制。出台内河高等级航道建设技术指引，编制内河航道、沿海港口项目前期工作指引。沿海建设方面，建成梅山9#等万吨级以上泊位6个、虾峙门航道口外扩建沿海航道20公里，金塘大浦口、乐清湾C区一期等加快推，中奥码头、大小门岛等港口项目开工。内河建设方面，建成瓯江高等级航道75公里、嘉兴西港作业区等内河500吨级以上泊位45个，京杭运河二通道、浙北集装箱主通道等加快推进，新坝二线船闸、下沙作业区等项目开工。

污染防治成效显著。率先出台《关于建立健全船舶和港口污染防治长效机制的实施意见》，落实问题发现、清单管理、督查督办、调度评估、验收销号、责任落实等六大制度。全面完成100总吨以下运输船舶生活污水收集处置装置改造；内河到港船舶"船E行"注册率达98.5%，主要港口船舶污染物转运率、处置率均达90%以上。开展清港巡河行动，累计建成各类储存池（罐）6166个，配备流动接收船153艘，落实船舶水污染物转移处置联合监管机制，849家内河港口经营人注册率达100%。制定港口岸电奖补办法，建成港口岸电设施159套、船舶受电设施改造109艘，沿海五类专业化泊位岸电覆盖率达80%，岸电使用量达634.5万度。

港航安全总体平稳。港航安全总体稳定有序，全省地方海事辖区发生安全亡人事故7起、死亡7人。检查港口企业1.4万家次，督办港口危货重大事故隐患19个、停业整顿企业12家。全省276家港口危货企业全部建立动火等特殊作业视频监控或双监火员制度，54家涉及重大危险源企业全部完成重点区域视频监控；老旧危货码头、甲类介质储罐和老旧储罐检测率100%，港口危货装车企业"浙运安全码"注册率100%、整体查验率超95%。全面排查全省554家沿海货物运输企业，淘汰小散航运企业19家。开展船舶安全检查8550次，现场监督检查2.4万艘次，整改缺陷9175项。完成1091座跨航桥梁隐患排查评估。开展水路承载体风险普查，沿海万吨级泊位、内河千吨级泊位、三级及以上内河航道船闸枢纽完成率均达100%。鼓励社会力量参与水上应急救助，地方海事辖区救助成功率达98.8%。累计完成国际船舶引航1.6万艘次，船员换班超7.9万人、处置涉疫外轮79起、按国际公约成功救助阳性船员265名，动态管控中高风险地区始发的内河船舶1954艘，实现船岸界面疫情零输入。

行业治理能力不断提升。深化"放管服"改革,印发港航事项"八统一"办事指南3.0版,累计取消下放66项港航办事事项,完成政务2.0平台改造并上线运行,实现"掌办率""网办率"两个100%;实现主要进口电商货物港航单证网上办理,平均办理时限由2天缩短至4小时以内。推进法治建设,修订出台省水上交通安全管理条例,出台航道养护管理规定等5个规范性文件,制定水路、港口2个专项信用细则;完成港航行政审批办件量10.5万件,处罚案件达1.35万件,掌上执法率95%以上。制定6个船舶检验指导性文件,签署长三角船检通检互认合作协议,开展通检互认舟山试点,全年共完成船舶检验18972艘次、1348万总吨,分别下降3.2%、增长10.2%。新改建陆岛、渡埠渡船项目48个,完成25个水上服务区、客运站智慧化提升工作,打造21个船员驿站。

三、2022年发展思路

加快世界一流强港建设。推进宁波舟山港"1+4+7+10"总规研究体系和"1+4"总规环评体系工作,推进六横、衢山、大榭等港区规划调整;印发实施全省内河航道和港口布局规划,完成杭嘉湖内河港口总规批复。加快鼠浪湖、马迹山和梅山等港区规划调整和规划环评报批,加快推进大宗商品储运基地先行工程建设,力争鼠浪湖储运基地、马迹山储运基地、梅山铜精矿基地等主体工程开工建设。深化宁波舟山港一体化改革。

狠抓水运投资和重大项目建设。力争完成投资210亿元。重点服务大宗商品储运基地项目建设。加快推进浙北集装箱运输主通道、湖嘉申线二期、新坝二线船闸、温州乐清湾C区一期、金塘大浦口集装箱码头等项目15个;确保建成京杭运河二通道(亚运保障项目)、上浦船闸及航道工程、梅山10#泊位等项目12个。推进钱塘江"四改三"、宁波舟山港铁矿石储运基地项目、头门港区进港航道一期等开工项目10个,确保新开工项目投资增长115%。

扎实推进港航数字化改革。制定港航数字化改革专项方案,进一步完善"1+5+X"体系框架,迭代完善数字港航子驾驶舱设计。加强港航数据采集,推进数据治理先行试点。持续推进"2+1"智慧化码头示范建设,力争梅山港区3个集装箱泊位、金塘大浦口集装箱码头单个泊位实现自动化作业,鼠浪湖散货码头实现全程智能化;推进全国智慧航道建设试点,完成电子航道图升级改造。重点谋划"一流强港"重大应用场景,其中"宁波舟山港一体化智控在线"先行上线运行;迭代深化"浙闸通",推广航运智控、江海联运、港口危货安全智控等应用场景。

全力服务高质量发展建设共同富裕示范区。制定示范省创建方案,开展海河联运、交旅融合、智慧航运、绿色安全等示范成果研究,梳理固化旅游航道、水上服务区等一批经验成果。完善码头功能布局,建设智慧、安全、绿色陆岛交通码头,开展星级码头创建标准体系研究,重点创建泗礁岛车客渡码头等一批高品质码头。推行"渡运公司化管理、公交化运营"模式,探索渡口渡船渡工长效管理协调机制,推进优化渡口渡埠与陆上公交站点布局,强化公交和渡口"无缝衔接"。实施建管养运全链条生态化,建成美丽航道100公里、旅游航道30公里，制定旅游专用航道建设导则。以运河文化带、诗路文化带建设为抓手，打造内河诗路秀水精品客运旅游航线。推进内河水上服务区提质扩面，实现船舶供水、船员休息、生活服务等设施全覆盖。

落实交通领域碳达峰要求。 制定实施专项行动方案，研究出台老旧船舶淘汰、"公转水"等支持政策。开工鱼腥脑航道等一批海河联运项目。新增1条以上内贸航线、3条以上内河航线，建造8艘以上江海直达船。开展保税配送班轮运输试点，建立健全铁矿石全程物流体系，推动内河集装箱运输班轮化营运。拓展海铁联运，铁路班列达23条以上，辐射17个省份63个以上城市。支持"海丝指数"产品和运营体系建设，引导航运企业国际化经营，宁波远洋力争进入全球前30强。保税船用燃料油供应达600万吨，船舶交易额突破70亿元。

从严从实抓好港航安全。 强化重点环节人员防护、界面防控，紧盯重点时段，突出抓好对水上客运站、农村渡运等重点场所防控。部署"船图不符""船证不符"专项整治行动，力争实现100%的问题渔运船、50%以上的问题捕捞渔船整治清零。开展沿海靠泊能力摸排整治，100%消除"超能力靠泊"违法行为；开展水上客渡运、港口危险储罐、危货运输等风险排查，实施分级分类管控和销号式闭环管理。加强航运企业和营运船舶经营资质动态监管。全面开展船舶碰撞桥梁隐患整治。修订完善水路交通应急预案，加强应急抢险队伍建设和基层应急装备配备，重点旅游库区具备人员60米深水搜救能力，内河航区搜救成功率保持98%以上。

打好船舶港口污染防治持久战。 配合出台港口码头污染防治技术标准，依法依规整治码头"关而不停"现象。落实船舶污染物防治主体责任，制定实施内河船舶水污染物异常排放判定指南，严肃查处污染物偷排等违法违规行为。强化"船E行"系统应用，进一步推广污染物智能接收设备，推行港口企业船舶污染物接收"确认操作"，实现全过程电子联单闭环管理。开展港口扬尘数字化治理试点，实现内河港口全覆盖。持续开展"清港巡河"行动。完成60套港口岸电建设。

深化行业服务和法治建设。 全面推广港航政务服务2.0事项应用。推行港航证书电子化，实现高频电子证照跨省亮证、一网通办。实施年度港航执法监督检查，港航基层站所执法规范化建设完成率100%，非现场执法案件比例达50%、掌上执法率达95%以上。持续抓好信用建设方案和专项细则实施。扎实做好长三角营运船舶通检互认舟山试点和杭州、舟山小型船舶检验及其监督管理优化试点。内河七市全面建立运行船员质量管理体系，继续推进船员考试标准化，加快推行实操模拟器加实船考试，开展违法记分"船员学习通"线上法规培训考试试点。

（浙江省港航管理中心）

报告4

安徽省水运发展综述

2021年,安徽省水运系统着力推动行业健康稳定发展,各项工作取得积极成效,实现"十四五"精彩开局,助力交通强省建设迈出坚实步伐,在现代化美好安徽建设的画卷中谱写了安徽水运崭新篇章。

一、交通运输经济运行情况

投资完成情况。全省完成交通固定资产投资945.2亿元,同比增长13.2%。水运建设完成投资93.5亿元,增长16.0%;其中,引江济淮航运工程完成投资63.1亿元,下降17.7%;港航集团水运重点工程完成投资18.9亿元。

客运情况。全年完成营业性客运量2.8亿人,下降15.0%;其中完成铁路客运量10996.0万人次、旅客周转量603.5亿人公里,分别增长16.3%和14.5%;公路客运量1.6亿人次,旅客周转量147.8亿人公里,分别减少28.5%和12.1%;完成水路客运量161万人次、旅客周转量2130万人公里,分别增长45.7%和40.2%;全省运输机场完成旅客吞吐量1100.1万人次,增长6.5%。

货运情况。全省完成营业性货运量40.1亿吨,增长7.2%;其中完成铁路货运量7616.7万吨、货物周转量782.5亿吨公里,增长0.9%和11.6%;公路货运量25.9亿吨、货物周转量3727.9亿吨公里,分别下降6.4%和9.3%;水路货运量13.5亿吨、货物周转量6513亿吨公里,分别增长9.2%和6.9%;全省运输机场完成货邮吞吐量10万吨,增长7.7%。

二、水运发展基本情况

船闸通过量和港口吞吐量。全年船闸累计完成过闸量2.9亿吨,增长29.1%。其中,合裕线、淮河、沙颍河、沱浍河、水阳江各航道过闸量分别为16587万吨、5498万吨、4440万吨、877万吨、1732万吨。过闸货物中,煤炭、砂石、粮食占比分别为15.8%、5.4%、5.3%。全年港口完成货物吞吐量58326万吨,增长7.8%,完成集装箱吞吐量204万TEU,增长5.0%。

重大项目建设扎实推进。引江济淮航运工程81个项目均已开工,8大枢纽已全部开工,河渠已全部开工。郎溪县定埠综合码头二期工程、淮北港孙疃作业区综合码头工程、沱浍河航道(蚌埠段)整治工程开工。续建项目安庆港长风港区一期改造工程已完成年度计划总投资102.8%;新汴河航道(宿县—徐岗段)整治工程完成年度计划投资

115.6%，疏浚工程已完成交工验收；合裕线裕溪一线船闸扩容改造工程、临淮岗复线船闸工程全面完成年度计划投资目标。安庆港中心港区长风作业区二期工程完成项目核准、初步设计批复，沱浍河航道青阜铁路桥改建工程、涡河青阜铁路桥改建工程、涡河涡阳复线船闸等前期工作有序推进。

水路运输发展质量不断提升。合肥至上海外贸定制直达航线、芜湖至日本快运航线、定埠至上海港航巴士相继开通，芜湖港—上海洋山港实现一体化运行，上港集团—安徽港航芜湖集装箱联合服务中心揭牌运营。评选了2个国家级多式联运示范工程和20个省级多式联运示范项目，开展第二批10个省级多式联运示范项目创建，开通联运线路32条，完成集装箱多式联运量15.8万TEU。大宗货物运输"公转水"效果显著，水路货运量占比33.7%、提高1.2个百分点。集装箱航线布局持续优化，蚌埠港、郑蒲港拓展太仓外贸集装箱"陆改水"业务，新开通合肥—上海直达航线、芜湖—日本快运航线、蚌埠—上海等3条集装箱航线。省港航集团与上港集团、上海海关、合肥海关共同推动"联动接卸"监管作业模式在芜湖港落地，推广"船边直提""抵港直装"等通关新模式。

规范水运市场监管服务。开展"双随机一公开"监督检查，抽查16个地市水路运输企业，加强行业乱象整治。制订《安徽省水路运输市场信用评价实施细则（试行）》。严格执行液货危险品市场宏观调控政策要求，推动长江水系液货危险品运输企业兼并重组，淘汰老旧危险品船舶，注销危险品企业1家，注销危险品船舶38艘，申领、换发危险品船舶营运证40艘，申请新建符合标准的危险品船舶5艘。

不断夯实安全稳定基础。深入开展安全整治"集中攻坚年"行动，内河船舶涉海运输、船舶碰撞桥梁、商渔船防碰撞等整治行动成效明显，水路承灾体普查启动实施，"平安工地"建设不断深化。完善固化重点时段保安全工作机制，保障重点时段安全形势稳定。常态化疫情防控扎实开展，坚持"人、物、环境"同防，从严做好水运口岸等重点部位防控和进口冷链食品运输环节疫情防控，全力做好突发疫情应急处置工作。

积极推进绿色智慧航运。中央、省生态环保督察及"回头看"反馈问题、生态环境警示片披露问题基本完成整改。100总吨以下船舶生活污水防污改造提前半年完成。船舶受电设施改造1984艘，岸电累计使用120万度，增长140%。安庆化学品洗舱站有效运行，芜湖船舶LNG加注站码头建成运营。加强船舶污染物全过程闭环管理，"船—港—城"一体化污染防治联动机制运行良好。智慧航运稳步推进，芜湖港智慧港口等项目加快实施，"引江济淮智慧航道工程"纳入交通运输部新基建重点工程，芜湖港成为全国进口电商货物港航"畅行工程"唯一入选内河试点港口。

持续提升行业治理水平。推进法治政府部门建设，开展执法领域突出问题专项整治行动，全面实施综合执法人员能力素质提升三年行动。省市县三级综合执法队伍全部组建，政事分开、综合执法的行业新体制基本建立。水运领域财权事权改革取得新突破，试点推进涡河航道沿线一体化综合开发。深入推进企业减税降费，全年减免车船通行费24.83亿元。

三、2022年发展思路

科学谋划基础设施建设。 建成引江济淮航运工程、合肥派河国际综合物流园港区一期工程等4个项目,开工建设安庆港长风作业区二期工程等2个项目。坚持要素跟着项目走,主动加强对接、创新思路,全力保证项目资金、用地、生态红线等要素需求。积极争取中央补助资金和地方财政支持,支持省属企业创新融资方式,加快涡河航道一体化综合开发试点探索和推广运用。加强"以奖代补"政策调整的研究衔接,最大限度争取和用活财政资金和财政政策。

加快运输结构优化升级。 优化完善"一核两翼"集装箱运输体系,加强芜湖港"长江空箱调拨中心"建设,进一步加密芜湖—上海洋山/宜东既有"一核"航线,开通芜湖—上海外高桥点到点航线。支持"港航巴士"开通芜湖—洋山"点到点"航线,加强港航协同,争取合肥、蚌埠至上海外高桥直达航线常态化开行。谋划开通周口(漯河)—蚌埠、淮滨—蚌埠、蚌埠—上海省内外航线,加快开通郑蒲港—福州集装箱内贸直达航线。大力推进集装箱水铁联运,以芜湖朱家桥与郑蒲港铁路专用线为依托,积极发展集装箱水铁联运业务。积极引导和鼓励传统航运企业加快向多式联运经营人转型发展。推广集装箱单证无纸化、"联动接卸""直装直提"等便利化措施,提高通行中转效率。

服务重大战略实施。 常态化对标沪苏浙创新举措和改革措施。加快推动基础设施硬联通,持续推动制度规则软联通。全面落实推进交通强省建设和交通强国试点任务,完善建设实施机制,制定评价指标体系,推动市县加快出台实施方案。

加强运输市场管理。 引导运输组织方式优化,严格执行液货危险品运输船舶运力调控政策,鼓励企业逐步淘汰600总吨以下单壳油船。促进企业规模化、集约化经营。完善部省水运政务数据共享建设。开展水路运输市场信用评价工作,进一步规范全省水运企业市场经营行为。持续推进1200总吨以上船舶岸电系统受电设施改造,同步推进码头岸电设施标准接插件改造。

(安徽省交通运输厅)

报告5

江西省水运发展综述

2021年,江西省港航系统紧紧围绕建设交通强省,全力以赴抓重点、补短板、强弱项、防风险,赣江、信江高等级航道网基本建成并运行,运输服务水平显著提升,行业治理能力明显提高,水运发展取得重大突破,"十四五"实现良好开局。

一、交通强省建设全面启动

交通强省建设试点工作全面启动,确定了一批试点任务及实施单位。交通强省发展基金等一批重大政策及项目取得实质性进展。省政府印发《关于深化高速公路、水运项目投融资改革的若干意见》。加快构建综合交通规划体系,《江西省"十四五"综合交通运输体系发展规划》《江西省公路水路交通运输"十四五"发展规划》及10个专项规划发布实施。争取101个项目列入国家"十四五"规划项目库。

二、水运发展基本情况

开启水路交通运输发展新篇章。编制完成《江西省内河航道与港口布局规划(2021—2050年)》《江西省内河航运发展规划(2021—2035年)》等规划。《吉安港总体规划(修订)》获批,《南昌港总体规划》通过规划环评,《新余港总体规划》通过审查,全省各港口总体规划编制(修订)工作基本完成。完成赣粤运河水资源专题、生态专题、勘测调查专题和京九铁路改建专题初稿。《江西省水路交通条例》通过省人大常委会审议。编制完成《江西省航道养护管理办法》《江西省航道养护管理考核办法》《江西省航道养护标准和定额》《江西省高等级航道船闸运行管理办法》。印发《江西省航道管养用房建设标准指南》《江西省内河航道工作用艇船型标准化建设指南》《江西省内河航标技术标准化指南》。

重大水运基础设施项目加速推进。全年水运投资完成101.27亿元(不含疏港公路)。赣江井冈山航电枢纽项目全面建成;万安二线船闸等项目稳步推进。信江枢纽改建工程、八字嘴航电枢纽东大河工程、双港航运枢纽工程交工验收,信江具备三级通航条件。九江港彭泽港区红光作业区综合枢纽物流园一期主体工程基本完工。全省智慧航道运行管理系统建成试运行,信江智慧航道工程等4个项目列入交通运输部"十四五"新基建重点工程。信江界牌、虎山嘴、双港三座船闸智慧建设试点项目基本完成,完成信江全流域231公里高等级航道电子航道图初测;完成赣江湖口—市汊、峡江枢纽至石虎塘枢纽281公里高等级航道电子航道图测绘，鄱阳湖、赣江航道249座遥测遥控航标建成运行，航道水位及涉航建筑净高实时测报系统完成开发。

服务保障水平持续提升。 加强航道管养工作，赣江中下游、鄱阳湖区主航道通航保证率达95%。完成赣江磨盘滩等18个疏浚项目，赣江航道基本达到三级航道标准，南昌至吉安至赣州千吨级航线正式开通。8艘标准化航道工作船艇交付使用。完成赣江全线航标配布图制作和下游航标大型化改造，实现赣江航道水情信息每日一报。全省船闸全年过闸1350次、过闸船舶1779艘、过闸船舶总吨位170万吨、货物通过量98.75万吨。全省水路运输经营业户达到220家、运输船舶2223艘、船舶总运力423.27万载重吨、船舶平均载重吨1904吨。稳定开行九江至上海"天天班"，武汉至岳阳至九江加密航线，开通九江至南京、太仓、宜昌、泸州等始发直航。赣州港"一带一路"多式联运示范工程成功创建国家多式联运示范工程。全省港口共完成吞吐量2.29亿吨，集装箱78万TEU，分别增长22.1%、3.7%；完成客运量159.2万人，旅客周转量2407万人公里，分别增长40.6%、36.2%；完成货运量1.28亿吨，周转量354亿吨公里，分别增长20.1%、33%。集装箱铁水联运量4.0万TEU，增长40.7%。

行业治理能力稳步增强。 全年完成10项新增客船、危险品船运力审批、74项省际危险品船舶营业运输证转报、17项无船承运业务备案。出具50项通航技术审查意见、15项港口安全审核意见、15项港口岸线技术咨询意见，获批港口岸线4335米。制定《江西省水路散装危险化学品运输公司视频监控系统平台建设和运行要求》，全省18家危化品企业及所属船舶安装了视频监控系统。对11家内河涉海运输企业40艘船舶实施了行政处罚。对于列入整治清单的141座非法码头，101座取缔类码头全部拆除、复绿，40座规范提升类码头全部整改提升到位。省地合力推动《加快水运改革发展的实施意见（2020—2021）》全面落地，九江、吉安、宜春、南昌四地出台扶持运力发展政策。

开创水路交通安全工作新局面。 扎实推进安全生产专项整治三年行动集中攻坚，发现并整改安全隐患229个，完成全省765座桥梁桥区水域航道安全风险隐患排查及治理，全年未发生责任事故和伤亡事故，行业安全生产形势保持总体稳定。开展水路承载体普查工作，航运枢纽及通航建筑物等数据采集完成率达100%。印发《江西省水路交通突发事件应急预案》。组织开展"赣江应急—2021"综合应急演练。高效处置18起水上突发事件。全省水运领域实现"零感染、零扩散、零传播"。

构建水路运输绿色发展新气象。 开展全省航道污染源摸排工作，建立污染源清单和工作台账。推动全省21个船舶污染物接收站和99家港口企业所属码头全面加强污染物接收。淘汰老旧运输船舶92艘，改造产生生活污水的运输船舶1904艘，全面完成400总吨以下运输船舶生活污水储存装置改造任务。全年共接收船舶垃圾374.8吨、生活污水30894立方米、油污水757.5立方米，转运率、处置率均达80%以上。推进岸电设施改造，391艘运输船舶完成受电设施改造安装。全年岸电使用27181艘次、32万小时、30.5万度，分别增长113%、167%、134%。建成九江港湖口LNG加注站。推动九江港湖口化学品洗舱站正常运营。

三、2022年发展思路

坚持做强做优，全力推动交通强省建设。加快形成"两横一纵四支"内河高等级航道网络。赣江万安枢纽二线船闸工程6月底前完成主体工程。信江八字嘴航电枢纽西大河、九宏综合码头等项目12月底前全面建成。力争开工建设昌江航道提升工程、赣江赣县五云—万安库尾三级航道整治工程、赣江龙头山枢纽二线船闸、赣江新干枢纽—南昌二级航道整治工程等高等级航道项目。九江港彭泽港区红光作业区综合枢纽物流园一期工程12月底前建成。加大交通强国建设试点任务推进力度，积极制定各领域内示范成果推广清单。深化江西省牵头的赣粤运河四个专题的研究成果，配合浙江省做好浙赣运河研究工作。

坚持为民利民，着力提高服务供给质量。全面完成赣江、信江三级航道达标建设。全面保障赣江常态化三级通航，全面实现信江常态化三级通航。建立健全赣江信江船闸统一调度和水情信息发布机制，优化流域各枢纽水位运行调度方案。加快推动丰城花岗岭水上服务区等配套设施建设。开工建设都昌航道支持保障基地工作码头。大力发展九江与上海、九江与长江沿线、九江与省内各港之间的水运航班，推进符合港口总体规划的砂石码头、堆砂场、卸砂点的提升改造工作，开展五河干流及鄱阳湖岸线利用项目问题摸底排查和清理整治工作。

坚持创新创效，不断增强行业治理能力。谋划建设"智慧航道示范工程""智慧船闸"等一批信息化新建项目，推进赣江（赣州—石虎塘枢纽、市汊—峡江枢纽）325公里电子航道图制作，推进赣江智慧船闸建设，开展信江智慧船闸运行管理系统和航道运行管理平台试运行工作。继续引导鼓励企业提前淘汰拆解高污染高耗能老旧客货运输船舶，引导非标船舶逐步退出航运市场。强化船舶污染物联合监管和服务信息系统应用。推进九江湖口化学品洗舱站和九江港湖口LNG水上加注站常态化运营。完成全省267艘运输船舶受电设施改造任务，推动出台岸电使用政策。进一步深化综合行政执法改革，加强行业行政执法队伍能力建设。

坚持稳扎稳打，坚决保障行业安全稳定。不断提升基础设施安全防护水平和应急救援能力，强化重大基础设施安全风险评估和分级分类管控，持续做好鱼山、凰岗枢纽安全运行管理工作。继续完善行业安全生产责任体系、安全生产防控体系，持续动态更新安全生产重大风险清单，织牢织密风险防范化解责任网络。严格危险品运输市场准入管理，强化危险品企业和危险品船舶安全条件审查。突出抓好安全生产专项整治三年行动，持续开展危险货物港口作业安全治理行动、全省船舶碰撞桥梁隐患治理、内河船舶涉海运输等专项整治行动。修订完善水上搜救训练大纲，组织开展水上搜救训练。持续推进自然灾害综合风险水路承灾体普查工作。持续抓好常态化疫情防控。

（江西省高等级航道事务中心）

报告6

山东省水运发展综述

2021年，山东省水路运输系统创新体制机制，加快基础设施建设，着力提升服务能力和保障水平，水运行业有序、健康和高质量发展，世界一流港口建设步伐显著加快，"十四五"各项工作顺利推进。

一、交通运输经济运行情况

全年交通运输行业完成投资2655亿元，其中港航完成331.5亿元。客运方面，全省公路客运量完成15139万人次、同比降低22.3%，旅客周转量1778325万人公里、增长11.6%；完成水路客运量1047万人次、增长27.0%，旅客周转量38521万人公里、降低2.6%。货运方面，公路货运量291196万吨、货物周转量7518亿吨公里，分别增长9.0%和10.8%；水路货运量19329万吨、货物周转量2802亿吨公里，分别增长6.2%和40.8%。全省沿海港口货物吞吐量17.82亿吨，集装箱吞吐量3447万TEU，分别增长5.5%、8.0%，外贸货物吞吐量9.95亿吨、增长6.7%。

二、水运发展基本情况

推进行业治理体系建设。印发《关于加快推进世界一流海洋港口建设的实施意见》《关于做好内河水运项目省级资金计量支付有关工作的通知》。全年完成省级设计审批6件，受理跨航道项目航评报告17份，完成危险货物建设项目安全条件审查、港口设施保安证书核发许可11件，完成国内省际客运和危险货物水路运输许可转报、无船承运备案等事项700余件。组织开展2021年国内水路运输及其辅助业和国际船舶运输业核查，核查各类企业522家，船舶10017艘。开展省级核查抽查和水路运输"双随机一公开"检查，抽查企业37家，发现问题130项。

全力推进重点项目建设。沿海港口项目顺利推进，青岛港董家口港区5万吨级液体化工码头、日照港岚山港区15万吨级通用泊位、日照钢铁精品基地配套4万吨级成品码头等项目完成竣工验收，新增港口通过能力4000万吨。长输管道等港口集疏运体系不断完善，日照港—京博输油管道工程、岚山—莒县输油管道工程、烟淄管道扩能改造工程等重点项目加快推进。港产城融合等港口配套项目建设持续推进面，青岛港产城融合项目、日照港产城融合项目等集中开工。京杭运河升级扩能快速推进，主航道升级改造工程（济宁段）、湖西航道整治工程和新万福河复航工程等项目航道开挖主体工程已完工，济宁港梁山港区一期工程完工投产，梁山港正式通航，联通瓦日铁路和京杭运河，实现公铁水多式联运。小清河复航工程航道开挖和管线迁改基本完成，加快推进船闸建设和桥梁改建，沿线港口济南港主城港区和章丘港区已开工建设。

创新发展能力显著提升。烟台港"管道智脑系统"上线发布，在国内率先实现原油储运全息智能排产。自主研发的全球首台自动化门机在渤海湾港投入干散货作业，自动化门机突破4项核心关键技术；全球首创智能空中轨道集疏运系统（示范段）竣工，实现港区交通由单一平面向立体互联的突破升级。烟台港首次应用远控挖掘机船舱内作业，在卸船机自动化作业项目远控清舱机械研发实现新突破。全球首个顺岸布局的开放式全自动化码头在日照港启用，码头率先采用"北斗+5G"技术，推出自主研发和集成创新的无人集卡调度系统等6项国产化、业界首创的科技成果。

物流枢纽港作用不断提升。省港口集团完成货物吞吐量15.1亿吨、增长6.1%，集装箱3408万TEU、增长8.3%。累计已开通海铁联运班列线路76条，完成海铁联运箱量256万TEU，增长22.1%。开通集装箱航线313条（新增35条），其中外贸航线221条（新增25条、新增和加班855班国际集装箱航班）。积极开展原油混兑、船供油等新兴业态，大力推进北方低硫船供油基地建设，山东省港口集团累计完成船供油贸易量25.3万吨，增加14.25万吨。发展大宗商品现货贸易市场，累计开展原油、矿石、粮食、焦炭等21个贸易货种。建立健全港口期货业务交割体系和现货业务交收体系，完成山东港口期货交割中心设立，上线细分现货、调期交易品种26个。发起设立山东港信期货有限公司。

安全管理水平显著提升。全面开展危险货物港口作业安全生产重点难点问题专项整治，累计检查港口危险货物企业107家次，检查发现并整改各类问题隐患883项，停产停业整顿企业1家。加强水上客运安全管理，严把水路运输企业和船舶营业证件准入。开展中韩客货运输和省际客滚运输安全管理提升行动，动态管理实现隐患整改闭环。开展内河航道船舶碰撞桥梁隐患排查治理三年行动，完成隐患排查、清单建立、综合评估和桥梁标志完善等工作。印发《关于进一步加强渤海湾客滚运输安全生产工作的紧急通知》，严格执行车载货物申报和委托人承诺制度，严格滚装车辆上船检查，对渤海湾省际客滚运输实施"人货分离"临时安全管控措施。

三、2022年发展思路

加大基础设施投资力度。推进集装箱、液体散货、大宗干散货等大型深水泊位建设，重点建设青岛港前湾港区泛亚集装箱码头工程、烟台港西港区30万吨原油码头二期工程等项目，争取建成日照港岚山港区原油码头三期工程和青岛港董家口港区大唐码头二期工程。加快推进新开工项目建设，重点建设青岛港董家口港区胡家山作业区码头和防波堤项目，烟台港龙口港区南作业区码头、航道和LNG等项目。加快实施京杭运河扩能，继续推进京杭运河主航道升级改造工程、湖西航道整治工程、大清河航道工程等在建项目建设。加快推进小清河复航工程，统筹推进航道扩挖、船闸建设和桥梁改建等工程，加快建设济南港主城港区、章丘港区，滨州博兴湖滨作业区和淄博高青花沟作业区等项目。

推动内河水运高质量发展。研究制定山东省内河航运高质量发展行动方案，确定山东省内河水运十四五重点发展目标、建设养护重点任务和保障措施。研发经济高效的海河直达船型，加快推进特定航线审批及船舶技术标准立项修订，确保实现小清河"复航即通航"目标。提升内河航道养护管理和船闸运行管理水平，开展年度航道养护技术核查工作，完成船舶碰撞桥梁隐患排查治理行动，保证内河航道安全畅通。

加快推进港口转型升级。继续助推港口企业加快建设内陆无水港，加快建设以青岛港为中心的东北亚国际航运枢纽。推进智慧港口建设试点，继续推进集装箱自动化码头系统升级、传统码头智能化改造等重点项目建设。加快推进绿色港口发展，提升专业化泊位拥有岸电设备数量占比，推进航运公司加装船舶受电设施，推动渤海湾省际客滚航线岸电使用常态化。

提升市场监管和服务水平。落实减费降费政策，推动水路运输降本增效。建立健全市场监管体系，推进跨部门联合监管和"互联网+监管"，构建以信用为基础的新型监管机制。有序开展国内水路运输及其辅助业和国际船舶运输业核查、港口设施保安年度核验，"双随机一公开"检查等活动。规范港口企业经营和收费行为，推广青岛港全程物流"阳光价格清单"模式，优化口岸营商环境。

筑牢水运本质安全生产底线。推动港口安全生产形势持续稳定。深刻吸取"4.19""中华富强"轮火灾事故教训，在执行"人货分离"管控措施基础上，探索客滚运输安检查危新模式。细化完善港口安全生产专项整治三年行动方案。加强港口危险货物建设项目源头管控，严格液化烃、剧毒等高风险货种准入条件。开展客滚船码头安全管理专项提升、化工产业做强做优专项提升、中韩客货班轮专项整治、港口危险货物重点难点专项治理等专项整治行动。

（山东省交通运输厅）

报告7

河南省水运发展综述

2021年,河南省水路系统贯彻落实建设交通强省的部署要求,着力推进水运建设,服务重大战略实施,治理体系持续健全,基础设施提档提质,供给品质全面提升,安全发展步伐稳健,发展根基更加牢固,"十四五"水路各项工作迅速成势见效。

一、水运发展基本情况

水路客货运量实现双增长。全省完成货运量1.75亿吨、货运周转量1263.7亿吨公里,同比分别增长15.8%、14.8%;完成客运量202.64万人次、客运周转量4295.81万人公里,分别增长17.6%、25.7%。港口完成货物吞吐量4071万吨(其中规模以上港口2154万吨),增长130.7%。周口中心港区开辟了至淮安港、太仓港、连云港港、盐城港、上海港5条国内集装箱航线和至美国洛杉矶长滩港国际集装箱航线。

水运基础设施建设稳步推进。全省完成水运投资18.66亿元,实施沙颍河、淮河、唐河、黄河小浪底库区港航工程及淮滨公铁水一体化港、商水港、永城港大清沟作业区等9个项目。沙颍河漯河以下、淮河淮滨以下航道实现通江达海,具备常年通航500~1500吨级单船、万吨船舶拖队的能力。周口港、信阳港、漯河港、平顶山港等4个以货运为主和洛阳港、南阳港、许昌港等3个以客运为主港口建成泊位201个,设计吞吐能力达5486万吨。实施库区(水域)港航安全监管基础设施项目11个、农村渡口升级改造项目8个,水路服务群众出行能力进一步提高。

航道运行安全高效畅通。积极宣贯《航道法》《航道养护技术规范》《河南省内河航道养护管理办法》等法律法规和行业标准,开展航道养护及技术考核,持续提升全省航道养护管理水平。全省航道未发生通航事故,通航保障率达95%以上。持续强化航道资源保护,开展航道通航条件影响评价审核工作,出具相关审核意见20余项,全省无新增碍航建筑物。

绿色发展取得新成效。持续做好施工扬尘防治工作,开展大气污染防治督导检查,实施在线视频动态监控监测,确保施工扬尘防治各项措施落实到位。做好船舶生活污水收集或处理装置建设改造,落实2020年改造的1302艘省际运输船舶补助资金。全省新能源船舶达419艘。大力推动港口岸电设施建设,周口港中心港区47个泊位、信阳固河口港区10个泊位岸电设施全部建成。稳步推进船受电设施改造,完成2021—2025年船舶岸电受电设施改造摸底工作,申请长江水系货运船舶岸电设施改造项目省级专项资金1000万元。

行业管理迈上新台阶。开展水路运政业务培训，完成3件省际普货运输许可、110艘普货船舶新增运力备案。编制河南省水路运输市场信用管理实施方案。完成"省际普通货船运输许可""水路运输经营者新增普通货船运力备案"事项下放。向交通运输部推荐洛阳、济源黄河小浪底库区共2条水路旅游客运示范拟创线路。创新船舶检验新模式，采用视频远程检验方式检验船舶100余艘，到长江沿线检验9艘省际运输船舶。印发《关于进一步加强船载北斗终端设备检验的通知》，全省安装北斗接收设备405套。全省共审批图纸86套，完成船舶检验7015艘、835.5万总吨，其中建造检验382艘、27.5万总吨，营运检验6633艘、808万总吨。

二、2022年发展思路

全力抓好固定资产有效投资。全年计划完成投资16亿元，其中沙颍河、淮河、唐河、黄河小浪底库区等航运工程约7.5亿元，信阳港淮滨港区、周口港商水港区、商丘港永城港区等港口工程约8.5亿元。加快周口港扩容提质，完善信阳港淮滨港区功能，持续推进唐河省界至马店段航运工程，开工建设沙颍河周口至省界段四级升三级航道工程、淮河息县段航运工程。加快贾鲁河航道工程前期工作，推进黄河、大运河河南段适宜河段旅游通航和分段通航，推动健全以淮河、沙颍河为主轴的"一纵三横五干六支"骨干航道架构。

加快推动水路运输高标准发展。完善内河航运顶层设计，提升水路运输服务效率，增强航道通航保障能力，力争全省集装箱吞吐量突破3万TEU，港口吞吐量突破4500万吨。加强对以沙颍河为主的跨市航道通航统筹协调和监督指导，研究建立沙颍河沿线周口、漯河、许昌、平顶山4市、8闸、273公里航道常态化通航保障机制。加强水路旅游客运示范线路创建。扎实开展内陆型多式联运交通强国试点建设，深入推进周口港公铁水多式联运等多式联运示范工程创建，推广应用多式联运领域电子单证。

切实增强行业管理效能。抓牢工程建设、项目绩效和海事综合管理。加快项目实施，规范资金使用，加强在建航运项目督导，高标准完成灾后恢复重建，灾区水路整体通行能力、服务品质恢复并超过灾前水平。研究制定河南"12客位以下小型船舶"和"不与外界通航的封闭水域"适用的地方标准。修订《河南省浮桥管理办法》《河南省水路运输管理办法》。继续推进标准船型船舶的设计与建造，鼓励发展电瓶船，支持集装箱船和集散两用船的建造和发展。

奋力推动行业数字化转型升级。完善新基建体系，强化高新技术应用和科研创新，深化水路管理平台应用，提升行业"数治"能力。开展新基建项目攻关行动，启动实施沙颍河智慧航道、周口港智慧港口等一批交通新基建项目。加快综合交通大数据专项交通强国试点建设，基本建成水路管理平台、建设工程智慧管控平台等。推动水路运输市场"双随机一公开"监管和信用监管，深入推进政务服务标准化，促进电子证照共享应用。

坚决守牢安全发展底线。统筹常态化疫情防控和水路基础设施本质安全。持续推进安全生产专项整治三年行动和"坚守公路水运工程质量安全红线"专项行动,狠抓"两客一危"等重点领域监管,持续推进平安百年品质工程建设。深化安全风险隐患双重预防体系建设,持续健全应急管理体系,加强应急抢险设备配置,提升突发事件科学应对水平。常态化推进消防安全、扫黑除恶和反恐怖防范工作。持续抓好常态化疫情防控。

加快绿色低碳转型。推动出台推进多式联运发展优化调整运输结构行动方案,有序推进水运领域碳达峰碳中和工作。探索推动光伏、地热等新能源在库区码头的应用。不断强化污染防治措施,巩固提升扬尘防治成果,推进船舶港口污染防治工作,有序推进船舶受电设施改造。推动周口港、信阳港淮滨港区、漯河港疏港铁路建设,力争铁路和水路货运量同比增长10%以上。

系统推进行业改革发展。持续深化"放管服"改革,严格落实政务服务"好差评"制度,强化惠企举措,帮助企业纾困解难。深入推进法治政府部门建设。健全"省县直达"机制,建立科学高效的运行机制,重塑工作流程,全力保障行业发展高质量、高效率、可持续。

(河南省交通事业发展中心)

报告8

湖北省水运发展综述

2021年，湖北省水运发展各项指标稳中有进、进中向好，水运指标数据达到新高度、重点工程建设取得新进展、港口集约发展呈现新格局、多式联运发展开创新局面、平安绿色取得新成效。

一、交通运输经济运行情况

印发实施《湖北省交通强国建设试点方案》，启动《湖北省数字交通顶层设计》编制工作。扎实推进交通强国建设试点等部省规划落实，《湖北省综合交通运输发展"十四五"规划》和高速公路、普通公路、水运、运输服务等子规划相继发布实施，《湖北省综合立体交通网规划》等重大规划编制基本完成。全年完成交通固定资产投资1200.9亿元（含长江、汉江相关港航投资43.2亿元），完成货运量21.48亿吨、货物周转量6743.77亿吨公里，同比分别增长33.9%、27.3%；客运量34135.67万人次、旅客周转量744.75亿人公里，分别增长9.2%、13.4%。

二、水运发展基本情况

水运经济运行情况。全省完成水运建设投资107.50亿元（含长江航道、汉江水电枢纽投资），新增港口吞吐能力1200万吨，累计达4.15亿吨。全年水路运输完成客运量314.35万人次、旅客周转量1.88亿人公里，分别增长35.0%、86.3%；完成货运量47625.0万吨、货物周转量3446.39亿吨公里，分别增长17.0%、25.8%。全省港口吞吐量、集装箱吞吐量分别完成4.89亿吨、284.37万TEU，分别增长28.6%、24.2%。港口集装箱铁水联运量6.40万TEU，增长29%。

发展政策与规划。《湖北省内河航道发展规划》《湖北省港口布局规划》完成修编。《湖北省水运发展"十四五"规划》《湖北省推动多式联运高质量发展三年攻坚行动方案（2021—2023年）》《湖北省交通强国建设试点方案》《关于加快建设湖北绿色航运的行动方案》等发布实施。水路运输结构调整工作资金补助评价等4个办法印发，"规划+方案+办法"组合文件密集出台，引领全省水运行业高质量发展。

重点工程建设。交通强国示范项目加快建设，宜昌三峡库区港口岸电、江海直达示范船、纯电动游轮等3个项目建成运营，其他6个项目进展顺利。汉江雅口枢纽首台机组并网发电，孤山、碾盘山、新集枢纽加速推进，汉江河口段2000吨级航道全面完工，唐白河、富水、汉北河等重点航道开工建设，汉江2000吨级航道前期工作全面推进。荆州江陵煤炭储备基地一期工程基本建成，宜昌白洋港与紫云铁路对接成功，武汉80万吨乙烯10#泊位、安吉物流滚装码头二期等港口项目全面完工，襄阳小河港综合码头开港运营。

港口转型升级。成立省港口集团，整合港口资产近550亿元，实现港口吞吐能力、码头泊位数、港口岸线"三个倍增"。全国内河首个智慧港口—阳逻水铁联运二期实现无人驾驶、远程操控、自动化管理。开展进口货物"船边直提"、出口货物"抵港直装"流程再造，中部地区枢纽港基础更牢。

运输服务发展。多式联运示范工程加快建设，武汉阳逻港水铁联运二期建成营运，黄石新港多式联运示范工程获批命名，宜昌白洋、鄂州三江、武汉金控等示范工程建设进入攻坚阶段。运输网络不断优化，新开通"日本—武汉—蒙古""武汉—厦门—泰国""武汉—韩国—日本"水铁联运航线。新开辟"武汉—济宁""舟山港—武汉、黄石""北粮南运""南肥北送"以及"阳逻港—龙潭港"点到点航线、三峡地区钟摆航线。以阳逻港为依托的中欧（武汉）班列全年往返411列，同比增长91%。高端航运服务不断丰富，发布首个长江航运标准合同、首个国内大运河航运指数和铁矿石、煤炭综合运价指数。"云上多联"交易货物42.28万吨，同比增长14%，累计订单交易额222.37亿元。

行业治理能力。营商环境持续优化，推进下放省际普货和港口经营商品汽车滚装运输等审批事项。推行船检登记号限时审核制度。对20项涉企经营许可实施清单管理。开展港航基础条件普查。制定汉江航道养护管理等制度。推进汉江及江汉运河船闸统一调度。组织汉江航道应急抢通。完成植物油运输船改造检验。首次聘请第三方机构开展船检质量综合评价。实施船员身心健康关爱行动。举办首届"中国船员高质量发展"高端论坛。组织行业春训和港口航道、船员船检、网络安全等培训。开展农村水路客运油价补助资金审计。信息化建设扎实推进，建成汉江碾盘山至襄阳段143公里电子航道图，累计完成汉江电子航道图576公里。"船E行"在全省长江、汉江推广应用。"E船畅"在崔家营、雅口等船闸上线运行。宜昌在全省率先研发"E船检"和船舶交易小助手。

绿色水运发展。完成第一轮中央环保督察整改和第二轮中央环保督察迎检，第一轮中央环保督察"回头看"及专项督察11项反馈问题整改销号9项。汉江、清江非法码头整治基本完成。全省临时砂石集并中心有序退出，清退22个、关停10个。船舶港口污染防治巩固提升，港口船舶污染物接收转运设施全覆盖。全面完成100总吨以下船舶生活污水装置改造220艘。完成船舶受电设施改造235艘，港口岸电覆盖泊位数357个，累计使用岸电706万度，同比增长91%。宜昌、鄂州LNG加注站基本完工、具备运营条件。武汉、十堰2个溢油设备库全面建成。武汉、宜昌化学品洗舱站完成洗舱作业23艘次。长江中游首座水上绿色综合服务区——中长燃武汉新五里服务区正式启用。全球载电量最大纯电动游轮"长江三峡1号"建造完工，全国首艘快速双体集装箱船"交发天龙"下水营运，全国内河最先进、装载量最大的江海直达敞口集装箱船"汉海5号"成功首航。

平安水运建设。专项整治深入推进,强化"三无"船舶、河道非法采砂船舶、长期逃避海事监管船舶、港口危货"专家会诊"等10余项专项行动,注销逃避监管船舶664艘。完成全省船舶碰撞桥梁隐患清理,排查桥梁532座,上报199座重要桥梁隐患信息,对其中41座桥梁开展通航安全、抗撞性能综合评估。强力推进水路承灾体普查,783个千吨级泊位、1108公里千吨级及以上航道、4座通航建筑物和2座航运枢纽信息采集全面完成。应急搜救能力稳步提升,编制湖北省水上应急搜救基地布局规划。开展全省水上搜救业务培训,组织搜救行动27次,救助遇险船舶19艘、遇险人员56人。落实港口船舶疫情防控指南,坚持"人防+物防+技防",突出"冷链物流、水路客运"两个重点,织密织牢疫情防控网。2021年,全省水路交通未发生安全生产责任事故。

三、2022年发展思路

围绕稳投资、促增长,加快推进水运项目大干快上。加强部门沟通协调,破解用地预审、环评、洪评等要素制约难题,确保完成全年稳投资目标任务。对纳入部规划航道项目全力争取中央补助资金,对其他港航项目积极争取省预算内投资、地方政府专项债券、抗疫特别国债等支持。

围绕补短板、提等级,加快筑牢交通强国水运示范硬底盘。加快推进汉江提等升级,重点推进雅口枢纽全面完工、孤山枢纽船闸通航、新集枢纽船闸土建完工、碾盘山枢纽通航蓄水,开工建设汉江蔡甸至兴隆段2000吨级航道整治工程,加快推进兴隆枢纽2000吨级二线船闸前期工作,启动汉江丹江口至襄阳不衔接段航道整治、王甫洲枢纽1000吨级二线船闸前期工作。加快补齐水运短板,全面建成武汉阳逻铁水联运二期、荆州江陵铁水联运煤炭储备基地、黄石棋盘洲港区三期等重点港口工程,加快建设唐白河、富水、汉北河等航道,推进浠水、溇水航道整治,开工建设内荆河一期等航道工程,积极推动清江库区、汉江环郧阳岛生态旅游航道等项目前期工作。加快打造交通强国示范项目,加快建设汉江高效绿色示范航道、宜昌港三峡国际游轮中心、绿色航运综合服务区、内河智能船舶技术研究等项目,形成一批可复制可推广经验。

围绕调结构、促联运,加快建设"江海联运、水铁联运、水水直达、沿江捎带、港城一体"体系。按照"密班、拓线、扩网"思路,加快发展集装箱运输,发展汉江喂给航线,完善以武汉港为核心,宜昌港、荆州港、黄石港为重点,内联外畅、干支结合的集装箱运输网络;优化集装箱、煤炭、矿石、原油、液化天然气、商品汽车等专业运输系统布局;推进专业化、标准化船舶建设,研发适应汉江、江汉运河新船型,发展LNG船、纯电动船。支持武汉、宜昌、荆州等地申报新一批国家多式联运示范工程,推进省级多式联运示范工程建设工作,织密武汉、荆州、宜昌至中西部水铁联运网络,协调推进江北铁路建设,力争开通武汉至北部湾水铁联运新通道,支持"云上多联"信息平台推广应用。推进港口企业和航运企业融合发展、信息系统互联互通,构建以物流信息系统为基础,以运输、仓储为主要职能,服务职能不断完善的现代物流体系。

围绕重保护、强治理，加快打造绿色航运"五个一"示范工程。完成第一轮中央环保督察"回头看"及专项督察销号清零，开展第二轮中央环保督察反馈问题整改。深化船舶港口污染防治长效治理，完成全省772艘运输船舶受电设施改造，推进LNG等清洁能源应用，推动船舶污染物接收转运处置有效衔接，开展岸电设施、污染物接收设施运行和污染物交付情况常态化检查，建立船舶污染物电子联单闭环管理长效机制。开展绿色航运行动，在航道、港口、船舶、水上服务区、品牌航线等领域打造"五个一"绿色示范工程。支持研发建造适合武汉"两江四岸"、宜昌"两坝一峡"、丹江水库等特色旅游航道电动游轮，打造一批水路旅游客运精品航线。

围绕抓改革、促发展，加快推进行业治理模式重构升级。建立行业管理新模式，强化航道建设养护、船舶检验管理、智慧水运建设、行业服务保障，加强统筹协作，"一盘棋"做好本地横向协调、"一条线"做好行业纵向对接、"一条心"做好内部管理。探索港口管理新模式，持续推进港口资源整合后续工作，实现港口"化学融合"。适应省管县新模式，市级港航机构加强对县级机构承接能力、履职能力的指导培训，县级港航机构做实各项基础工作，确保改革落地见效。

围绕抓创新、增动力，加快打造高质量发展新引擎。健全专项业务综合考评与经费挂钩制度，完善统计数据质量评价制度，推进宜昌内河小型船舶检验管理制度创新试点，完善第三方专业检测咨询服务制度，开展新能源船、大型船舶新建质量抽查评估，实施船检质量综合考评。推进汉江航道应急抢通规范化，推广航道疏浚土综合利用试点经验，发挥船检实训基地作用，推进水运行业信用评价和结果应用，建立与长江沿线省市船员考试考官、评估员互派机制，推广船员模拟考试和身心健康关爱小程序。健全水路交通信息资源标准规范体系，开工建设汉江兴隆至蔡甸段233公里新型基础设施重点工程，加快省水路交通信息平台建设，推进智慧港口管理、安全环保监测、船舶船员远程培训考场等支撑平台建设。

围绕控风险、强基础，加快建设平安和谐水运。压实企业主体责任，强化风险辨识和风险管控机制建设，推进水路承灾体普查，强化与港航基础条件普查协同，健全风险分级管控制度，抓实重点水域重点时段水上交通安全和常态化疫情防控。推进安全生产专项整治三年行动收尾结账，完成"三无"船舶、生活交通船舶、危险品船、客渡船等专项整治，持续开展突出问题整治"回头看"，深入开展港口危货"专家会诊"，全面完成船舶碰撞桥梁隐患治理并建立长效机制，深化平安品质工程建设。改善渡口渡船安全设施和技术条件，推进全省水上交通安全监管和应急基地建设，完成汉江潜江段50吨级溢油设备库建设，推动宜昌、襄阳、荆门50吨级溢油设备库建设。

（湖北省交通运输厅港航管理局）

报告9

湖南省水运发展综述

2021年，湖南水运系统全面贯彻落实"四好"交通理念，全力推进水运高质量发展，坚持安全底线、把牢环保红线，保障了水上交通和安全环保形势的总体稳定，推动了水运经济稳定增长。

一、水运发展基本情况

水运规划建设。《湖南省"十四五"交通运输发展规划（公路、水路）》《湖南省"一江一湖四水"水运发展规划》批复实施。加快"十四五"水运基础设施建设规划落地，湘江永州至衡阳1000吨级航道三期、湘江长沙至城陵矶3000吨级航道、资水益阳至芦林潭2000吨级航道、沅水洪江至辰溪500吨级航道、澧资航道白沙至甘溪港1000吨级航道和松虎航道（湖南段）等项目前期工作全面启动。加快湘桂运河重点问题专项研究，4个项目取得阶段成果。全年完成水运建设投资42.1亿元，同比增长110.5%。其中航道工程19.4亿元，港口工程18.3亿元，水运绿色发展3.6亿元，其他项目0.8亿元。建成投运千吨级泊位18个，新开工高等级航道项目3个。岳阳市多式联运示范工程通过验收，铁水集运煤炭码头开工建设。

水路运输生产。年末现有营运机动船舶4334艘、减少1.4%，净载重量490.2万吨、增加12.7%；客位5.7万位，减少6.2%；集装箱箱位10087TEU，增加3.9%。机动船舶平均净载重量增加14.3%，运力结构进一步优化。全年完成水路客运量764万人次，增长9.5%；旅客周转量1.7亿人公里，增长6.2%。完成水路货运量2.13亿吨，增长7.2%；货物周转量449.6亿吨公里，增长13.8%。全省港口完成货物吞吐量2.46亿吨，增长12.4%，内、外贸吞吐量分别增长12.9%和下降10.7%；集装箱吞吐量82.8万TEU，增长23.1%；滚装汽车吞吐量20.86万辆，增长10.7%。铁水联运量增长164%。

水运绿色发展。推进中央环保督察反馈问题整改，出台《湖南省干散货码头环保隐患整治指南》，"一湖四水"非法码头渡口整治加快推进，全面完成391处非法码头、254处渡口关停复绿，按期完成湘江85处码头规范提升。推进船舶和港口污染防治，全年开展船舶防污染检查4.1万艘次，处置船舶污染物偷排漏排等问题77项，水污染物防治联单信息系统全省到港船舶注册率达到97%。完成全省18艘植物油运输船舶改建，长江危化品洗舱站建成投运，建成岳阳云溪LNG加注站。出台《湖南省港口码头及船舶岸电设施建设技术要求》，完成40套港口、50套锚地岸电设施建设和64套低压岸电接插件改造，推动岸电设施建设向"一湖四水"延伸。

水运安全发展。推进港航企业实施"一会三卡"制度，安全生产主体责任进一步压实；编制现场安全检查工作指南，举办船舶安检员、海事调查官等持证培训，监管责任进一步落实。全年开展6轮安全督查，发现和处置问题38项；开展2次"隐患清零"专项检查，发现和整改隐患129项；完成全省水上重大风险梳理；健全恶劣天气预警预报制度，7974名关键岗位人员纳入预警服务范围；运用卫星遥感排查整治长期停泊无人看管船舶42艘次。完成船载危险货物专项整治和水上无线电管理秩序整治，建立了船舶AIS和电台执照申请绿色通道；深入推进内河船舶涉海运输专项整治，组织船舶碰撞桥梁隐患治理，开展全省危险货物港口作业安全生产重点难点问题整治工作，全面开展自然灾害水路承灾体普查。全年发生一般等级水上交通事故2起、死亡2人，事故起数和死亡人数连续8年控制在个位。

行业服务和治理。航道管养规范化水平不断提高，干线航道通航保障率不低于99%，航标维护正常率达99.8%；研究制订《湖南省省管干线航道养护管理办法》，发布《湖南省高等级航道航标设置技术指南》，推进航道养护管理规范化、精细化。下放行政审批事项9项，支持自贸区审批9项；水上19项事项纳入轻微不罚、首违不罚清单；船检电子审图等政务服务改革措施全面推广。行业运行机制逐步完善，市州级水运机构、综合执法机构设置总体到位，完成省管航道航政执法下放承接，全省水运工作发布排名机制初步成型，基层水上执法工作落实情况大为改进；推动全国首批船检管理信用试点落地，船检办事流程进一步优化。民生实事全面落实，承诺的11项"为民办实事"事项全面完成；东江湖VHF系统基本建成，信号覆盖率超过95%；新增一类船员747人；海员就业培训计划全面完成，实现海员就业336人。

智慧水运建设。"智慧水运"综合监管平台持续优化升级，完成船舶综合要素数据库建设，建成船舶流量分析、水上热力监测、执法数据展示等系统模块，接入全省水上CCTV监控和智能航标功能。客船与渡口管理手段升级，建设运行客渡通小程序，实现客运企业、客船及客船驾驶员动态管理；完成渡口监控系统590个监控点升级改造、48个监控点补点建设，重点渡口监控覆盖更加严密。

二、2022年发展思路

推进基础设施建设，补齐水运短板。开展规划体系研究，推动水运规划与国省战略部署全面对接。水运计划投资60亿元，加快构建"一江一湖四水"骨干航道网和"一枢纽、多重点、广延伸"港口体系，包括完成湘江永衡1000吨级航道一期、岳阳港煤炭铁水联运储配基地配套码头等项目建设，新增千吨级航道140公里、千吨级以上泊位10个。以"保二争四"为目标，开工建设湘江永衡1000吨级航道三期、沅水洪辰500吨级航道；加快推进湘江长沙至城陵矶3000吨级航道、资水益芦2000吨级航道(含桃花江枢纽)、沅水金紫至洪江500吨级航道、沅水桃源二线船闸项目前期工作。支持多式联运发展，完善港口集疏运体系，加快岳阳港煤炭铁水联运储配基地、长沙港湘之杰物流园等配套码头等支撑项目建设。

强化水上交通安全监管，维护行业平安稳定。深化安全专项整治，推进安全生产专项整治巩固提升。提升本质安全水平，深化水上交通安全风险分级管控和隐患治理双重预防机制，落实企业主体责任。强化水上重点监管，严查水运企业和船舶违法违规行为。增强应急搜救能力，完善系统应急储备体系建设。推进科技兴安，扩展科技支撑安全生产试点内容，建立渡口视频监控智能识别系统，开发港口危货综合监管信息系统。

推动水运污染防治，筑稳绿色发展基础。完成中央环保督察反馈6项重点问题和36个码头30项共性问题统一销号。深入推进长江经济带船舶和港口污染长效机制建设。继续开展"一湖四水"非法码头渡口专项整治，全面完成洞庭湖、资水、沅水、澧水码头规范提升任务。

提升运输供给质量，服务和融入新发展格局。开展智慧航道、智慧港口建设试点，加快智慧水运综合监管平台2.0升级，完成数字航道一体化整合。扩大水运市场规模，打造岳阳港至沿海港口江海直达精品航线。落实运输结构调整要求，引导大宗货物和中长途运输"公转水"。培育水运龙头企业，引导企业兼并重组或建立联合体。推动运力结构调整，鼓励运力大型化、规模化发展。

增强行业治理能力，优化水运发展环境。深入推进简政放权，梳理权责清单。健全水运工作责任体系，开展水运业务工作流程再造。积极推动航道职能转变，增加航道测量测绘职能，促进部分养护职能社会化。提升航道通航保障能力，出台《湖南省省管干线航道养护管理办法》。加强水运队伍"四化"建设，抓好水运民生实事，健全公益助航机制，实施船员服务便利工程，做好乡村振兴对口帮扶。

（湖南省水运事务中心）

报告10

重庆市水运发展综述

2021年,重庆水运围绕全力打造长江上游航运中心目标,加强干支航道建设,打造现代港口集群,推进船型标准化,完善航运服务体系,促进长江上游及川渝两地航运服务一体化,实现了"十四五"良好开局。

一、交通运输经济运行情况

全年完成货物运输总量14.43亿吨,货物周转量3841.66亿吨公里;其中,完成水路货运量2.1亿吨,同比增长8%,货物周转量2436亿吨公里,增长7%。全年旅客运输总量3.53亿人次,下降11.4%,旅客周转量644.57亿人公里,增长1.7%;其中,水路客运量610万人,增长17%,空港旅客吞吐量3741.63万人次,增长2.8%。全年港口完成货物吞吐量19804.25万吨,增长20.0%;空港完成货物吞吐量47.87万吨,增长16.0%。国际标准集装箱吞吐量171.14万TEU,其中铁路吞吐量38.14万TEU,增长20.1%,港口吞吐量133万TEU,增长16%。

全年西部陆海新通道总运输11.24万TEU,增长54.2%;总运输货值187.16亿元,增长40.1%;其中外贸货值115.60亿元,同比增长38.1%。物流网络辐射107个国家和地区315个港口。中欧班列(成渝)总运输41.86万TEU,位居全国第一。外贸货物吞吐量578万吨,同比增长9.4%,开行沪渝直达快线1192艘次,增长32.6%,运输集装箱22.65万TEU,增长40.3%,江海联运可通达环太平洋、大西洋200个国家和地区600个港口。新开国际航线5条,国际航空货邮吞吐量达到22.14万吨,增长46.8%。

二、水运发展基本情况

基础设施建设。长江朝天门至涪陵段4.5米水深航道整治有序实施,嘉陵江利泽航运枢纽船闸工程基本建成,乌江白马、涪江双江航电枢纽主体工程开工建设,渠江、黛溪河、鳊鱼溪等支流航道整治加快推进,乌江彭水、涪江渭沱等船闸改扩建前期工作顺利启动。《重庆港总体规划》获批,主城果园港二期及二期扩建工程完工,洪崖洞"两江游"临时码头建成,江津珞璜港一期建成2个泊位,涪陵龙头港一期建成3个泊位,忠县新生港一期首批5个泊位正式开港运行,万州新田港二期开工建设,寸滩邮轮母港建设提速推进,主城洛碛一期、黄谦一期等前期工作加快开展。

船舶运力。全年共建成60艘130米大长宽比三峡船型和45艘110米集装箱船型,新增优质运力94万载重吨，提前退市具有23年船龄老旧省际客船1艘。全市货运船舶平均吨位突破4000载重吨，货运船舶总运力突破900万吨、船型标准化率达到86%。

安全形势。注重本质安全，拆解"三无"船舶2218艘，改建植物油船20艘，全面完成800余艘客渡船抗风能力提升"后评估"工作，客渡船标准化率达100%，开展港口靠泊能力提升研究，强化港口靠泊安全技术支撑。加大水上涉客运输安全治理，累计开展涉客企业资质核查和安全检查372家次，督促整改问题411项；强化危险化学品专项整治，会同第三方发现各类问题642项并逐一整改；全面摸排跨等级航道桥梁304座，整改隐患35处；加强航运枢纽大坝除险加固，直属14座大坝除险加固全部开工；狠抓自然灾害综合风险水路承灾体普查，累计完成嘉陵江69公里、渠江74公里航道和全市382个1000吨以上泊位普查工作。持续推进应急体系建设，分类修订完善各类应急预案，举办2021年水上应急救援青工技能竞赛和全市水上应急救援暨大型客船应急处置演习，发布应急预警25次，实施应急救援142次，救助遇险船舶18艘、涉险群众119人，成功应对长江1号和嘉陵江3次洪水过境。

绿色生态。积极落实内河水运绿色集约发展等交通强国建设试点任务。完成中央第二轮环保督察反馈的违规建设港口码头、擅自调整规划、港口建设情况底数不清等问题整改任务，有效落实长江岸线生态保护修复专项督察反馈问题涉及的12项配合任务，督促完成涪陵、忠县、长寿3个涉及长江经济带生态警示片曝光问题整改销号。全市首座水上绿色综合服务区在涪陵投入运营；完成93座非法违建码头整治；支持102座码头完成船舶污染物固定接收设施建设，占比超过60%；完成主城果园、佛耳岩以及长寿重钢等9座码头31个泊位岸电标准化改造，全市港口码头累计使用岸电706.4万度，同比增长12.2%。完成100总吨以下船舶污水装置改造200艘、货运船舶受电设施改造1120艘。优化运行重庆市船舶污染物协同治理信息平台，加强与长江干线"船E行"系统互联互通及数据共享，健全"船—港—城"污染物移交确认机制，全年累计接收船舶污染物15.8万单，基本实现船舶水污染物"零排放"和接收转运处置全过程电子联单闭环管理。

水运服务。加强产能对接，科学组织水路运输，克服三峡船闸岁修、汛期、疫情等客观影响，确保原材料供应畅通稳定；组建专班、蹲点驻坝，积极协调航油、铁矿石等重要物资船舶优先通过三峡船闸8艘次，协调集装箱快班轮优先过闸650余艘次、16.6万TEU。深入开展江海直达运输研究和船型比选，积极推进中长距离大宗货物"公转水"，大力发展铁水联运、水水中转，铁水联运量同比增长6.1%，集装箱水水中转同比增长21.4%；沪渝直达快线万州—上海班轮成功首航，缩短运输时间1至2天；内贸适箱散货集装箱化运输加快推行，"散改集"运输同比增长22.1%。

三、2022年发展思路

建设通江达海的水运网。加快推进嘉陵江、乌江等重要支流航道整治，有序推进嘉陵江利泽、乌江白马等航电枢纽建设，加快涪江智慧美丽航道试点。持续推进主城果园、万州新田等枢纽港建设,力争开工主城黄磏一期、洛碛一期等项目。稳步推进三峡船型建造,加快江海直达船型研发和应用,积极发展嘉陵江支流船型。

提升区域水运融合发展水平。推进川渝水运协同共建,持续整合航线班轮资源,推动泸州、宜宾港至果园港水水中转班轮常态化运行,优化广元、南充等至重庆干支联运航线,持续拓展川渝港口合作广度和深度。推动川黔滇陕渝五省市航运高质量发展战略合作,加强基础设施建设、智能创新融合、安全联防联控、绿色低碳发展等方面沟通交流。

保障水上交通持续平稳。持续推进危险品专项整治、航运枢纽大坝除险加固、港口靠泊能力提升等重点工作,加大检查排查力度,推动重大隐患清零。持续推进"1中心、6基地、10站所、N个应急救助点"建设,完善应急救援装备配备,强化应急实战演练,加强区域协作联动。持续做好港口码头、船舶、冷链运输等环节常态化疫情防控。

推进水运绿色低碳发展。加强港口船舶防污染设施建设,推进船岸有效衔接,促进"船E行"和重庆市船舶污染物协同治理信息系统融合运用。加大船舶受电设施改造力度,加快港口岸电提档升级,进一步提高港口岸电标准化率和使用率。加强节能减排宣传引导,推广运用新能源、新技术,加强LNG、全电推等船型研发。

健全服务治理体系。加快推进《重庆市水路运输管理条例》《重庆市航道管理条例》修订。深化"放管服"改革,完善"一网通办""一站式服务"。出台水运行业信用实施细则,建立健全信用联合奖惩机制。加大三峡船闸优先过闸协调力度,推动水运与大数据、5G、北斗等新技术深度融合。

(重庆市港航海事事务中心)

报告11

四川省水运发展综述

2021年,四川水运系统围绕"共建一个中心、打造五个航运"目标,着力完善规划体系,推进项目建设,改善运输服务,确保安全环保,各项工作取得显著成效。

一、交通运输经济运行情况

全年完成货物周转量2940.8亿吨公里,同比增长7.5%,旅客周转量1303.3亿人公里,增长8.3%;其中,完成水路货运量5400万吨、货物周转量264.73亿吨公里,分别下降17.3%和9.3%。全年完成水路客运量865万人次、旅客周转量9784亿人公里,分别下降9.3%和6.1%。完成港口吞吐量2044万吨、集装箱26.3万TEU,分别增长50.3%和下降4.2%。全年公路水路建设投资完成2158亿元,其中水路交通投资52.92亿元;高速公路建成8608公里,新增高等级航道100公里,内河港口年集装箱吞吐能力250万TEU。

二、水运发展基本情况

水运发展规划。《四川省"十四五"内河水运建设规划》印发实施,《四川省内河水运发展规划》加快制定。《渠江达州至广安段航运发展规划》等专项规划印发实施,《岷江成都至乐山段航运发展规划》基本完成。川滇两省联合编制《金沙江下游航运发展规划》,川渝共同编制完成《川渝共建长江上游航运中心建设方案》。制定《四川省推进绿水绿航绿色发展五年行动方案》《平安渡运2021—2025年专项方案》等专项方案,完成《四川省公共锚地布局及建设研究》。全省12个水运重点建设项目纳入交通运输部"十四五"水运发展规划正选项目库,9个纳入储备库。

项目建设投资。8个续建重点水运项目完成投资40.57亿元。岷江航电枢纽建设资金筹措方案经省政府常务会审定,遂宁港大沙坝作业区一期工程、渠江风洞子航运枢纽工程、岷江老木孔航电枢纽工程3个项目开工建设。东风岩枢纽开展用地预审、移民专题报告重编等工可审批前置工作。涪江三星船闸按三级航道标准开展工可报告修编工作。充实优化储备项目,泸州港大脚石作业区开展初步设计及控制性详规调规工作,金沙江乌东德库区库尾航道整治推进工可报批工作,向家坝库区航道整治工程宜宾段工可取得批复,渠江达州段航运配套工程取得立项批复,眉山彭山港项目推进港口总体规划调规事宜,岷江张坎航电枢纽已纳入"十四五"规划。

水路运输服务。加强川渝两地港航企业深度合作,广元港集团与民生集团合资筹备成立民生广元物流有限公司。培育壮大行业龙头企业，支持省港投集团发展高端综合物流和金融服务业，泸宜乐广南港口实现统一管理和市场化、专业化运营，形成定位明确、互联互补的"一盘棋"格局。积极准备"川渝沪直达快线"班轮，推动嘉陵江至长江干支联运航线常态化运行，稳定广元至重庆"水上穿梭巴士"散货运输，新开行广安港、南充港至重庆集装箱班轮航线，广元至南充集装箱水路运输航线，集装箱班轮航线增加到15条。培育发展广元港适水货物集散中心，引导甘、陕、疆等地适水货物通过嘉陵江运输。加快多式联运枢纽建设，推进宜宾港进港铁路建设。稳定运行泸州至武汉、上海等地直航航线和泸州至成都、昆明、攀枝花铁水联运班列。织密"无水港"网络，货源组织拓展至攀枝花、昆明等7个内陆地区。完成集装箱铁水联运量3.7万TEU，同比增长17.62%；完成港口外贸集装箱吞吐量6.7万TEU，同比增长10.2%。开展嘉陵江梯级通航建筑物联合调度试运行，广元至重庆全程航行时间从15天以上压缩至7天。开展嘉陵江全线标准船型和长江上游过三峡升船机标准船型技术方案设计。运力条件逐步改善，千吨级船舶增加47艘，达到306艘，货运船舶平均吨位同比增长3%。

水运安全监管。全年发生统计范围内水上交通安全责任事故1起、死亡1人，安全形势总体稳定。组织开展船舶安全突出问题专项整治行动，注销拆解一批老旧船、僵尸船，排查清理取缔一批"三无"船舶，规范管理乡镇自用船舶，整改隐患877处。部署船舶集中停泊区建设，协调争取省级专项经费补助。推进全省航运枢纽大坝除险加固、船舶碰撞桥梁隐患治理等专项行动。安排布置船舶船员证书专项治理工作，积极推进水路承灾体普查。加快推进"平安渡运"专项工程，加快广元金洞、广安中和两个试点建设，取缔不合格渡口码头13个。落实《汛期防"跑船"八条措施》，树牢安全底线，印发《关于船舶失控责任追究的指导意见》，落实安全生产管理、监督责任。编制《四川省水路客（渡）运安全生产清单（2.0版）》，修订修编《水上交通安全风险分级差异化管控工作指南2.0》《向家坝升船机2021年试通航运行方案》，开展港口危险货物专项整治三年行动。建成各类应急船艇77艘、应急救助基地57个，建设中高洪水位系锚设备139套，完成22米、29米级纯电动海巡艇船型设计。开展水上应急搜救、乡镇船舶自救互救应急演练70余次。

水运绿色发展。全面启动"绿水绿航绿色发展五年行动"，印发包含6大类、33项重点任务实施方案。加快推进客船提档升级试点，完成眉山、广元7艘新能源船舶建造。落实长江经济带船舶岸电系统受电设施改造项目投资补助等中央补助资金约5.6亿元，189艘船舶受电设施改造任务全部完成，695艘100总吨以下需改造的船舶防污染设施加装改造任务全部完成。积极推动靠港船舶使用岸电，建成岸电系统84套，集装箱、干散货码头100%具备岸电供应能力。持续推广运行船舶水污染物联合监管与服务信息系统，实现船舶污染物交付、接收、处置电子联单闭环管理。岷江犍为航电枢纽鱼道基本建成，鱼类增殖放流站设施加快建设。需规范提升的88座非法码头已发放港口经营许可证87座，取缔拆除1座，非法码头全部清零。完成第二轮中央环境保护督察迎检工作，反馈交办的8份信访举报件基本办结，南充市嘉陵江流域生态环境污染典型案例涉及水路运输相关问题加快推动整改。

行业治理。守住疫情防控底线，督促各地严格落实渡口防控措施，建立完善疫情防控工作档案台账，确保从业人员疫苗"应接尽接"，实现水路交通疫情零感染。推广应用四川省航务海事综合信息平台，模块功能更加丰富多元。加快重点水域水上交通安全管理系统、前端感知设备设施建设，全省码头船载视频705套全部接入省厅平台。四川首个5G智慧港口项目—宜宾港5G智慧港口一期（一标段）工程完成验收，正式上线试运行。起草《四川省航务海事领域省级行政执法协作实施细则》，加快推进水路电子证照的应用，完成《四川省船舶设计资质管理暂行规定》等多个规范性文件修订工作。研究全省航道管养保护综合改革方案，开展电子航道图前期工作，加快构建畅通高效的航道网络。

三、2022年发展思路

围绕"三个能力、四个安全"，坚决完成"保安全"目标。着力提升安全监管能力、风险防控能力和应急救援能力，确保船舶、停泊、航行和作业四个安全。常态化整治船舶安全问题，力争年内实现"三无船舶"动态清零目标。集中攻坚船舶集中停靠区建设，加强汛期防跑船"八条"措施落实和责任追究，推动视频监控和电子围栏系统建设。有序推进"平安渡运"建设，按照"五统一"原则出台建设指南，推进渡口撤并和渡船更新工作，探索渡运公交化，推进"平安渡运"和"金通工程"的有效衔接。加强港口作业管理，督促港口企业落实相应装卸作业规范，加强港口危险货物储罐安全源头防范。加强应急管理，抓好汛期前各项隐患排查，推广应用宜宾"一图一表一册"管理办法，提升船员实操和应急处置能力，依托基层组织完善"船舶自救互救"机制；加强向家坝库区船舶通航秩序管理。持续推动航运枢纽大坝除险加固、船舶碰撞桥梁隐患治理专项行动、水路交通承灾体第二阶段普查等工作。

以"绿水绿航五年行动"为统揽，坚决完成"防污染"目标。研究制定绿航行动考核评价体系，落实绿色示范市激励政策，确保绿航行动建设走在全国前列。抓好中央环保督察整改，督促南充按时完成非法码头问题整改并销号，实现非法码头"动态清零"。持续开展港口船舶污染防治工作，全面提升接、转、运整体处置能力，推进泸州港洗舱站建设，推进"零碳港区"建设；基本实现主要港口船舶污染物接收转运处置全过程电子联单闭环管理，港口企业"船E行"中船舶垃圾、生活污水和含油污水的转运和处置占接收单数量比率持续提升；推进建立船舶港口污染联合监管机制、通报问责机制和诚信管理机制。推广港口使用岸电，推进长江干线船舶靠港使用岸电常态化。加快新能源船推广，实施渡船提档升级，推动试点新能源船全部建成投运，加快泸州LNG加注站前期工作，建成2~3个"零碳渡口"。推动生态航道建设，加快推进岷江龙溪口至宜宾段航道整治二期工程生态航道前期工作。

把握"适度超前、稳中求进"基调，坚决完成"提能力"目标。加强要素保障协调，确保规划项目落地并加快建设，保障"十四五"规划顺利实施。继续完善规划体系，加快推进《四川省内河水运发展规划》《金沙江下游航运发展规划》《共建长江上游航运中心建设实施方案》等编制及报批工作，研究出台加快推进部省水运"十四五"规划项目实施指导性意见。加快推进岷江龙溪口、老木孔等重点水运项目建设，力争东风岩航电枢纽工程年内实质性开工，加快推动金沙江向家坝库区航道整治、渠江（达州段）航运配套工程（二期）等前期工作。

全力推进内河水运大省建设，坚决完成"促发展"目标。 突出嘉陵江、金沙江航运发展两个重点，着力提升航道通行效率、优化运输组织、培育运输市场。提升航道畅通水平，加快嘉陵江川境段航运配套工程建设，巩固嘉陵江多梯级建筑物联合调度成果，加快金沙江翻坝运输体系建设前期工作，继续实施高等级航道例行养护和专项养护。优化运输组织，鼓励港口企业探索物流+贸易融合发展，加强水路运输市场监测与信息引导；研发推广嘉陵江优良船型；引导金沙江等沿线中长距离大宗散货"公转水""水水中转"，持续开行宜宾、泸州港到长江中下游港口航线；加快水上"暖心之家"建设，完善泸州水上绿色服务区功能。加强水运市场监管，持续深化"放管服"改革，积极推广电子证照应用，开展"双随机一公开"专项检查，推进信用体系建设，建立水运企业守信激励和失信惩戒及退出机制。打通进港"最后一公里"，推进宜宾港、南充港、广元港张家坝作业区等港口集疏运公路、铁路建设。深化"交通+旅游"，支持发展嘉陵江（南充—合川）山水人文游、资阳雁江区沱江及其支流精品旅游线路。加强信息化应用，完善更新嘉陵江、金沙江等内河电子航道图。完成"碳达峰、碳中和"背景下水运高质量发展研究。

（四川省交通运输厅航务管理局）

报告12

贵州省水运发展综述

2021年，贵州省水路运输系统全面落实贵州省交通运输"1234"总体思路和《贵州省推进交通强国建设实施纲要》，千里乌江全线复航，各项年度任务顺利完成。

一、水运发展基本情况

基础设施建设。全省水路交通固定资产投资完成7.27亿元。清水江航电一体化开发加快推进，清水江平寨、旁海航电枢纽工程总体形象进度分别达95%、90%。民生水运工程深入推进，乌江索风营等四个库区航运建设工程总体工程形象进度达95%，建成便民码头8座（验收4座），渡口改桥4座（验收1座），乌江智慧通航管理平台（一期）工程项目进入安装调试阶段，积极完善光照、董箐、三板溪库区航运工程尾留工程建设和用地手续办理。协调推进项目前期工作，龙滩水电站1000吨级通航设施工程可行性研究报告报送国家发改委，加快推进清水江白市至分水溪航道工程以及乌江沙沱二线1000吨级通航设施工程前期工作。

运输服务。完成客运量、旅客周转量、货运量、货物周转量分别为370万人次、8891万人公里、560万吨、23.7亿吨公里；港口吞吐量25.2万吨。强化过闸保障，开展思林、沙沱升船机特殊单项工程暨通航专项工程验收工作。加强机制保障，推进《航电枢纽机制体制研究》编制。积极发展船舶运力，印发关于优化运输结构提升乌江运力的实施方案，组织省航电开发投资公司建造500吨级货运船舶13艘，并投入运营。

安全发展。组织开展水上交通专项整治三年行动、水上交通运输安全风险防控专项行动、灭失船舶专项治理、长江流域重点水域禁渔执法专项行动和"安全生产月"活动等，印发《2021年水上交通安全监管工作要点》《关于进一步做好水上交通安全专项整治三年行动集中攻坚工作的通知》《关于加强水上交通运输安全风险防控工作实施方案》等文件。积极排查水上重大安全隐患，海事监管职责范围的212个水上交通安全隐患完成整改210个，隐患整改率99.06%。深入开展水上交通防汛督查，加强"三无"船舶违法打击力度，取缔涉渔各类"三无"船舶，有序推进乡镇自用船舶规范管理工作，检查自用船2307艘次，规范乡镇自用船舶2022艘次，清除非法设置碍航拦河网具1具。妥善处理"六盘水客8015"事故，完成船舶碰撞桥梁隐患治理评估工作。

绿色发展。争取长江经济带绿色发展中央预算内投资计划2065万专项资金用于港口船舶污染防治工作，《贵州省船舶和港口污染物接收设施建设参考方案》印发实施。100总吨以下54艘生活污水不达标船舶全部完成改造。完成11艘干散货船和集装箱船改造，构建清洁低碳的港口船舶能源体系。加快鲢鱼溪、巴结、红椿等码头岸电设施建设和改造，做到船岸有效衔接，提高船舶靠港岸电使用率。

创新发展。完成交通强国试点任务——贵州智慧水运（一期）工程工可报告和初步设计编制。加快推进《贵州"十四五"水运信息化发展规划》编制、水运数据开放共享、乌江渡库区信息化建设项目和乌江智慧通航管理系统（一期）工程建设等任务。推进贵州省科技重大专项"峡谷河流超高水头梯级枢纽及航道提等升级关键技术研究"，做好科研项目管理，全年交付验收科技项目6项。

行业治理。筹集资金2100万元开展赤水河生态整改、乌江航道养护清障、南北盘江红水河养护等养护项目，省管航道航标维护正常率达96%以上，航道维护水深年保证率赤水河达88%以上，乌江、南北盘江红水河维护正常率均达94%以上。全年未发生因航道维护水深不足而发生船舶滞航、搁浅等碍航现象或因信号司挂错误而发生船舶航行安全事故，实现信号指挥工作零失误。建设乌江通航联合调度管理系统，实现船舶过闸"一次申报，全线通过"。

二、2022年发展思路

抓好项目建设。完成水路固定资产投资14亿元。建成清水江平寨、旁海航电枢纽工程以及乌江索风营等四个水电站库区航运建设工程，力争开工建设乌江沙沱水电站1000吨级通航设施工程和清水江白市至分水溪航道工程，推进龙滩1000吨级通航设施前期工作。打造"平安百年品质工程"，水路项目交工验收合格率保持100%。

保障运输畅通。实现水路运输总周转量增长6%左右。加快推进智慧水运一期工程前期工作，力争开工建设。深入实施乌江渡库区和光照库区信息化工程，完成乌江智慧通航管理系统（一期）工程。推动"公转铁""公转水"，推动落实一批助企纾困政策，服务保障物流供应链稳定畅通。

守牢安全底线。认真落实《贵州省海事现场监督巡查规范》，切实加强高风险水域、较高风险水域的督查。以"四重监管"为重点，督促各现场执法单位加强学生渡运、节假日乡镇赶集、涉水乡镇红白喜事、农村民俗活动等人流量大、出行集中等情形的现场监管。抓好船员执法处罚，运用好船员违法记分、个人信用管理等手段，严厉打击船员恶意逃避监管，恶劣天气冒险航行、超员超载违法航行等严重影响船舶安全的违法行为。继续执行海事"六项禁令"和"船舶七不出航"制度，做好船舶防突风、防洪、防超载、防违法冒险航行等工作。继续推进水上"打非治违"常态化，打击"三无"船舶非法航行，乡镇自用船、渡船和营运船舶超员超载等违法行为。

优化政务服务。依托全国一体化在线政务服务平台，深入协调推进自建系统与政务信息系统数据融合，实现政务服务事项"一网通办"，深入推进政务服务"五个通办"和"2+2"模式等改革，推进政务服务"掌上可办"。研究推进航道管理局和航电公司管理体制改革。

（贵州省地方海事（航务管理、通航管理）局）

报告13

云南省水运发展综述

2021年,云南省水路运输行业攻坚克难,推动重点项目建设提速提质,着力提高运输服务供给质量,安全质量应急管理扎实有序,行业治理水平不断提升,水运发展取得新成就。

一、水运发展基本情况

基础设施建设。全年完成水运投资11.96亿元。澜沧江244界碑至临沧港航道甚高频(VHF)工程交工验收、34道滩险交工检测;普洱海事工作船码头项目交工验收;金沙江溪洛渡至向家坝高等级航道、水富港扩能二期、东川港等6个在建项目加快推进。云南便民码头工程等5个项目纳入《水运"十四五"发展规划》正选项目,金沙江乌东德至白鹤滩航道建设工程等8个项目纳入备选项目。

运输服务。全年完成水路运输客运量357万人次、客运周转量6334万人公里、货运量575.88万吨、货运周转量79198.27万吨公里,同比分别下降29.35%、14.83%和增长10.93%、10.29%。澜沧江国际运输全面实现人脸识别、联网售票、电子客票、旅客限载等功能,客运站(码头)新建洗手设施59座,重点客运码头增设母婴设施,服务老人等特殊群体便利化设施。完成水富港多式联运示范项目申报,推动"散改集"运输,完成磷矿、焦炭散改集运输9000TEU。航旅融合取得新进展,滇池草海夜航正式启动,昆明盘龙江桃园广场至得胜桥段经试运行后正式复航;昆明市、楚雄州积极推动乌东德库区元谋江边码头至禄劝段旅游航线开发,申报旅游示范精品航线。

水路安全。采取"省督导、州监管、县蹲点、企业主抓"模式压实责任,全年出动132个检查组,督导检查174次,排查隐患585个。深刻汲取大理州3.15砂船翻沉等水上交通安全事故教训,聚焦"9项重点、6项难点",排查重大风险28项,整改闭环在建水运项目安全隐患12处,清理取缔"三无"船舶940艘,整治长期逃避海事监管船舶156艘,完成全省自然灾害综合风险水路承灾体普查。督促文山州落实学生渡运专项经费,保障学生渡运安全。建成三座应急物资仓库,开展水上搜救应急演练7次。常态化推进水上交通领域扫黑除恶工作。

航道养护管理。争取部省航道养护及应急抢通资金1300余万元,开展航道维护清障疏浚,完成澜沧江对外开放水域航道巡查49次,巡查里程9169公里,重点航段通航保障率达95%以上。通航保障能力有效提升,加强航电协调,西双版纳、昭通等州市与华能澜沧江公司、三峡集团持续发布特殊水情预报，有效指导船舶安全航行。向家坝升船机安全平稳运行981天、9760厢次、过船9748艘次、通过货物384.88万吨，通航建筑物通过能力持续提高。

科技创新。《云南省重点通航水域立体监管关键技术研究与应用示范》通过验收，云南省地方标准化项目《澜沧江（云南段）对外水域航道养护工程技术规程》立项，滇池航运企业建造3艘150~200客位纯电力推进客船。完成景洪港—橄榄坝44公里电子航道图建设，新建13个甚高频（VHF）通信基站、18个视频监控点（CCTV）、4座水位测报站。全省重点码头、渡口76个视频点位接入省交通运输厅云平台方案，西双版纳海事局公务船运用卫星和公网通信实现远程指挥调度。

行业治理。《云南省航道管理规定》完成修订。建立水路建设市场"一户式"信用信息档案，开展22家水运工程设计和施工企业的年度信用评价，2名船长获得年度"全国安全诚信船长"荣誉称号。"双随机一公开"监管扎实有效，抽查1个建设项目，14家水运企业，制定抽查事项清单，建立与抽查事项相对应的检查对象名录库和执法检查人员名录库，并实施动态更新管理。建立健全长江经济带船舶与港口污染防治长效机制，5个重点港口船港污染防治整改落实到位，绥江、水富非法码头依法取缔，全省港口经营人及码头系统"船E行"注册率达100%。协同推进长江"十年禁渔"，拆解不合法船舶757艘，与自用船舶所有人签订禁止捕鱼承诺书108份。拟定《船舶碰撞桥梁隐患治理三年行动实施方案》，完成24座桥梁桥区水域排查，整改安全隐患40项。

二、2022年发展思路

着力扩大有效投资。围绕全省水路交通投资完成6亿元的目标任务，加快推进澜沧江244界碑至临沧港四级航道建设工程、水富港扩能二期工程、金沙江溪洛渡至向家坝高等级航道建设工程、东川港等水运重点项目建设。完成金沙江下游航运发展规划环评报告报批，全面推进便民码头工程等5个正选项目、金沙江乌东德至白鹤滩航道建设工程等8个备选项目和富宁港、禄劝港等项目前期工作。

着力提高运输服务供给质量。积极争取水富港集装箱水路运输、澜沧江水路客货运输、船舶标准化建造改造补贴政策。推进多式联运，加快水富港集疏运体系建设，推动长江干线大宗物资"铁转水""公转水""散改集"。支持昆明不断提升盘龙江"水城记忆"文化休闲观光水路航旅融合名片，双龙桥至滇池口段航道力争年底投入试运行。加快推动金沙江石鼓至虎跳峡、澜沧江对外开放水域普洱段、金沙江中下游段航道旅游文化项目建设。

全力确保水上交通安全稳定发展。推动州市人民政府建立水上交通安全工作协调机制，促进水上交通安全责任层层落实。开展重大风险评估和巨灾情景构建，做好水路客船动态监管和跟踪管控。推进专项整治三年行动集中攻坚，抓好船舶碰撞桥梁隐患治理三年行动，组织开展全省自然灾害综合风险水路承灾体普查工作。履行好长江"十年禁渔"有关工作职责。开展"平安工地""品质工程""质量安全红线行动"等专项活动。修订发布《云南省水上搜救应急预案》，开展应急演习演练。毫不松懈抓好常态化疫情防控。

加快发展绿色航运。持续推动澜沧江244界碑至临沧港生态航道示范、水富港绿色港口建设。加强船舶污染偷排、超排的查处力度，进一步规范船舶污染在线监管。深化全省港口船舶水污染联合监管与服务信息系统应用，确保港口码头、船舶和经营人信息注册率达到100%。督促昭通市完成2022年船舶受电设施改造项目申报工作。加快电力、氢能源等新能源船舶推广应用，引导新能源船舶在高原湖泊和城市河段等区域示范应用。统筹谋划水运领域碳达峰碳中和。

推进智慧水运发展。推进基础数据库建设，采集船舶、船员、航道、港口码头、航运企业等水运数据，实现全省航务海事业务系统的互联互通和业务协同。完善高等级航道电子航道图，努力推进澜沧江下游、金沙江向家坝库区等电子航道图建设，逐步提升澜沧江、金沙江、滇池、洱海等重点库湖区航道数字化保障能力。加快构建信息化治理体系，深化澜沧江船舶动态监管和甚高频通信系统业务管理运用，探索推进内河航运智能感知及智能管理。

着力完善行业现代化治理体系。深化法治政府部门建设，研究制定党政主要负责人履行法治政府建设第一责任人职责清单。巩固拓展执法领域突出问题专项整治成果，深入推进事中事后监管和行政执法队伍素质能力提升三年行动计划，加强执法"四基四化"建设，全面落实行政执法"三项制度"。进一步清理和精简行政审批事项，加强和规范行业信用管理，全面实施"双随机一公开"监管。加强基础设施养护管理，积极争取航道养护资金，保障重点航段通航保障率达95%以上。继续提升景洪、向家坝升船机运行效率，对金沙江、澜沧江干流、洱海、滇池重点湖泊航道通航水域环境进行整治，打击非法采砂，保障航道环境安全。

（云南省航务管理局）

报告14

陕西省水运发展综述

2021年,陕西省水路运输系统以加快建设交通强省为总要求,统筹推进基础设施补短板、运输服务提质效、改革创新谋突破、行业治理上台阶、党建引领聚合力,奋力谱写陕西水路运输高质量发展新篇章。

一、水运发展基本情况

重点项目建设稳步推进。印发《陕西省"十四五"综合交通运输发展规划》,优化完善《陕西省"十四五"水路交通发展规划》,明确发展目标任务,有效服务区域重大战略实施。累计完成综合交通投资585亿元,其中公路水路446亿元。汉江安康至白河航运建设工程、洋县至安康航运建设工程、石泉港码头工程、火石岩客运码头工程交工验收,汉江喜河库区航运建设工程、汉江流水镇码头工程等项目竣工验收工作稳步推进。推进黄河壶口至禹门口航运建设工程前期工作,开展黄洛渭三角区旅游航道建设前期工作。

运输保障能力不断增强。全省水路客运量66万人次,客运周转量1388万人公里,同比分别增长38.2%、50.0%;货运量85万吨,货运周转量3113万吨公里,分别增长57.8%、50.1%。多式联运示范工程深入实施,"安康—武汉双城同港"集装箱铁水联运专列开通。

行业治理改革不断深化。省市县三级交通运输综合行政执法改革基本完成,配合编制《陕西省交通运输综合行政执法事项通用目录》水路部分,完成省级政务服务事项指南编制的相关工作。扎实推进"放管服"改革,深入开展"双随机一公开"监管工作,推动"证照分离"改革全覆盖,积极开展2021年国内水路运输及其辅助业核查,做好水路交通运输行业行政审批事项。

平安交通建设扎实有效。扎实开展安全生产专项整治三年行动"集中攻坚年"活动,深化防范化解重大风险隐患,巩固"扫黑除恶"专项斗争成果,毫不放松抓好疫情防控,初步建立安全预防和应急救援机制。加强水上交通安全管理,开展春节、两会、五一、建党100周年、国庆等重要时段安全生产大检查3次,完成暗访检查5次。完成陕西省水上搜救应急体系整体规划,开展"安全生产月""水上安全知识进校园"等安全知识普及活动。强化船员管理,全年举办船员培训5期、200余人,全省注册船员4300余人。严把船舶建造审验关,完成11艘船舶建造检验任务,审定图纸5套,完成定期检验船舶127艘，转籍临时检验船舶8艘。

坚持绿色创新发展。启动公路水路碳达峰碳中和行动方案编制，开展现有充电桩及充电船舶分布调研，完成在建15艘LPG船舶建造检验，加快推动新能源推广应用。聚焦数字赋能，完成"陕西省航运海事综合业务管理平台（汉江瀛湖火石岩至紫阳汉王智慧航道）"年度建设任务，开展电子航道图航飞航测、数据处理工作。建设省级监控中心，完成省级机房、市级监控中心及机房、县级监控分中心的建设。加强网络安全，开展网络安全等级保护测评工作，完成门户网站、航运海事业务管理平台测评，提出整改建议。

二、2022年发展思路

聚焦交通强省建设，高起点做好统筹谋划。对照交通强国纲要和交通强省方案，落实落细全省"十四五"综合交通运输发展规划，聚焦国家重大战略、重点领域，加紧谋划实施一批重大项目，印发《陕西省"十四五"水路交通发展规划》，扎实开展全省高质量交通项目建设推进年活动。强化储备项目前期工作质量，积极推进黄河壶口至禹门口航运建设工程、黄洛渭三角区旅游航道建设、黄河府谷至吴堡段航运建设工前期工作。

聚焦稳增长促投资，高质量推进项目建设。落实水路交通投资计划，确保建设项目按质按期完成。完成汉江安康至白河航运建设工程、汉江洋县至安康航运建设工程、汉江喜河库区航运建设工程、汉江流水镇码头工程、石泉港客运码头工程、火石岩客运码头工程竣工验收。建成白河水电站过船设施，支持建设沿江沿河沿库区小型码头，加快补齐水运发展短板。健全质量监控体系，深入创建平安百年品质工程示范项目。以"零死亡"为目标，以工人工地"双平安"为核心，巩固水运工程平安工地建设成效，构建更高水平的工程建设安全管理新模式。

聚焦促进畅通高效，高水平提供运输服务。统筹航道养护和应急抢通，加强港航设施养护管理，做好航道日常养护、应急抢通和航道通航条件影响评价技术性审查工作。加强运输组织协调，做好关系国计民生重要物资保通保畅保运工作，促进水路运输与旅游深度融合。深化多式联运创建，持续推进西安港"一带一路"、中铁联集"陆海联动、多点协同"国家多式联运示范工程。积极对接减税降费政策，多措并举帮助港航企业纾困解难。

聚焦改革创新发展，高效能推动行业治理。大力推动法治政府部门建设，深化"放管服"改革，建立健全综合执法运行机制，修订完善行政许可事项清单，推进行政执法综合管理信息系统建设，着力提升执法队伍素质能力。理顺船舶检验运行机制。推动智慧航运项目纳入省交通运输领域新型基础设施建设行动方案，全面完成陕西省航运海事综合业务管理平台（汉江火石岩至紫阳汉王智慧航道）建设任务，力争汉江石泉至汉王智慧航道建设项目年底开工建设。推动信息技术在运行监测、运营管理、运输服务和安全应急等领域的深度应用。配合制定全省公路水路碳达峰实施方案，加快新能源船舶的推广应用，完成6艘新能源船舶建设任务。完善安全风险管理制度和安全生产责任体系，强化风险分级管控和隐患排查治理，加快推进企业安全生产标准化建设，强化水上交通安全监管，全力预防和遏制安全事故。扎实推进安全生产专项整治三年行动巩固提升，深入开展船舶碰撞桥梁隐患治理等专项行动。深化"平安运输""平安渡运"建设，加强船员船舶管理。强化网络信息安全日常监测、预警和应急处置。健全应急指挥和预案体系，完善指挥调度机制。毫不松懈做好常态化疫情防控，坚决防止疫情通过水路运输环节传播扩散。

（陕西省水路交通事业发展中心）

专题篇

专题1

长江航运"十四五"发展规划总体思路

"十四五"时期，长江航运进入以加快建设交通强国为总目标、推动高质量发展的新阶段。"十四五"交通运输发展系列规划为长江航运事业发展绘制了宏伟蓝图，指明了前进方向。本专题从总体上归纳了"十四五"时期长江航运发展的总体要求和主要任务。

一、"十四五"时期长江航运发展总体要求

总体上，可以归纳为三个方面：

一是要以习近平新时代中国特色社会主义思想为指导，全面贯彻落实党的十九大和十九届历次全会精神，深入学习习近平总书记关于推动长江经济带发展系列重要讲话和指示批示精神，立足新发展阶段，完整、准确、全面贯彻新发展理念，构建新发展格局，推动高质量发展，培育创新驱动、融合高效的发展动能，强化绿色安全、开放合作的发展模式，着力打造一流设施、技术、管理、服务，构建现代长江航运体系，服务全面建成东西畅通、南北互联、便捷顺畅、经济高效、智能现代、绿色安全的长江经济带现代化综合交通运输体系，为长江经济带高质量发展提供战略支撑，助力交通当好中国现代化开路先锋。

二是要坚持生态优先、绿色发展，坚持共抓大保护，不搞大开发，落实碳达峰、碳中和目标要求，推动长江航运绿色低碳转型。要统筹发展和安全，贯彻总体国家安全观，加强运行安全和应急处置能力建设，保障产业链供应链安全。要坚持系统观念，以航道、港口、船舶和通关管理"四个标准化"建设为重点，优化网络结构功能，强化枢纽高效衔接，突出多式联运发展，提升沿长江通道的整体运输效率，促进跨领域、跨区域、跨行业协调融合发展。要坚持创新驱动，注重新科技深度赋能应用，提升长江航运数字化智能化发展水平，破除制约高质量发展的体制机制障碍，推动长江航运运输市场统一开放、有序竞争，促进长江航运提效能、扩功能、增动能。

三是要落实全面依法治国、建设交通运输法治政府部门要求，构建系统完备、科学规范、运行有效的长江航运制度体系，完善跨领域、网络化、全流程的长江航运现代治理模式，在法治轨道上促进制度建设和治理效能更好转化融合，推进长江航运治理体系和治理能力现代化，为加快长江航运高质量发展、畅通国内国际双循环主动脉提供有力支撑。

二、"十四五"长江航运发展总体思路

（一）主要目标

总体上，主要目标可以归纳为：到2025年，长江黄金水道功能进一步完善，基本建成安全、便捷、高效、绿色、经济的现代化长江航运体系，支撑和引领长江经济带高质量发展的作用显著增强。设施网络更加完善，港口码头专业化、现代化水平显著提升，内河高等级航道网络建设取得重要进展。运输服务更加高效，客运"一站式"、货运"一单制"服务更加普及。技术装备更加先进，第五代移动通信（5G）等技术与长江航运深度融合，新型基础设施建设取得重要进展，基础设施数字化率显著提高，数据开放共享和平台整合优化取得实质性突破，运输装备标准化率大幅提升。安全保障更加可靠，航运设施耐久可靠、运行安全可控、防范措施到位，安全设施完好率持续提高，跨部门、跨领域的安全风险防控体系和应急救援体系进一步健全，重特大事故发生率进一步降低，主要通道运输安全和粮食、能源、矿石等物资运输安全更有保障，国际物流供应链安全保障能力持续提升。发展模式更可持续，水运承担大宗货物和中长距离货物运输比例稳步上升，清洁低碳运输工具广泛应用，单位周转量能源消耗明显降低，基础设施绿色化建设比例显著提升，资源要素利用效率持续提高，碳排放强度稳步下降。治理能力更加完备，与其他运输方式一体融合发展、基础设施投融资和管理运营养护等领域法律法规和标准规范更加完善，市场化改革持续深化，以信用为基础的新型监管机制加快形成。

（二）主要建设任务

主要建设任务可以归纳为八个方面：

一是加快形成区域"四纵两横一网"国家高等级航道布局。其中，"四纵"主要包括京杭运河、江淮干线、浙赣粤和汉湘桂四条跨流域水运通道；"两横"主要包括长江干线及主要支流、淮河干线及主要支流两条跨区域水运通道；"一网"包括长江三角洲高等级航道网。着力打造区段标准统一的长江干线航道，系统提升黄金水道功能；上游积极推进宜宾至重庆段重点碍航水道整治、重庆至宜昌段4.5米水深航道建设；中游有序推进宜昌至武汉段航道整治；下游稳步实施安庆至南京段重点航道整治，进一步改善南京以下12.5米深水航道条件，加快改善长江口辅助航道条件；积极疏解三峡枢纽瓶颈制约，开展三峡综合运输方案研究。加快推进岷江、嘉陵江、乌江、沅水、湘江、汉江、赣江、信江、合裕线等支流高等级航道建设和枢纽扩能改造，推进湘江、汉江、赣江等长江重要支流高等级航道中下游航道扩能升级，推进高等级航道向上游、支流延伸。加快淮河干线及出海航道建设。推进京杭运河航道建设，开展京杭运河山东段、浙江段航道整治，推进苏北段船闸、航道扩能工程，推进京杭运河黄河以北段适宜河段通航，推进杭甬运河整治提升工程。推进引江济淮航运工程建设，协同深化湘桂赣粤运河前期研究论证。持续推进长三角高等级航道网建设，推进苏申内港线、苏申外港线、长湖申线、乍嘉苏线等航道整治工程建设，提升省际航道联通水平，加快浙北高等级航道网集装箱运输通道等河海直达集装箱运输通道建设。

二是优化港口功能布局，完善港口集疏运体系。聚焦港口管理标准化，按照"功能层次清晰、区域协同发展、水陆衔接高效"的思路，推进水陆空联动、江河海互动、港产城融合，打造以航运中心和主要港口为重点的综合服务功能完善、集疏运体系畅通、港口间协同高效的港口体系。建设长三角世界级港口群，带动沿江港口功能布局优化。加强集装箱、煤炭、铁矿石、商品汽车等专业化码头合理集中布局，推进内河港口老小散码头资源整合和改建升级，加大集装箱码头智能化改造。加强沿江港口与沿海港口、支流内河港口协作互动，完善水水转运体系。推进港口与其他运输方式及物流场站等统一规划、协同管理，统筹联运、口岸、保税、物流等功能，提升港口多式联运效率与综合服务水平。推进主要港口重要港区疏港铁路、公路建设，提高港口枢纽集疏港能力。

三是深入推进船舶标准化。推动调整完善内河过闸运输船舶标准指标，继续引导淘汰、改造安全和环保性能差的船舶。优化船舶运力结构，支持各地区研究实施保障集装箱运输船舶、使用清洁能源船舶优先过闸等政策，完善客船、危险品船运输市场宏观调控政策，探索区域运输船舶标准船型优选，简化船型标准。引导集装箱船、商品汽车滚装船、重大件船等专业化运输船舶发展。推进江（河）海直达船型研发和推广应用。推进重点区域客滚船标准化发展，研发长江游轮运输标准船型。

四是增强运输服务效能。提升客运服务品质，完善重点水域客运联网售票系统，加强与其他运输方式和旅游部门的数据共享；提高长江干线省际旅游客运软硬件水平，建设高品质的内河游轮码头，发展长距离精品度假航线、中短途特色旅游航线和库湖区生态休闲旅游，发展邮轮运输。提升货运服务效率，以多式联运示范工程为重点，大力推进江海河、铁公水多式联运发展。发挥长江黄金水道效能，完善集装箱、煤炭、铁矿石、商品汽车滚装等江海直达、江海联运、水水中转的江海联运体系，提升上海、宁波舟山、苏州、南京、芜湖—马鞍山、九江、武汉、岳阳、重庆等江海联运港区辐射范围，加快提升江苏通州湾江海联运示范区功能，打造长江集装箱运输新出海口。积极发展长三角集装箱海河联运。鼓励港航企业围绕集装箱干线港和铁矿石等主要接卸港，组织发展干支联运、水水中转运输。以沿江主要港口为重点，打造铁水联运示范工程，提升与中欧班列、西部陆海新通道联动发展水平。依托规模化港区，积极发展全程物流、供应链物流，发展冷链、汽车、化工等专业物流。完善配套物流设施，提升内河集装箱运输竞争力，推进散改集。鼓励港航和铁路企业加强协作、信息互联、标准对接，鼓励有条件的港航企业向内陆腹地延伸，向综合物流服务商、国际物流营运商转型。

五是推动绿色低碳发展。加强生态环境保护，将绿色发展理念贯穿基础设施规划、设计、建设、运营和养护全过程，严格落实环保要求，推广实施生态护岸、生态护滩、人工鱼巢等航道建设生态修复措施，综合利用航道疏浚土、施工材料，加强港口岸线资源节约利用，严格管控长江干线港口岸线规划利用总量。推动节能降碳，加快既有船舶受电设施改造和码头岸电设施建设，加强岸电使用监管，推动长江经济带等重点区域实现岸电常态化使用，显著提高集装箱、客运、客滚、大型散货等码头和船舶的岸电使用率；鼓励LNG、电动、氢能等新能源和清洁能源船舶研发应用，推广港口先进节能环保技术应用。持续深入推进港口船舶污染防治，推进实施船舶排放控制，推进400总吨以下内河船舶设施设备改造，实行船上储存、交岸接收处置；推进长江干线等重点航道化学品洗舱站、危险化学品锚地、船舶污染物接收等设施建设和常态化运行；健全港口和船舶污染物排放的部门联合监管机制，完善船舶污染物接收处置联单制度，推广实施电子信息平台，实现线上联单监管。

六是大力发展智慧水运。围绕智慧航运关键共性技术、前沿引领技术、颠覆性技术等，统筹开展前瞻性研究和科技项目攻关，构建产学研用协同创新平台，研究推动智慧港口、数字航道、智能航运、水上安全和防污染等重点科研平台建设，积极推进智能航运先导应用示范工程，试点船舶自动驾驶、船岸协同等技术。建设智慧港口，加快推进5G、北斗等应用，在港口重点区域实现深度覆盖；建设新一代自动化码头，应用云计算、大数据、区块链、人工智能、物联网等技术，整合港口、航运、贸易等数据，建设港口"智慧大脑"。全面推进数字航道建设，以长江干线航道为主体，加强航道基础设施信息采集能力建设，推动航道、航标、整治建筑物等全要素、全周期数字化；扩大长江电子航道图覆盖范围，加快向嘉陵江、湘江、信江、京杭运河等重要航道延伸，促进干支航道信息互联互通，逐步实现支流、运河"一图"联动。

七是提升行业治理能力。深化重点领域改革，聚焦制约综合交通运输高质量发展的深层次矛盾问题，优化完善管理体制、运行机制、法律法规和标准体系，建设高水平人才队伍，推进治理能力现代化，持续增强长江航运发展动力和活力。强化安全保障水平，提升设施设备本质安全水平，深化平安工地建设，打造"平安百年品质工程"；提升水运安全发展水平，建立全要素"水上大交管"工作模式，加强船舶交通管理协调，探索"江河海一体化"监管，完善安全生产风险分级管控和事故隐患排查管理双重预防机制；继续推进安全监管与应急救助能力建设，推动"陆海空天"一体化水上交通运输安全保障体系建设，完善重点水域监管救助基地和设施布局，逐步实现VTS、CCTV等安全监控系统全覆盖，强化水上人命救助、抢险打捞、溢油和危化品处置等设施设备配置，推广无人机、无人船、水下机器人等新型救助装备应用，推动巡航救助一体化。

八是统筹抓好交通强国建设试点工作。坚持"点面结合、探索创新、近远结合、滚动实施，因地制宜、分类推进，多方联合、共同实施"的原则，围绕重点领域、优势领域、急需领域、关键环节，科学有序推进试点任务实施，明确责任分工，加大支持力度，形成一批先进经验和典型成果，打造一流设施、一流技术、一流管理、一流服务。强化试点管理部门统筹协调作用，加大政策支持和激励力度，强化成果推广应用。

三、长航系统"十四五"发展规划解读

交通运输部印发《长航系统"十四五"发展规划》，围绕加快建设交通强国、构建现代化高质量综合立体交通网的目标，贯彻落实《长江保护法》有关要求，突出长江航运高质量发展的主题，强化对长江经济带的支撑作用和长江航运的引领作用。以服务行业发展为目标，在强化长航系统自身发展和能力建设的同时，更加注重行业管理职能和行业服务作用的发挥。《长航系统"十四五"发展规划》包括发展环境、总体思路、主要任务、保障措施四部分内容。

（一）发展环境

包括发展基础、存在问题和形势要求。"十三五"以来，长航系统以服务长江经济带等国家战略为主线，全面推进各项任务实施，长江干线航道条件进一步改善，航运安全保障能力和绿色发展水平明显提升，信息技术广泛应用，体制机制改革不断深化，服务能力逐步加强，航运市场持续完善，基本实现了规划目标。服务构建新发展格局、全面推动长江经济带发展新使命等对长江航运提出了更高要求。"十四五"时期，长江航运需求将保持增长趋势，预测到2025年，长江干线货物通过量将达35亿吨，省际旅游客运量将达140万人次。

（二）总体思路

包括指导思想、发展原则和发展目标。基本原则：统筹融合、协同发展，生态优先、绿色发展，深化改革、创新发展，生命至上、安全发展，服务为本、共享发展。总体目标：到2025年，初步形成安全、便捷、高效、绿色、经济的长江航运高质量发展体系，总体实现航道更畅通、衔接更高效、服务更优质、发展更绿色、运输更智慧、管理更科学，为建成人民满意、保障有力、世界前列的交通强国提供有力支撑。

（三）主要任务

七项重点任务。一是提升黄金水道通航能力，重点推进干线航道区段标准统一，推动干支航道互联互通，提升三峡枢纽通航效能，提高航道养护保障能力。二是推动运输方式统筹衔接，重点强化港口枢纽功能，推进江海联运发展，构建多式联运体系。三是提升航运公共服务品质，重点深化公共服务，优化营商环境。四是提升航运绿色发展水平，重点强化船舶污染治理，提升污染监管与应急处置能力，促进航道、港口、船舶绿色发展。五是强化航运安全保障能力，重点健全安全管理长效机制，增强安全监管与应急救助能力。六是推动数字赋能航运发展，重点推进新型基础设施建设，拓展数字航道、北斗系统应用，提升信息服务能力，推动智能航运发展。七是提高航运科学管

理能力，重点深化长江航运行政管理体制改革，加强法治建设、科技创新体系和人文建设。

（四）保障措施

包括坚持党的领导、加强统筹协调、加强组织实施、加强政策保障。

（长江航运发展研究中心）

专题2

长江干线重点港航企业年度生产经营状况

长江航务管理局组织对118家重点港航企业2021年生产经营状况进行了调查。从调查结果看，长江港航企业总体延续复苏势头，盈利面均有所上升；其中，港口企业生产经营情况好于航运企业，下游港口好于中上游，货运企业好于客运企业。

一、航运企业

此次重点调查长江干线航运企业95家，从盈利数据看，65家实现盈利，盈利面68.4%，同比增长5.3个百分点。其中，干散货、液货危险品运输企业盈利面稳中有升，集装箱运输企业盈利面下降，客运企业中多数仍处于亏损状况。

（一）干散货运输企业

重点调查的32家干散货运输企业中，25家实现盈利，盈利面78.1%，上升6.2个百分点。主要生产经营特点：

一是运力供给同比减少，货运量稳中有进。32家企业共拥有运输船舶960艘、251.3万净载重吨，分别减少12.3%、4.6%；完成货运量4180.4万吨、货物周转量389亿吨公里，分别增长5.7%、3.8%。

二是船舶运输效率稳中有升。船舶平均营运率73.7%，下降0.6个百分点；平均负载率71.1%，增长0.5个百分点；平均运距930.4公里，下降1.8%。单位运力完成货运量16.7吨，增长10.8%；单位运力完成货物周转量15481.3吨公里，增长8.8%。

三是运价基本持平。船舶平均运价0.042元/吨公里，上涨0.5%。主要货种运输价格大约为：煤炭0.022~0.072元/吨公里；金属矿石0.02~0.0.057元/吨公里；矿建材料0.02~0.075元/吨公里。

四是企业利润增长明显。32家企业完成主营业务收入29亿元，增长10.5%；主营业务成本28.3亿元，增长10%；实现利润7124.2万元，增长5.3%。平均成本利润率2.6%，增长0.5个百分点。

（二）液货危险品运输企业

重点调查的30家液货危险品运输企业中，27家实现盈利，盈利面90%，上升13个百分点。主要生产经营特点：

一是运力供给同比增长，货运量增长明显。 30家企业共拥有运输船舶686艘、126.6万净载重吨，分别减少4.0%和增长2.7%，船舶大型化趋势仍然明显；完成货运量2267.1万吨、货物周转量189.5亿吨公里，分别增长9.8%、19.3%。

二是船舶运输效率明显提升。 船舶平均营运率76.0%，增长1.3个百分点；平均负载率为68%，增长2个百分点；平均运距836公里，增长8.6%。单位运力完成货运量17.9吨，增长7.2%；单位运力完成货物周转量14860.8吨公里，增长16.2%。

三是运价总体稳定。 船舶平均运价0.15元/吨公里，增长0.9%。不同种类、不同航区的液货危险品运输价格存在一定差别，散装化学品运价为0.11~0.20元/吨公里，成品油0.10~0.28元/吨公里，原油0.15~0.30元/吨公里。

四是企业利润增长。 30家企业完成主营业务收入20.5亿元，增长5.3%；主营业务成本18.9亿元，增长6%；实现利润1.5亿元，增长5.0%。平均成本利润率7.8%，上升0.3个百分点。

（三）集装箱运输企业

重点调查的13家集装箱运输企业中，8家实现盈利，盈利面61.5%，下降7.7个百分点。主要生产经营特点：

一是运力、运量均小幅增长。 13家企业共拥有运输船舶128艘、TEU位453122TEU，分别减少0.7%和增长2.8%；完成集装箱运量190.7万TEU，增长3.5%。

二是船舶运输效率总体平稳。 船舶平均营运率84.6%，下降0.8%；船舶平均负载率74.8%，下降0.9%。单位运力完成箱运量42TEU/箱位，增长0.6%。

三是运价总体小幅下降。 船舶平均运价0.57元/TEU公里，下降2.4%。

四是企业利润有所减少。 13家企业完成主营业务收入28.2亿元，增长20.2%；主营业务成本28.0亿元，增长25.7%；实现利润1628.3万元，减少52.4%。平均成本利润率1%，下降1个百分点。

（四）旅客运输企业

重点调查的11家长江干线省际客运企业中，2家实现盈利，盈利面18.2%（2020年全部亏损）。受新冠疫情影响，2020年1~7月长江省际游轮处于停航状态，整体基数较低，2021年旅游客运各项指标总体增长幅度较大，但与2019年相比仍有明显差距。主要生产经营特点：

一是运力小幅增加，客运量显著增长。 11家企业共拥有运输船舶46艘、15903客位，分别减少2.1%和增加6.1%；完成客运量53.0万人次、旅客周转量2.54亿人公里，分别增长170%、182%。

二是船舶运输效率总体上升。 船舶平均营运率52.9%，增长8.1个百分点；船舶平均负载率61.8%，增长10.1个百分点。单位运力完成旅客运输量33.3人次，增长154.4%；单位运力完成旅客周转量15944.4人公里，增长165.9%。

三是运价总体有所上涨。 船舶平均运价1.92元/人公里，增长6.1%。

四是企业亏损额明显收窄。 11家企业完成主营业务收入7.3亿元,增长224%;主营业务成本8.2亿元,增长38%;亏损额8795万元(2020年亏损额为38148万元)。

(五)载货汽车滚装运输企业

重点调查的7家载货汽车滚装运输企业中,2家实现盈利,盈利面28.6%,与上年末持平,但2家企业的盈利额均较低。受公路分流影响,三峡库区载货汽车滚装运输需求近年来有所下降,2021年虽有所恢复,但企业经营情况仍不景气。主要生产经营特点:

一是运力减少,运量增长。 7家企业共拥有运输船舶24艘、1376车位,分别减少7.7%和11.6%;完成滚装车运量75977辆,增长101.8%。

二是船舶运输效率总体上升。 船舶平均营运率70.1%,增长9.2个百分点;船舶平均负载率65.8%,增长9.3个百分点。单位运力完成车运量55.2辆,增长128%。

三是运价小幅上涨。 船舶平均运价3.90元/车公里,增长4.1%。其中,上水平均运价4.17元/车公里,下水平均运价3.63元/车公里。

四是企业亏损额有所收窄。 7家企业完成主营业务收入1.0亿元,增长73.6%;主营业务成本1.2亿元,增长70.8%;亏损额2088.2万元(2020年亏损额2474.4万元)。

(六)商品汽车滚装运输企业

重点调查的3家商品汽车滚装运输企业中,1家实现盈利,盈利面33.3%,下降33.4个百分点。主要生产经营特点:

一是运力小幅增加,运量较快增长。 3家企业共拥有运输船舶41艘、33898车位,分别增长2.5%和2.6%;完成商品汽车运量822019辆,增长10.6%。

二是船舶运输效率总体平稳。 船舶平均营运率89%,增长2.2个百分点;船舶平均负载率63%,下降7.6个百分点。单位运力完成车运量24.2辆,增长7.8%。

三是运价总体持平。 船舶平均运价0.37元/车公里,与2020年持平。其中,上水平均运价0.36元/车公里,下水平均运价0.39元/车公里。

四是企业利润收窄。 3家企业完成主营业务收入14.9亿元,下降8.4%;主营业务成本14.7亿万,下降4.8%;实现利润2330.4万元,下降72.8%。

二、港口企业

此次重点调查长江干线港口企业23家,从盈利数据看,19家实现盈利,盈利面82.6%,增长4.3个百分点。主要生产经营特点:

一是港口综合通过能力、业务量均保持增长。 23家港口企业年综合通过能力5.8亿吨,增长8.7%;完成港口货物吞吐量7亿吨,增长8.2%,其中外贸货物吞吐量1.35亿吨,增长2%;完成集装箱吞吐量1773.3万TEU,增长6.9%。

二是总体装卸价格略有上涨。 长江上中下游不同区段、不同货种及内外贸货物装卸价格存在较大差异，主要货种装卸价格有升有降，综合来看略有上涨。其中，煤炭平均装卸价格16.23元/吨，增长1.8%；金属矿石16.24元/吨，增长0.4%；矿建材料9.20元/吨，增长1.2%；集装箱259.34元/TEU，下降1.1%。

三是企业利润平稳增长。23家企业实现主营业务收入186.1亿元，增长31.2%；主营业务成本165亿元，增长28.2%，其中装卸成本42.1亿元，增长11.5%；实现利润21.1亿元，增长6.5%。平均成本利润率13.3%，下降3.7个百分点。

（长江航运发展研究中心）

专题3

长江港口铁水联运发展综述

2021年,面对疫情影响持续、箱源紧张等不利局面,沿江地区不断加大运输结构调整力度,创新运输组织模式,培育智慧绿色发展新动能,深入实施国家多式联运示范工程,加快发展铁水联运,长江港口铁水联运规模保持稳步增长。

一、我国对铁水联运发展的重视程度不断提升

2021年6月9日和11日,全国人大、全国政协先后就"综合交通运输体系建设"和"多式联运高质量发展"主题召开专题会议,交通运输部部长李小鹏,在向全国人大常委会所做的专题报告中指出,要创新运输组织模式,深入实施国家多式联运示范工程,加快发展铁水联运。

在当前国家落实"双碳"目标的背景下,铁水联运的价值进一步提升。《国务院关于印发2030年前碳达峰行动方案的通知》提出要加快形成绿色低碳运输方式,大力发展以铁路、水路为骨干的多式联运,加快大宗货物和中长距离货物运输"公转铁""公转水";"十四五"期间,集装箱铁水联运量年均增长15%以上。

加快交通基础设施互联互通是推动长江经济带高质量发展的先手棋,《"十四五"长江经济带综合交通运输体系规划》提出要以铁水联运和江海联运为重点,推动长江干线主要港口全面接入疏港铁路,完善港口集疏运体系,着力打通"最后一公里"。同时提出以制定完善多式联运标准规范为基础,以"一单制"为保障,以培育多式联运经营人承担全程运输为方向,推进集装箱、大宗散货等重点货种联运,推动形成衔接国际近远洋航线的海向多式联运网络,以及直达中上游港口、衔接中欧班列的陆向多式联运网络。

二、长江港口铁水联运发展现状

(一)集疏运体系日渐完备

2021年,开展铁水联运的部分港口持续推进进港铁路建设,业务规模不断提升、联运效能充分发挥。作为国家《推动长江干线港口铁水联运设施联通的行动计划》12个重点项目之一,南京港龙潭港站于4月9日投产运营,苏州太仓港疏港铁路专用线于12月29日正式开通运营。同时,部分港口积极布局内陆场站,实现"以点连线、以线织网"一体化运营。目前,长江干线苏州港、镇江港、南京港、马鞍山港、芜湖港、九江港、黄

石港、鄂州三江港、武汉港、岳阳港、荆州港、宜昌港、重庆港、泸州港、宜宾港等15个港口实现铁路进港，具备开展集装箱铁水联运业务能力，重庆港、宜昌港、荆州港、黄石港和芜湖港等港口具备干散货铁水联运业务能力。据不完全统计，长江干线拥有铁路专用线的港口企业共24家，用于铁水联运业务中转装卸作业线总长达229千米，年通过能力1.57亿吨，集疏运体系不断健全。

（二）"散改集"业务拓展广泛

运输结构调整工作持续向纵深发展，在货物种类、业务范围、考核目标等方面实现进一步拓展，沿江港口依托集装箱铁水联运，通过不断拓展腹地范围，加大煤炭、矿石、粮食等大宗货物"散改集"力度。如黄石港积极践行绿色发展观，通过建设高标准散货装卸工艺，大力推进上行粮食"散改集"业务，实现业务规模翻番；重庆港积极拓展贵州水泥塑料"散改集"下水业务，将贵州开阳的硫磺、磷产品等通过"散改集"形式实现进口硫磺和出口磷产品重去重回对流运输，拓展云南水富磷矿石与威钢铁矿石"散改集"对调项目，在万州港建设粮食转运中心拓展粮食"散改集"多式联运。

（三）智慧创新实现历史性突破

沿江港口不断在码头自动化改造、联运信息壁垒打通、中转设备能级提升等方面进行探索，车船货匹配程度进一步提升。港口企业积极探索联运服务模式，充分利用港口、船舶、铁路等各方资源优势，结合港口联运实际情况，逐渐形成以"港口为核心""铁路为核心""代理公司为核心"的全程物流模式，港口、铁路、航运等企业合资成立铁水联运物流服务平台。南京港"江海联运一体化全程物流供应链港口智慧物流示范工程"立足长江，重点开展区域一体化运营、铁水联运一单制、江海转运一体化、危险货物监管智能化、全程物流供应链服务等示范应用建设。同时，沿江港口铁水联运信息网络不断联通，车船货等匹配程度进一步提升。江苏物润船联网络股份有限公司创建中国内河航运物流智慧平台，打造长江经济带多式联运公共信息与交易平台，业务覆盖全国20个省、70多个城市。武汉港发集团旗下长江新丝路国际投资发展有限公司开发的"云上多联"智慧供应链综合服务平台，充分利用5G、物联网、人工智能等现代信息技术，整合水运、铁路、公路等相关信息，用户通过平台可实时获取货物全程物流信息，为核心企业提供上下游产业的供应链金融服务。此外，多数港口生产监控信息平台已成熟化运转，可实现装卸转运调度、实时监测码头前沿和堆场机械作业、装卸业务量统计分析、绿色环保管控等。部分港口的无人化装卸设备通过操作信息平台实现了远程操控作业。

（四）"一单制"应用加快推广

各港口企业在统一不同运输方式单证体系、推进铁路运单"提单化"、加速单证流转效率等方面持续探索，初步建立以港口为主体，船公司、金融机构、铁路公司、政府部门相互配合的港口集装箱铁水联运"一单制"体系，并得到良好的推广应用。

如重庆港务物流集团协同成都铁路局、民生轮船股份有限公司，开发设计"铁江联运单"（CRCGTJ001号），成功应用于重庆—南京班列。

（五）合力保障联运规模稳步增长

面对复杂多变的外部环境，各地港口集团积极协调地方政府和铁路部门，出台相关政策，保障集装箱铁水联运稳定运行。2021年，长江干线港口完成铁水联运量约1.4亿吨，占干线港口货物吞吐量的4%。从主要货种看，以煤炭、金属矿石和集装箱为主，煤炭约占50%。从流量流向看，集港货物主要是腹地煤炭、钢材、集装箱到南京、芜湖、武汉、宜昌、重庆等港下水，辐射沿江企业；疏港货物主要是海进江的铁矿石和煤炭，通过水运到九江、岳阳、重庆等港口，经由铁水联运至湖南、江西、川渝等地。部分从宁波舟山等沿海港口进江的粮食、件杂货等在武汉、黄石等地"散改集"，通过铁路运至四川等地。

集装箱铁水联运方面，安徽省、江西省、湖北省、湖南省、重庆市、四川省等地共完成集装箱铁水联运量24.4万TEU，占港口集装箱吞吐量的1.1%。其中重庆市占比最高，发展较好。黄石港和泸州港占比超20%。

大宗散货铁水联运方面，江苏省、安徽省、江西省、湖北省、湖南省、重庆市、四川省共完成1.35亿吨，占港口吞吐量的4.1%；主要货种及流向有马钢、宝武钢铁、海螺水泥等大型货主企业年通过港区铁路倒运的货运量约4500万吨，新余钢铁、华菱钢铁、陕西钢铁等通过沿海港口以"海江铁联运"方式直接进厂的年货运量约4000万吨，重庆万州港区、宜昌枝城港区、芜湖裕溪口港区等通过铁路进港转水运的煤炭年货运量约1500万吨，江海直达转铁路的粮食、沥青及通过铁路进入港口转水运的钛精矿、磷矿、农副产品等年货运量约2500万吨。

三、长江港口铁水联运存在问题

（一）集疏运设施仍存在短板

受土地、环保、资金等要素制约，部分港口多式联运铁路站场、铁路专线建设与政策要求目标相比有所滞后，铁路与港口等大型货运枢纽之间仍存在"邻而不接""接而不畅"等问题。铁路场站机械自动化程度低，标准化运载单元和专业化联运设备探索运用不足，货物装卸、中转效率不高，导致铁路集货能力、时效性较公路偏低，如泸州港、荆州港等港口虽实现铁路进港，但铁路场站装卸设施设备落后，作业效率不高；武汉阳逻港集装箱码头与疏港铁路存在2.5公里距离，影响联运效率。

（二）运输组织衔接不畅

港口与铁路站场之间一体运作模式仍处于探索阶段，转运流程复杂，铁路装卸、运输的开展与港口之间衔接效率较低。另外,由于铁路敞顶箱不再只归属地使用,其他省份可截留,导致部分港口管内所有专用箱无法及时返回保证供应。

(三)政策规则协同不足

"一省一港"政策实施以来,各地港口业务功能进一步调整,归属权限也发生变化,部分市属港口企业划拨省级管理,业务平台层级进一步提高。然而,受省级港口集团业务重组,相关政策配套不到位影响,部分下属港口集装箱铁水联运业务原有支撑政策取消,影响市场开发。如四川港航投资集团成立,泸州市政府对泸州港班列的部分补贴政策收紧,一定程度上限制了业务发展。由于港口腹地存在重叠,存在抢夺资源现象,未能形成合力。如上游地区的宜宾、泸州港和重庆港之间,邻港间多式联运补贴政策的差异造成无序竞争,武汉港与黄石港之间集装箱补贴差异导致不合理运输。铁路货运市场化不足,大宗货物运价缺乏浮动机制,跨局、跨线铁水联运运价确定困难。现行铁水联运服务标准、规则还未统一,票证单据、货类品名、包装与装载要求、保险理赔、责任识别等方面缺乏统一标准规范,多式联运往往演变成分段运输。

(四)数据联通共享不够

铁路系统信息数据开放困难,跨局铁路货运尚未完全实现信息共享,集装箱铁水联运全程物流跟踪实现范围较小。铁路与公路、码头、海关等各有关部门之间的信息传输效率较低,跨企业、跨部门、跨行业、跨区域的业务协作困难较大。部分省市依托示范工程建设多式联运公共信息服务平台,但由于缺乏统一的长江经济带多式联运公共信息平台支撑,信息交换和共享仍存不畅。

(五)多式联运市场发育不够完善

中长距离货物铁路运输两头短驳费用高、装卸成本高,铁路大宗货物运价缺乏浮动机制,造成铁路与公路运价不合理倒挂;铁水联运市场未形成有明显引领示范效应,仍需要在一定时期内出台经济鼓励政策予以推动。

四、发展对策建议

一是健全推进长江集装箱铁水联运发展统筹协调工作机制。加强对水运、铁路等不同运输方式的统筹协调,统筹考虑水路、铁路规划建设衔接,加快解决铁路进港"最后一公里"。加速推进区域内港口资源整合和功能优化,实现同货类码头协同运作,推进各港口铁水联运各自为政转向区域分工协作发展,打造铁水联运枢纽港+喂给港协同运作模式,实现区域内货源有效集结、组织,确保铁水联运班列常态化开行。

二是继续大力发展"散改集"业务。贯彻国家运输结构调整政策要求,瞄准粮食、矿石等大宗货物,强化港铁联合营销,鼓励和引导货主采取"散改集"铁路运输模式到厂，助推"散改集"铁路运输增量。积极协调船公司，吸引船公司进驻内陆港站，建设用箱基地和还箱点，满足内陆地区客户用箱需求。

三是推进完善铁水联运规则标准体系，推动铁水联运基础设施、运载单元、专用载运工具、快速转运设备等标准化。积极协调海关，加大内陆港站海关监管场所建设，大力推广铁水联运"一单制"。推动各地完善合理的补贴政策标准，引导集装箱铁水联运市场有序发展。

（长航局运输处、长江航运发展研究中心）

专题4

航运指数运行状况综述

一、波罗的海干散货运价指数

2021年12月24日,波罗的海干散货运费指数(BDI)收于2217点(图1),全年最小值1303点,最大值5650点,中位数2890.50点,平均值2943.33点。BDI指数在2020年春季因疫情冲击而一度跌至393点,之后开始爬升,自1月开始加速上涨,在2月春节期间有所回调(年最低值为2月10日),在10月初创近十年新高后一路下跌,不过全年BDI指数仍处于高位。BDI指数下滑主要受中国限制钢铁产能、改善国内煤炭供应等导致需求持续下滑影响,叠加中国港口拥堵情况逐步缓解。2020—2021年波罗的海干散货运价指数走势情况见图1。

图1 2020—2021年波罗的海干散货运价指数走势图

资料来源:东方财富网。

二、中国航运指数

(一)中国航运景气指数

根据上海国际航运研究中心发布的中国航运景气报告,2021年第一季度,新冠病毒疫情的影响有所减弱,全球各国开始复工复产,中国航运信心指数持续上升至较强景气区间,而中国航运景气指数从较为景气区间下降至相对景气区间;第二季度开始,由于国际干散货运输需求的快速复苏以及船舶周转率的持续低下,中国航运信心指数连续三个季度维持在较强景气区间,航运景气指数也维持在较为景气区间。虽然第四季度航运景气指数小幅下降至相对景气区间,但全年来看,在疫情后时代中国航运业全面向好,企业家对市场经营信心非常充足。2012—2021年中国航运景气和信心指数见图2。

图2　2012—2021年中国航运景气和信心指数

资料来源：上海国际航运中心。

（二）中国沿海散货综合运价指数

2021年,中国沿海散货运价指数波动剧烈。前三季度,受煤炭供给持续紧张、库存下降、煤价上升等因素影响,运输需求高涨,而受天气、局部疫情散发等因素影响,船舶周转效率普遍偏低,加之外贸市场需求突增吸引部分内外贸兼营船转入外贸市场,沿海散货运力有效供给持续偏紧,运价震荡上行。第四季度,煤炭保供政策成效显现,煤炭市场供需两旺,但受后期电厂库存增加和船舶周转效率提升影响,沿海散货运价迎来高点之后回调。中国沿海（散货）综合运价指数全年平均值为1299点,同比上涨25.0%；煤炭、矿石和粮食运价指数同比分别上涨32.7%、18.8%和78.0%。中国沿海散货综合运价指数走势见图3。

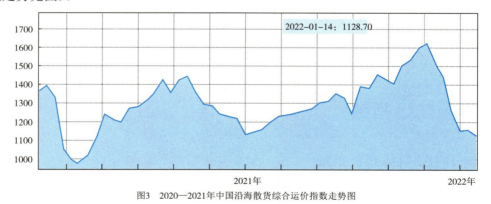

图3　2020—2021年中国沿海散货综合运价指数走势图

资料来源：上海航运交易所。

（三）中国国内集装箱海运市场

2021年,全球集装箱运输市场需求持续旺盛。但由于境外疫情反复,欧美一些国家港口拥堵加剧，导致物流供应链梗阻和船舶运力严重损耗，运力供需严重失衡、全球运价普遍上涨。第一季度，中国出口集装箱运输市场行情总体有所回调，自第二季度开始，集装箱运输市场渐趋活跃，运价逐步上行。进入第四季度，舱位紧张状况依然存在，多数航线现货市场运价维持高位。中国出口集装箱运价指数年均值为2616点，同比增长165.7%。中国出口集装箱运价指数走势见图4。

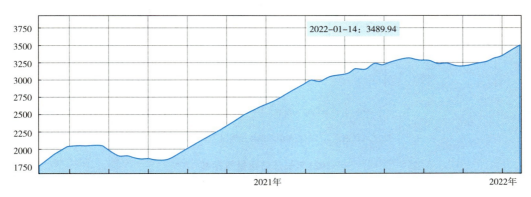

图4　2020—2021年中国出口集装箱运价指数走势图

资料来源：上海航运交易所。

2021年，沿海集装箱运输量同比增长约3%。受国际集装箱海运市场火爆影响，较多国内船舶转移至国际市场，国内市场供需矛盾大幅缓解。全年内贸集装箱运价指数虽有所波动，但整体呈持续走高态势：一季度淡季持续走低，二季度逐渐回升；三季度以后，由于国际市场需求旺盛，以及沿海集装箱运输旺季到来，沿海集装箱市场运价逐步回升，屡创新高。到年末，新华·泛亚航运中国内贸集装箱运价指数冲高至1928点，创下2015年以来最高水平，全年平均值为1470点，同比增长22.3%。

三、长江航运指数

（一）长江航运景气指数

2021年，长江航运景气指数和信心指数呈震荡格局。四个季度景气指数分别为98.27点、105.12点、99.59点、103.09点，与2020年同期相比分别上升9.26点、上升9.69点、上升1.18点、下降0.43点。四个季度信心指数分别为100.99点、111.43点、105.00点、105.85点，与2020年同期相比分别上升15.19点、21.31点、5.23点、3.19点。长江航运景气指数和信心指数走势见图5。

从企业类型看，除一季度外，航运企业景气指数均高于港口企业。从区域分布看，一季度和二季度下游景气水平均好于上、中游，三季度和四季度上游景气水平均好于中、下游。从运输分类看，货运景气水平均好于客运。从主要运输货种看，一季度、二季度集装箱景气指数均好于干散货、液体散货、滚装汽车，三季度滚装汽车景气指数好于干散货、液体散货、集装箱,四季度干散货景气指数好于液体散货、集装箱、滚装汽车。2021年长江航运景气指数见表1。

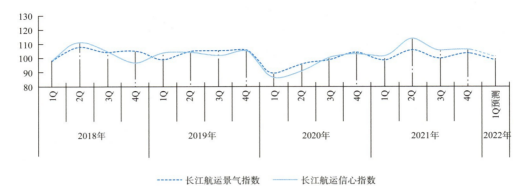

图5 长江航运景气指数和信心指数走势图(2018—2021年)

2021年长江航运景气指数 表1

景 气 指 数	2021年				2022年
	1季度	2季度	3季度	4季度	1季度预测
长江航运景气指数	98.27↓	105.12↑	99.59↓	103.09↑	98.06↓
长江航运信心指数	100.99↓	113.43↑	105.00↓	105.85↑	101.15↓
港口企业景气指数	99.28↓	105.09↑	97.99↓	101.41↑	97.47↓
航运企业景气指数	97.93↓	105.15↑	101.23↓	104.93↑	98.71↓
上游企业景气指数	96.23↓	103.92↑	102.20↓	105.85↑	95.20↓
中游企业景气指数	98.88↓	102.59↑	101.93↓	105.00↑	93.65↓
下游企业景气指数	100.14↓	107.72↑	97.43↓	99.90↑	102.75↑
客运景气指数	90.79↓	104.53↑	97.05↓	96.86↓	90.41↓
货运景气指数	98.61↓	105.13↑	101.28↓	103.47↑	98.63↓
其中:干散货运输	98.21↓	105.84↑	97.73↓	106.26↑	100.00↓
液体散货运输	98.58↓	102.94↑	101.05↓	96.41↓	99.54↑
外贸运输	99.79↓	108.46↑	99.13↓	101.94↑	99.61↓
集装箱运输	99.97↓	106.23↑	100.79↓	101.96↑	96.45↓
载货汽车滚装运输	94.19↓	101.42↑	101.80↑	105.49↑	92.68↓

(二)长江航运运价指数

2021年,长江运价呈弱势震荡,各细分指数呈现分化,金属矿石运价下跌,矿建材料运价上涨,干散货综合运价指数总体环比持平。一季度企业复工复产早于往年,三峡船闸计划性检修,上游地区运输活跃,干散货运价出现分化,整体运价略跌。二季度长江水位上升,运输条件改善。干散货运价出现分化,全球大宗商品价格上涨,金属矿石价格震荡上行,钢厂减少采购,长江铁矿石运价下跌,交通、能源、水利等重大项目加快建设,矿建运价上涨,干散货整体运价稳中略涨。三季度受"能耗双控"考核以及部分省市限电等影响，物资运输减少，进口铁矿石价格大幅下跌，钢厂观望减少采购，四季度受钢铁行业限产停产，长江主要货类运输需求减少，运价均有所下跌。

1.长江干散货综合运价指数

2021年，长江干散货综合运价指数一季度春节淡季，运价环比下降2.32%，二季度生产节奏恢复，运价环比上升2.24%，三季度受"能耗双控"政策影响，货源减少，运价指数环比下降3.23%，四季度受钢铁行业持续限产，货源不足，运价指数环比下降3.48%。综合运价指数维持在710~791点之间调整。长江干散货综合运价指数4季度较去年同期下降6.72%，其中，煤炭、金属矿石、矿建材料、非金属矿石4季度运价指数较上年同期分别上升–10.85%、–24.56%、22.43%、–10.40%。2020—2021年长江干散货运价指数走势见图6。

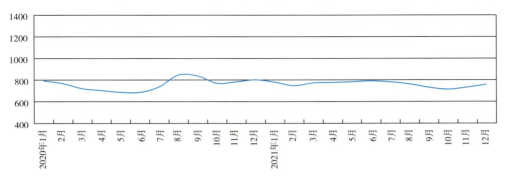

图6　2020—2021年长江干散货运价指数走势图

2.长江集装箱综合运价指数

2021年，一季度长江流域地区消费需求得到释放，运价指数环比上升1.9%，二季度外贸出口增速放缓，运价指数环比下降0.3%，三季度受原材料涨价、长江流域地区数地暴雨洪涝灾害等影响，运价指数环比下降1.0%，四季度部分原材料价格回落，外贸出口保持高位，运价指数环比上升0.1%。综合运价指数在979.7~1002.4点之间。长江集装箱综合运价指数四季度同比上升0.7%，其中，长江上游区域、中游区域分别同比下降3.2%、0.6%，长江下游区域同比上升9.1%。2020—2021年长江集装箱运价指数走势见图7。

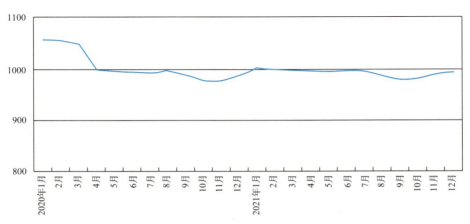

图7　2020—2021年长江集装箱运价指数走势图

3.长江船员工资指数

2021年,受疫情持续影响,船员供给偏紧,加上长期来船员队伍青黄不接,对各岗位船员有一定需求。全年长江船员工资指数持续上升,一至四季度分别环比上升5.7%、5.8%、3.5%、6.8%。四季度同比上升23.5%,普货一类船、液货一类船、集装箱船、载货汽车滚装船、旅游客运船、江海直达船船员工资指数分别同比上升24.9%、15.6%、18.4%、25.7%、3.4%、34.2%。长江船员工资指数见图8。

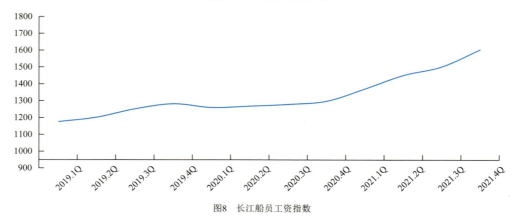

图8 长江船员工资指数

4.长江船东满意度指数

2021年上半年、下半年长江船东满意度指数分别为91.5分,91.1分,均为优秀等级(分值大于等于90分为优秀等级)。长江船东满意度趋势见图9。

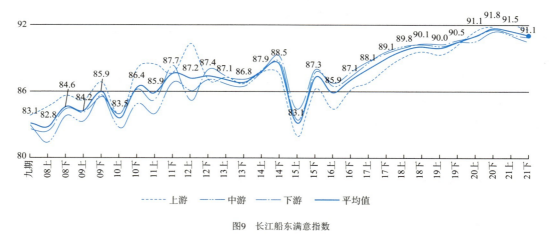

图9 长江船东满意指数

(长江航运发展研究中心)

专题5

长江干线省际运输市场监测分析

2021年,长江干线省际客运、液货危险品、载货汽车滚装等运输市场虽有所回暖,但仍然面临较大经营压力。长江游轮旅游业受新冠肺炎疫情影响,累计停航时长达4个月,全年省际游轮发船班次及客运量仅恢复至疫情前50%水平;长江干线省际液货危险品运输市场总体稳定,企业利润略有增长;长江干线省际载货汽车滚装运输市场需求逐步恢复,但总体不如预期,运输总量约为疫情前76%水平。

一、船舶运力情况

(一)长江干线省际客运船舶运力

2021年,长江干线省际普通客船运输企业13家,省际滚装客船运输企业1家,均与去年同期持平。从船舶情况看,省际普通客船49艘/17725客位,分别为上年同期的94.2%和103.2%;省际滚装客船1艘/80车位/636客位,均与上年持平。从船舶注销情况看,办理注销手续的船舶6艘/1685客位;其中湖北5艘/1229客位,重庆1艘/456客位。从新增运力及运力使用情况看,建造完工并办理营运手续的客运船舶3艘/1950客位;经长航局批复同意建造,还未办理营运手续的客运船舶18艘/11218客位。

(二)长江干线省际液货危险品运输船舶运力

2021年,长江水系共有省际液货危险品运输企业150家,其中,重庆市16家,湖北省20家,湖南省5家,江西省15家,安徽省24家,江苏省61家,浙江省2家,上海市7家。从船舶情况看,长江水系省际液货危险品运输船舶2545艘,390.8万载重吨,同比分别减少11.5%、增长1.9%,平均载重吨为1535.6吨/艘,同比增长15.1%。其中成品油船、化学品船中仅从事植物油运输的船舶106艘/19.5万载重吨,成品油船、油船/化学品船中可从事原油运输的船舶97艘/30.9万载重吨。不同类型船舶情况如表1所示。

长江干线省际液货危险品运输船舶运力情况　　　　表1

船舶类型	数量	载重吨	平均船龄	船龄16~26年		船龄26年以上	
				数量	占比(%)	数量	占比(%)
成品油船	1084	163.9	11.9	237	21.86	40	3.69
散装化学品船	1055	81.7	14.6	353	33.46	4	0.38
油船/化学品船	355	134.2	7.1	16	4.51	0	0.00

续上表

船舶类型	数量	载重吨	平均船龄	船龄16~26年		船龄26年以上	
				数量	占比（%）	数量	占比（%）
液化气船	29	2.0	14.0	12	41.38	1	3.45
原油船	22	8.9	9.5	1	4.55	4	18.18
合计	2545	390.7	11.4	619	24.32	49	1.93

（三）长江干线省际载货汽车滚装船运力

2021年，长江干线省际载货汽车滚装船共计45艘，2695车位，均为59或60车位的标准船型。实际投入运营船舶31艘/1857车位，其中宜渝航线13艘/778车位，宜忠航线9艘/539车位，宜万航线9艘/540车位，见表2。宜渝航线因前期经营效益不佳，14艘船舶停船。

长江干线省际载货汽车滚装船运力情况　　表2

航线	船舶总数（艘）	车位总数（辆）	航线运力占比（%）
宜渝航线	13	778	41.90
宜忠航线	9	539	29.02
宜万航线	9	540	29.08
合计	31	1857	100

二、运量完成情况

（一）长江干线省际旅游客运量

2021年，长江干线省际旅游客运全年共计发班3269艘次，为2019年的55.32%，为2020年的177.95%。共计完成客运量61.78万人次，为2019年的55.67%。

从客运量完成情况来看，长江干线旅游客运主要分布在重庆、湖北两省市，其中，重庆港、宜昌港合计占比约80%，万州、奉节、及其他港口占比约20%。具体分布见表3。

长江干线港口旅客完成情况表　　表3

港口	发船班次（次）	旅客人数（人次）	占比（%）
重庆港	884	206628	33.44
万州港	307	56255	9.11
奉节港	528	67795	10.97
宜昌港	1508	280047	45.33
其他港	42	7101	1.15
合计	3269	617826	100

注：涪陵、丰都统计到重庆港，云阳统计到万州港。

从航线运行情况来看。重庆—宜昌、宜昌—重庆航线客运量占总量的50.93%；万州—宜昌、宜昌—万州航线占15.89%；奉节—宜昌、宜昌—奉节航线占22.87%；重庆环线占6.88%，重庆—万州、重庆—涪陵、重庆—上海、重庆—武汉等其他航线占3.42%。

从游客构成情况看，长江干线省际旅游客运共计接待国（境）外游客1328人次，为2019年的1.3%，为2020年的321.6%；接待国内游客61.65万人次，为2019年的61.2%，为2020年的256.7%，游客来源地前三位的省份分别为四川省、浙江省、江苏省。

从游轮发班情况看，豪华游轮共计发班1880艘次，为2019年的66.0%，为2020年的195.4%；完成客运量39.60万人次，为2019年的60.7%。经济型游船共计发班1389艘次，为2019年的45.4%，为2020年的158.7%；完成客运量22.18万人次，为2019年的48.4%，为2020年的253.2%。

（二）长江干线省际液货危险品运量

根据长江海事系统船舶报港数据，2021年长江液货危险品运输量16625.1万吨，同比增长5.2%。其中原油2322.8万吨，减少2.2%，成品油9348.2万吨，增长4.8%，化工品4954.1万吨，增长9.9%。

原油市场。 由海轮完成的海进江原油运输量1669.8万吨，减少5.9%，其中上海进港367.2万吨，江苏进港1302.56万吨。内河运输量653万吨，增长8.76%，其中江苏出港579.7万吨（省际运输431万吨，省内运输148.7万吨），湖南出港37.7万吨（省际），重庆出港24.9万吨（省际）。省际运输主要航线包括江苏南京—湖南岳阳、湖南岳阳—重庆—四川泸州；省内运输主要航线为江苏仪征、栖霞至南京扬子、江苏淮安航线。

成品油市场。 由海轮完成的海进江成品油运输量2760.1万吨，与2020年基本持平，其中，由上海进港406万吨、江苏进港2276.9万吨。江出海成品油运输量238.9万吨，同比降低27.8%。长江成品油内河运输量6322.3万吨，增长9.2%，其中，省际运输量2986.2万吨，省内运输量3335.7万吨。长江成品油省际运输基本呈长江下游往上游阶梯式递送运输，重庆地区为最大目的港。江苏为长江成品油最大中转港，省际运输出港量1899.8万吨。

化工品市场。 由海轮完成的海进江化工品运输量1158.1万吨，同比增加24.7%，其中，由上海进港56.7万吨、江苏进港1085.1万吨、安徽进港4.6万吨。江出海化工品运输量234.6万吨，与2020年相比基本持平，其中，由上海出港21万吨、江苏出港204万吨、安徽出港9万吨。长江化工品内河运输量约3508.9万吨，增长6.5%，其中省际运输量1838.3万吨，省内运输量1670.6万吨。

（三）长江干线省际载货汽车滚装运量

2021年，长江干线省际载货汽车滚装运输总量14.45万台，其中上行5.61万台，下行8.84万台。全年整体车流量较2019年下降23.0%，较2020年增长91.2%，总体来看尚未完全恢复至疫情前水平。三条航线对比来看，宜渝航线2021年较2019年整体下降52.4%；宜忠航线整体略上升0.5%；宜万航线整体下降7.5%。

三、效率效益情况

（一）省际旅游客运企业经营情况

2021年，长江干线省际旅游客运游轮平均载客率为56.32%，较2019年下降6.4%，较2020年上升11.63%。根据抽样调查，13家长江干线省际旅游客运企业船舶平均运输价格2.55元/人公里，同比增长3.9%。长江干线省际客船总体运输效率上升，船舶平均营运率52.9%，同比增长8.1个百分点。全行业年度经营收入约7.5亿元，为2019年的52%，是2020年的3倍。全行业各企业共计亏损2.9亿元，比2020年减亏1.66亿元。

（二）液货危险品运输企业经营情况

2021年，43家样本企业共完成液货危险品运输2864.8万吨，同比增长12.9%，货物周转量共269.3亿吨公里，同比增长8.3%。货物周转量增幅小于货运量增幅，反映出2021年液货危险品运输市场需求总体增加，但运距相对缩短，中下游运输需求增幅明显，干线运输受三峡大坝过闸效率影响较大。样本企业共计实现主营业务收入33.9亿元、发生主营业务成本30.7亿元、实现利润3.2亿元，同比分别增长7.6%、增长11.0%、减少17.2%。具体分析样本企业主营业务成本，上涨主要集中在人力成本、管理成本，反映出液体危险品运输船员紧缺情况进一步加剧，市场竞争激烈，经营费用有较大增加。样本企业营收利润率在0%以下的占16%，0%~5%占33%，5%~10%占12%，10%~15%占16%，15%以上占23%，企业在疫情及成本增长的双重影响下，盈利能力大幅下降，近50%的企业处于亏损状态或徘徊在盈亏平衡点附近。

（三）载货汽车滚装运输企业经营情况

2021年以来，为积极寻求行业自救，由行业协会主导，对司机群体进行了深入调研，并根据调研结果，调整了部分航线运输价格。以17.5m长的普通货车为例，宜昌到重庆、忠县、万州运价分别为2190元、1750元、1320元。与2020年相比，宜昌至万州价格下调14%，其他航线价格保持不变；重庆、忠县、万州到宜昌运价分别为2200元、1400元、1550元。其中，重庆、忠县至宜昌价格分别下调8%、12.5%，万州码头价格不变。根据抽样调查，7家载货汽车滚装运输企业中2家盈利，7家企业总利润-2597.16万元，去年为-2473.43万元，盈利面较去年同期下降14.3个百分点。企业普遍反映亏损严重，部分实力较弱的企业甚至无力偿还银行贷款，行业经营压力较大。

四、2022年市场发展趋势分析

（一）长江干线省际旅游客运市场趋势

在经济社会发展大局保持稳定、宏观经济形势持续复苏的背景下，14亿人口规模的庞大内需市场孕育着巨大的潜力与活力。长江游轮旅游市场受益于宏观经济稳中向好，也将在常态化疫情防控中加快恢复。疫情影响是阶段性的，不会改变长江游轮旅游市场长期向好、高质量发展的基本面。短期来看，长江游轮旅游市场恢复程度主要取决于国内疫情变化态势，2022年，保守预计将恢复至2019年的60%~70%，乐观情况下有望恢复到2019年的80%~90%。

（二）液货危险品运输市场趋势

总体来上，长江沿线化工产业将以结构优化调整，产业升级为主，不会再新增大的项目，长江水系省际液货危险品运输需求趋于稳定。

原油方面。石化产业相关规划要求加快建设长江经济带海上原油进口通道，未来2~3年，预计长江原油运输市场将保持基本稳定。2022年，随着国家对原油进口配额的进一步规范，部分长江沿线炼厂原油运输需求稍有增长，但受相关炼厂检修影响抵消，预计长江原油运输需求量较2021年基本保持稳定。

成品油方面。未来2~3年，受我国宏观经济由高速增长向中高速增长转变影响，叠加新能源汽车渗透率逐步提升，预计长江成品油运输需求量将有小幅下降。2022年，受国际原油价格处于高位影响，以及国家对石油化工行业税务督查的进一步严格，预计成品油运输需求量将较2021年小幅下降。

化工品方面。未来2~3年，沿江石化企业"控油转化"发展提速，将给长江化工品运输需求带来一定增量。2022年，受化工原料产能受限影响，预计需求有小幅上涨。

（三）载货汽车滚装运输市场趋势

双碳背景下，推进大宗货物"公转水"为滚装运输带来新的发展机遇，加之油价上涨部分货车司机"弃路走水"，陆上分流车源回归水路，预计2022年长江干线省际载货汽车滚装运输市场有回暖趋势。但考虑到近年来长江干线省际载货汽车滚装运输市场持续低迷，量价双跌，滚装运输企业收入、利润大幅下滑，市场总盘处于低位；且水路运输相对于公路运输的成本优势长期受到挤压，时间劣势仍然存在，车源恢复仍存在不确定性。综合考虑，预计2022年长江干线省际载货汽车滚装运输市场较2021年有所增长，达到2019年总量的80%~90%水平，但企业经营仍较为困难，盈利水平一般。

（长江航运发展研究中心
长江港航物流联盟旅游客运专业委员会
长江港航物流联盟液货危险品专业委员会
长江港航物流联盟商品车滚装专业委员会）

专题6

三峡枢纽通航情况分析

2021年，三峡通航管理部门克服新冠肺炎疫情影响，圆满完成了三峡北线船闸、葛洲坝二号船闸停航检修工作，三峡河段通航组织顺畅和谐，船闸、升船机运行安全高效，管控措施成效显著，通航信息保障有力，待闸锚地管理有序，三峡坝区通航总体安全、平稳、有序。

一、三峡船闸过闸统计分析

2021年，三峡南线船闸年通航天数346.03天，高于设计的年通航335天、日运行22小时；三峡北线船闸因停航检修35天，年通航天数314.36天。日均运行30.58闸次（南线15.44、北线15.14）。货船一次过闸平均吨位19873.26吨/闸（上行19803.86、下行19941.94，大大超出设计的10200吨。过闸船舶平均装载系数0.729（上行0.722，下行0.736），介于《船闸总体设计规范》（JTJ305—2001）推荐值0.5~0.8之间，没有达到设计值0.9。运量不均衡系数1.156（上行1.287，下行1.231）。全年三峡船闸运行10102闸次，通过船舶40379艘次，货运量1.46亿吨，同比分别上升3.10%、2.37%、6.83%。

（一）过闸船舶吨位分析

2021年，三峡船闸过闸船舶3000吨及以上船舶占比达到80.18%，5000吨及以上船舶占比达52.53%。过闸货船平均额定载重吨位数4971.88吨。三峡船闸过闸船舶额定载重吨位占比见表1。

三峡船闸过闸船舶额定载重吨位比例统计表　　　　表1

吨位级别	<1000吨	1000~3000吨	3000~5000吨	≥5000吨	艘次合计
2021年艘次	172	7833	11143	21231	40379
所占比例	0.42%	19.40%	27.60%	52.58%	100.00%
2020年艘次	213	9302	11160	18771	39446
所占比例	0.54%	23.58%	28.29%	47.59%	100.00%

（二）过闸货运量情况分析

2021年船闸及升船机运行保持高效，汛期未出现因大流量造成船闸停航度汛的情况，虽受新冠肺炎疫情以及三峡北线船闸、葛洲坝二号船闸、三峡升船机停航检修影响，通过量同比仍有所增长。2011年以前，三峡船闸年均货运量增长16.57%，2011—2021年平均增速降至3.83%，2021年过闸货运量1.46亿吨，同比上升6.83%，船闸通过能力运用已经接近饱和，无法实现持续高速增长。三峡船闸分月运量见图1。

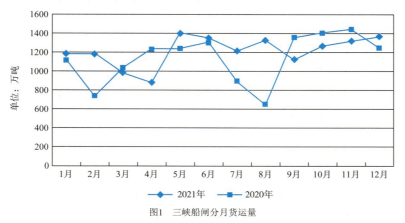

图1 三峡船闸分月货运量

上下行过闸货运量。2021年，三峡船闸上、下行货运量基本相当，上行49.05%，略低于下行，见图2。

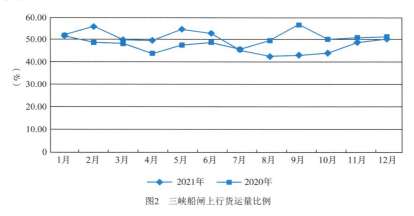

图2 三峡船闸上行货运量比例

过闸货种结构。2021年，三峡船闸主要过闸货物为矿石、矿建材料、集装箱、水泥、煤炭、粮棉、钢材、石油、化肥、木材等，占比分别为27.13%、24.83%、9.01%、7.98%、6.01%、5.89%、5.88%、4.42%、0.73%、0.67%，见表2。

三峡船闸过闸主要物资（万吨、万TEU） 表2

货 种	上 行		下 行		合 计		
	货运量（吨）	增长率（%）	货运量（吨）	增长率（%）	货运量（吨）	增长率（%）	比例（%）
矿石	27384713	12.18	12289593	-23.65	39674306	-2.06	27.13
矿建	4959050	-27.64	31345839	18.65	36304889	9.11	24.83
集装箱	6733471	-0.93	6432946	6.31	13166417	2.48	9.01
水泥	74725	-70.62	11591688	18.23	11666413	15.98	7.98
煤炭	6979355	53.74	1810368	16.92	8789723	44.37	6.01
粮棉	8605324	41.47	4624	89.04	8609948	41.49	5.89

续上表

货 种	上 行		下 行		合 计		
	货运量（吨）	增长率（%）	货运量（吨）	增长率（%）	货运量（吨）	增长率（%）	比例（%）
钢材	4138953	−21.13	4453914	213.86	8592867	28.89	5.88
石油	6029087	4.54	432372	33.91	6461459	6.09	4.42
化肥	110142	−19.25	964030	−6.31	1074172	−7.83	0.73
木材	975157	−17.20	7299	−54.64	982456	−17.70	0.67

二、三峡升船机运行情况分析

升船机运行情况。三峡升船机自2016年9月试通航以来，设备设施运行总体平稳，通航管理各环节协调有力，分流部分三峡过坝船舶，较好发挥了快速通道功能，一定程度上提高了三峡枢纽综合通过能力。2017—2021年，三峡升船机实际通航时数分别为5556.62、7633.22、7390.02、4900.20、7386.72小时，通航率分别为63.43%、87.14%、84.36%、55.79%、84.32%。2021年，三峡升船机共运行4725个有载闸次，通过船舶4803艘次，通过旅客10.02万人次，通过货物365.51万吨，见表3。

三峡升船机运行数据统计　　　表3

年 份	厢 次	通过船舶（艘次）	旅客人数（人次）	货运量（万吨）
2016	232	236	2114	2.42
2017	2289	2303	54954	55.00
2018	4257	4293	154153	151.39
2019	2902	2930	147258	114.17
2020	1541	1579	30849	76.09
2021	4725	4803	100197	365.51
合计	15946	16144	489525	764.58

通过船舶类型。2021年，通过三峡升船机的船舶类型以普通货船、客船为主，普通货船占比达67.87%，表明升船机除满足符合升船机通行条件的客船、商品车滚装船、集装箱船、公务船等优先过坝需求外，同时也兼顾了部分符合升船机通行条件的普通货船的过坝需求，成为符合技术要求的小型船、轻载（空载）船快速分流通道，见表4。

三峡升船机通过船舶分类情况表（艘）　　　表4

年 份	客 船	货 船	商品车运输船	集装箱船	其 他	合 计
2016	65	104	44	2	21	236
2017	411	1648	120	69	55	2303
2018	781	2839	247	335	91	4293
2019	749	1477	320	292	92	2930
2020	247	799	415	13	105	1579

续上表

年 份	客 船	货 船	商品车运输船	集装箱船	其 他	合 计
2021	509	3260	872	29	133	4803
合计	2762	10127	2018	740	497	16144

客运量。2021年，三峡升船机客运量为10.02万人次，同比增长224.80%。疫情防控形势缓和，旅客人次明显增长。三峡升船机分月客运量见图3。

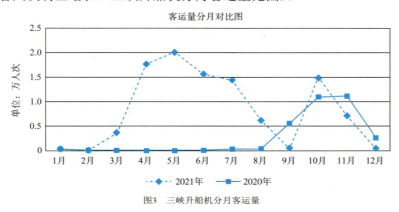

图3 三峡升船机分月客运量

三、通航建筑物运行情况

通航建筑物通航率。2021年三峡北线船闸停航检修35天，葛洲坝二号船闸停航检修32天，全年因大雾天气致使船闸停航的总次数与停航总时间较2020年明显增长，汛期基本没有发生因大流量造成通航建筑物停航的情况。在上述因素的综合影响下，全年船闸（不含升船机）停航时间多于2020年，但船闸及升船机通航率均超过设计的84.13%。船闸及升船机通航率情况见表5。

船闸及升船机通航率统计表（2021年） 表5

闸 号		停航时间（小时）			年通航率（%）		
		2021年	2020年	同比变幅	2021年	2020年	同比变幅
葛洲坝	一号船闸	152.01	991.39	−84.67%	98.26	88.71	10.77%
	二号船闸	945.20	121.77	676.22%	89.21	98.61	−9.53%
	三号船闸	152.93	62.95	142.94%	98.25	99.28	−1.04%
三峡	南线船闸	455.31	455.70	−0.09%	94.80	94.81	−0.01%
	北线船闸	1215.42	490.36	147.86%	86.13	94.42	−8.78%
	升船机	1373.18	3883.80	−64.64%	84.32	55.79	51.14%

通航建筑物面积利用率。三峡船闸和葛洲坝一、二号船闸平均闸室面积利用率维持在70%以上。但受过闸船舶大型化等因素影响，大小船舶搭配过闸的难度进一步增加。除一号船闸和北线船闸外，其他闸室面积利用率有所下降。船闸及升船机闸室面积利用率情况见表6。

船闸及升船机闸室面积利用率统计表（2021年）　　　表6

船闸		2021年（%）	2020年（%）	同比变幅（%）
葛洲坝	一号船闸	72.04	70.34	2.42
	二号船闸	71.53	72.72	−1.64
	三号船闸	65.45	66.24	−1.19
三峡	南线船闸	72.93	73.58	−0.88
	北线船闸	74.22	73.24	1.34
	升船机	63.59	62.32	2.04

四、三峡坝区滚装运输情况

2021年，坝上港口滚装专用码头进出滚装船舶3630艘次，作业滚装车139789辆，同比分别上升103.59%、127.29%。

五、三峡坝区船舶待闸情况分析

2021年，三峡河段日均待闸船舶997艘，过坝船舶平均待闸时间191.14小时，同比分别增长70.43%和73.76%。日最高待闸船舶1728艘次（4月18日），最大待闸时间824.97小时（9月20日）。船舶待闸时间变化趋势、船舶日均待闸数量变化趋势分别见图4、图5。

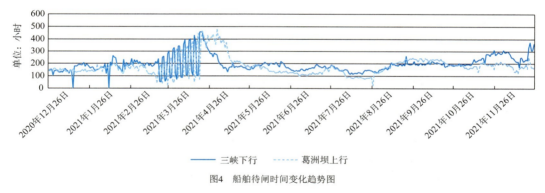

图4　船舶待闸时间变化趋势图

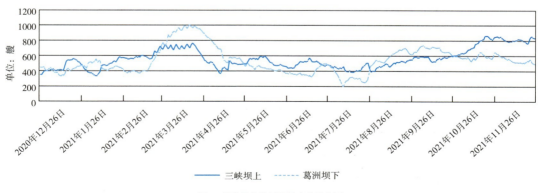

图5　船舶日均待闸数量变化趋势图

六、三峡坝区通航形势展望

2022年，三峡坝区船舶过坝供需矛盾将更加突出，船舶积压待闸呈常态化，船舶待闸时间将进一步延长，通航供给能力已明显不足，通航安全管理与运输组织保障任务日益繁重。一是三峡南线船闸、葛洲坝三号船闸计划性停航检修于2022年2月开展，届时待闸船舶将大幅增多，待闸时间将进一步延长。检修期，通航保障工作和待闸船舶管理、调度任务繁重，安全维稳压力巨大。二是两坝船闸通过能力饱和，几乎没有挖潜空间，但过坝需求持续增长，加之受新冠疫情影响，前期被压制的运输需求将逐步释放，船舶待闸形势将更加严峻，通航组织、船闸运行、锚地管理等面临更大考验。三是三峡河段大风大雾等恶劣天气出现频度和强度依然严峻，两坝间汛期通航水流条件更趋复杂，液货危险品过闸需求进一步增长，大型船舶比例已超过70%，保障通航安全的压力进一步增加。

（长江三峡通航管理局）

专题7

长三角地区港口经济运行情况及形势分析

长三角地区经济持续稳定恢复，主要经济指标运行在合理区间，呈现稳中加固、稳中有进、稳中向好的态势。长三角港航部门在做好"外防输入"的前提下，积极优化航线布局，加强港口资源整合，推动信息资源共享，港口吞吐量实现稳速增长，集装箱吞吐量首次突破1亿TEU，标志着长三角世界级港口群建设取得重要阶段性成果，上海国际航运中心服务能级进一步提升。

一、经济运行稳步增长，外贸规模再创历史新高

2021年，长三角三省一市完成GDP为276054.25亿元，同比增长8.45%，经济总量占全国的24.1%。其中，上海市43214.85亿元，增长8.1%；浙江省73516亿元，增长8.5%；江苏省116364.2亿元，增长8.6%；安徽省42959.2亿元，增长8.3%。

长三角地区进出口总额为141090亿元，同比上涨19.14%。其中：上海市40610亿元，增长16.5%；浙江省41429亿元，增长22.4%；江苏省52131亿元，增长17.1%；安徽省6920亿元，增长26.9%。

二、长三角地区水路运输生产统计分析

水路货运量和货物周转量。 2021年，长三角地区完成水路货运量44.34亿吨，同比增长6.79%，占全国比重为53.81%，其中：上海市101380万吨，增长9.84%；浙江省109210万吨，增长2.84%；江苏省98232万吨，增长5.1%；安徽省134580万吨，增长9.2%。2021年水路货运量具体见图1。长三角地区完成水路货物周转量57304亿吨公里，增长3.98%，占全国比重为49.58%，其中：上海市33018亿吨公里，增长2.88%；浙江省10030亿吨公里，增长1.48%；江苏省7743亿吨公里，增长10.01%；安徽省6513亿吨公里，增长6.85%。2021年水路货运周转量见图2。

港口货物吞吐量。 2021年，长三角地区主要港口共完成货物吞吐量62.37亿吨，同比增长5.97%，占全国规模以上港口货物吞吐量比重为40.13%。由于二月份春节假期，吞吐量大幅下降，三月份以来吞吐量呈逐月增加，六月份达到最高值，七月份受洪水期部分内河航区高水位关闸封航影响小幅下降，进入秋冬季节德尔塔毒株和奥密克戎毒株的出现，致使9月至12月吞吐量又有所下降。上海市共完成货物吞吐量7.76亿吨，增长8.3%；

浙江省19.18亿吨，增长3.76%；江苏省29.90亿吨，增长6.42%；安徽省5.53亿吨，增长8.22%。其中常州港吞吐量增长39.3%，盐城港吞吐量增长36%，主要是因为常州港与盐城港统计口径的变化，部分内河港口数据新近纳入统计表中。镇江港吞吐量下降32.4%，主要原因是由于江苏省取消了过驳业务，其吞吐量分流到了周边港口，导致镇江港吞吐量下降比较明显。各港口情况见图3。

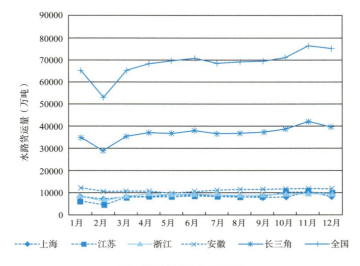

图1　2021年水路货运量趋势图

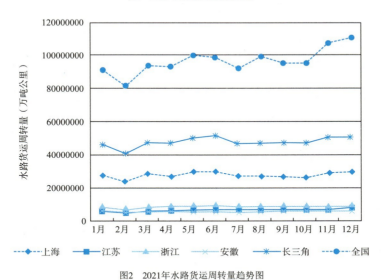

图2　2021年水路货运周转量趋势图

外贸货物吞吐量。长三角地区主要港口外贸货物吞吐量共完成16.21亿吨，同比增加6.01%，占全国港口外贸货物吞吐量比重为34.5%。长三角地区港口外贸吞吐量自二月出现低谷后，三月份稳步上涨，下半年由于奥密克戎变异毒株迅速传播，许多国家重新采取措施限制人员流动，供给出现扰动，外贸吞吐量波动比较厉害。上海港完成外贸货物吞吐量4.15亿吨，增长6.6%；浙江省5.95亿吨，增长5.31%；江苏省5.96亿吨，增长

6.65%；安徽省0.15亿吨，下降5.3%。长三角地区主要港口外贸货物吞吐量及同比增长率情况见图4。

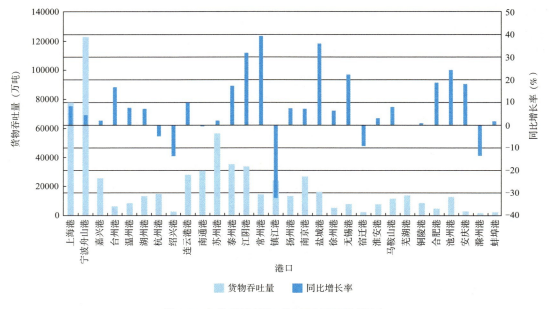

图3　2021年长三角地区港口货物吞吐量及同比增长率

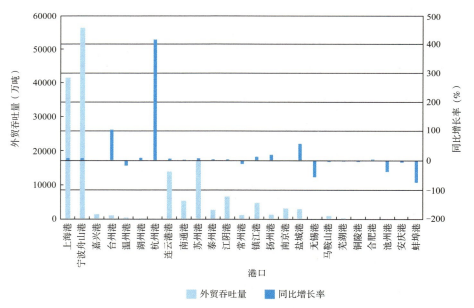

图4　2021年长三角地区港口外贸吞吐量及同比增长率

集装箱吞吐量。长三角地区港口集装箱吞吐量首次突破1亿TEU，宁波舟山港首次突破3000万TEU，主要港口全年完成集装箱吞吐量10679.8万TEU，同比增加9.41%，占全国集装箱吞吐总量的比重为37.77%。自3月份以来，长三角地区港口集装箱吞吐量逐月上升，下半年受疫情影响出现波动。上海港完成集装箱吞吐量4703.3万TEU，增长8.1%，仍然保持集装箱吞吐量世界第一；浙江省3610.5万TEU，增长8.52%；江苏省2162.7万TEU，增长14.53%；安徽省203.3万TEU，增长4.38%。各港情况见图5。

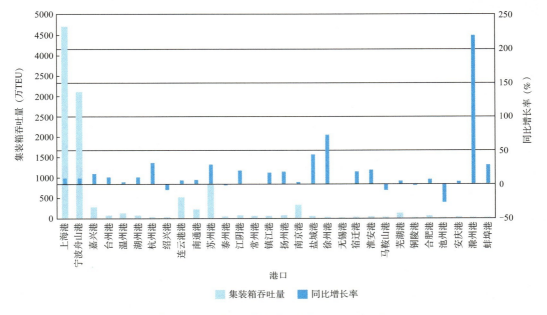

图5　2021年长三角地区港口集装箱吞吐量及同比增长率

三、2022年长三角地区港口经济运行态势展望

当前，新冠肺炎疫情在全球多地蔓延，走势错综复杂，俄乌冲突导致原油、粮食等价格上涨，形成一定通胀压力，俄罗斯和乌克兰都是"一带一路"关键节点，我国国际供应链不稳、不强、不安全的风险凸显。如果2022年不再出现特别大的意外事件，预计全年全国规模以上港口货物吞吐量将保持稳定增长态势，增幅会有所回落。保持长三角港口经济形势稳定增长，必须按照习近平总书记要求加快建设辐射全球的航运枢纽，加快打造层次分明、功能齐全、河江海互通、优势互补、配套设施完善、现代化程度较高的世界级港口群并形成一体化治理体系，提升整体竞争力和影响力，为长三角地区更高质量一体化发展提供强有力的支撑，同时也代表国家更好参与国际合作与竞争，把世界级港口群建设成国内大循环的重要节点、国际国内双循环的主要链接，确保港口为国民经济运行行稳致远做好保障。

（上海组合港管委会办公室）

专题8

上海国际航运中心现代航运服务业发展情况综述

2021年,上海国际航运中心开启从"基本建成"向"全面建成"迈步的新征程。在新的历史起点上,上海服务构建新发展格局,深入推进长三角一体化,把握数字化转型、绿色低碳趋势,致力全面提升航运服务能级,加快打造便捷高效、功能完备、开放融合、绿色智慧、保障有力的世界一流的航运枢纽。

一、航运服务质量进一步巩固

上海国际航运中心继续保持全球前三。近年来,上海国际航运中心建设成效显著。2021年7月11日,以"开启航海新征程,共创航运新未来"为主题的中国航海日上海论坛在虹口北外滩举行。由新华社中国经济信息社联合波罗的海交易所推出的《新华·波罗的海国际航运中心发展指数报告(2021)》在上海发布。报告显示,上海继2020年跻身国际航运中心前三名,2021年继续保持全球第三的地位。

上海波罗的海国际航运公会中心升级为亚太总部。随着中国航运市场快速发展及在全球影响力不断增强,波罗的海国际航运公会(BIMCO)上海中心的辐射范围和服务功能进一步拓展,在吸收原新加坡中心的管理职能基础上,被正式授权由中国总部升级为亚太总部,于2021年5月19日正式更名为上海波罗的海国际航运公会亚太中心。

二、航运高端服务持续推进

有效提升航运高端服务能级。上海出口集装箱结算运价指数(SCFIS)通过国际证监会组织标准审计,为航运运价指数期货产品上市奠定了坚实基础,标志着该指数通过国际权威认可,上海航运交易所成为国内首家通过该认证的国家级指数机构。作为国际金融中心和国际航运中心建设的结合点,研发上市航运指数期货将有助于促进金融和航运两个市场的连接,有效提升航运高端服务能级,增强航运"软实力"。

积极参与国际航运保险规则制定和全球航运保险治理。上海航运保险协会推荐的五名中国籍专家成功当选国际海上保险联盟(IUMI)专业委员会委员,至此IUMI七个专业委员会均(曾)有中国代表,总计16名。

展现"上海航运"服务品牌。为贯彻落实习近平总书记关于"经济强国必定是海洋强国、航运强国""要加快同长三角共建辐射全球的航运枢纽"等重要指示精神，服务交通强国建设和共建"一带一路"，加快建设具有全球航运资源配置能力的上海国际航运中心，上海市政府和交通运输部决定共同主办"北外滩国际航运论坛"，致力于打造一个全球航运业界的"达沃斯"。2021年1月12日，上海市交通委、中国远洋海运集团有限公司、上海国际港务（集团）股份有限公司和虹口区人民政府四方在上海签署《合力打造"北外滩国际航运论坛"合作备忘录》。11月3~5日，以"开放包容，创新变革，合作共赢—面向未来的国际航运业发展与重构"为主题的首届北外滩国际航运论坛在虹口区北外滩举行。

加强顶层设计进一步提升上海国际航运中心能级。印发《上海国际航运中心建设"十四五"规划》，提出到2025年，上海国际航运中心建设要形成枢纽门户服务升级、引领辐射能力增强、科技创新驱动有力、资源配置能级提升的发展新格局；基本建成便捷高效、功能完备、开放融合、绿色智慧、保障有力的世界一流国际航运中心。根据规划，将从"优化空间布局，发挥航运产业集聚辐射效应；引领长三角，推动港航更高质量一体化发展；凝聚发展合力，建设品质领先的世界级航空枢纽；打响服务品牌，强化全球航运资源配置能力；优化产业布局，高水平建设邮轮经济中心；挖掘科技动能，促进航运中心可持续发展；优化治理体系，全方位提升航运发展软实力"等七个方面推进上海国际航运中心建设。

三、长三角港航一体化发展

上海港集装箱吞吐量稳居全球第一。2021年，面对严峻复杂的国际环境和新冠肺炎疫情反复，上海港集装箱吞吐量再次逆势"飘红"，突破4700万TEU，同比增长超过8%，再创历史新高，并连续12年位列全球第一。上海港在更高起点上实现箱量显著增长，全力保障全球产业链供应链畅通，助力上海建设"五个中心"和打造国内大循环的中心节点、国内国际双循环的战略链接。数量稳步增长的同时，国际中转箱吞吐量首破600万TEU，同比增长约13.4%，国际中转枢纽地位持续凸显，进一步增亮了上海国际航运中心成色。

长三角港口海事服务迈出坚实步伐。上海市交通委员会与中国（浙江）自由贸易试验区舟山管委会签订《保税船用燃料油一体化供应协议》，标志着长三角港口海事服务一体化迈出坚实步伐。双方就船用燃料油跨港区直供试点企业、供油船舶准入机制、共同建立港口经营备案和口岸监管互认长效机制、落实协议的工作机制等达成共识。两地交通港航部门在中石油上港、浙江海港国贸2家供油企业试点基础上，共同建立一体化供油船舶名录库，两地相关经营备案手续、供油市场监管实施互认。双方将以船用燃料油一体化供应作为浙沪海事服务合作的新起点，有序扩大试点范围，拓展深层次合作，共同推进两地国际航行船舶综合海事服务和LNG加注等领域的广泛合作，携手推动建设"长三角海上合作示范区"。

新增LNG加注服务。洋山港海事局为注册在临港新片区的上海碧洁船舶管理有限公司颁发《临时符合证明》，成为国内首个正式取得开展国内沿海航线气体运输船（含LNG加注）船舶管理业务资质的公司。上海港将成为国内首个能够为大型LNG双燃料动力船舶提供LNG加注服务的港口，进一步提升上海港作为国际航运中心的竞争力。目前，全球仅有鹿特丹、新加坡、马赛等少数国外港口可提供LNG加注服务。

长三角港航高质量一体化发展搭建新平台。长三角自由贸易试验区联盟成立大会在上海举行，长三角地区三省一市共同发布了长三角自贸试验区十大制度创新案例，涉及贸易监管、跨港协作、金融开放、科技创新、市场监管等改革领域，体现了长三角自贸试验区联动发展、服务长三角一体化等国家战略的最新创新成果。

上海洋山港枢纽能级进一步提升。2021年，上海自贸区临港新片区获批"外贸集装箱沿海捎带业务"试点。在临港新片区内，允许符合条件的外国、香港特别行政区和澳门特别行政区国际集装箱班轮公司，利用其全资或控股拥有的非中国籍国际航行船舶，开展大连港、天津港、青岛港与上海港洋山港区之间，以上海港洋山港区为国际中转港的外贸集装箱沿海捎带业务试点，试点期限至2024年12月31日。这将带动洋山港的中转集拼业务发展，吸引国外船公司在洋山港进行货物中转，增加集装箱吞吐量，提升洋山港枢纽能级。

四、航运数字化转型加速

智慧港口建设迈上新台阶。上港集团超远程智慧指挥控制中心项目落地上海临港新片区同盛物流园区，项目是上港集团联合华为公司在全球港口首次将F5G（第五代固定网络）技术应用在港口超远程控制作业场景，是新一代智慧港口运营模式的重大突破，将提高洋山港码头在恶劣天气等突发状况下的应急响应能力和连续作业能力。洋山四期是目前全球单体规模最大的全自动化码头，也是全球综合智能程度最高的码头之一。随着5G技术和人工智能的不断发展，上港集团组建的"洋山四期'科技芯港'创新团队"持续用前沿技术开启智能化港区码头未来，在自动化码头建设运营领域完成了从跟跑到领跑的嬗变，为全球智慧港口建设运营提供中国方案、贡献中国经验、。

航运数字化取得新成果。全球航运业务网络联盟（GSBN）宣布首个应用产品"无纸化放货"在中国正式上线。基于区块链技术的操作系统，旨在实现全球贸易现代化、高效化，将货物放行时间从几天缩短到几小时。"无纸化放货"已在中远海运集运、东方海外、上港集团等企业全面推行。

打造自主创新新高地。国务院发布《中共中央国务院关于支持浦东新区高水平改革开放打造社会主义现代化建设引领区的意见》。浦东新区举行大企业开放创新中心授牌仪式暨金融赋能活动，大型邮轮创新中心（上海外高桥造船有限公司）、智慧航运创新中心（中远海运科技股份有限公司）、船舶动力工程研发中心（中船动力（集团）有限公司）、AI+海洋科创中心（浦东新区、上海张江（集团）有限公司和上海船舶研究设计院联合创建的创新型功能平台）四家被授予浦东新区大企业开放创新中心。

五、航运高端制造能力不断提升

高端制造能力跑出新速度。浦东新区北部布局邮轮产业驶入快车道。上海自贸试验区保税区将联动由高东镇、高桥镇、高行镇组成的"三高"地区，持续投入近100亿元，打造邮轮建造战略供应商集群、邮轮产业服务商集聚区、邮轮产业人才培育基地，形成邮轮建造的产业生态圈，锻造新的发展增长极。中国最大的邮轮公司——中船嘉年华（上海）邮轮有限公司宣布落户上海宝山区，中国首制全球最大型24000TEU集装箱船在沪东中华造船（集团）有限公司长兴造船基地一号船坞顺利出坞，标志着中国船舶工业在超大型集装箱建造领域取得的又一个重大突破。中国首艘大型邮轮在上海外高桥造船有限公司顺利实现坞内起浮的里程碑节点，进一步验证中国首艘大型邮轮在设计、工艺、生产准备、总装建造等阶段所取得的一系列重大科研成果，标志着该工程从结构和舾装建造的"上半场"全面转段进入内装和系统完工调试的"深水区"。

六、航运集聚力和人才影响力不断提升

高能级机构加速集聚。中国船舶集团有限公司总部迁驻上海，全面开启中国船舶集团更好服从服务国家重大战略、加快建设世界一流船舶集团的新征程。此前，中远海运集团、中国船东协会等总部型、功能型机构也相继迁沪。目前全球排名前列的班轮公司、船级社、邮轮企业、船舶管理机构以及波罗的海国际航运公会等知名国际航运组织纷纷在沪设立总部、分支机构或项目实体，包括全球十大船舶管理机构中的6家、国际船级社协会正式成员中的10家、全球排名前百位班轮公司中的39家。北外滩所在的虹口区，已集聚4700多家航运企业，平均每平方公里落户197家航运企业。高能级机构的集聚，将助力上海现代航运服务业的发展，进一步提升上海国际航运中心的全球资源配置能力。

航运人才影响力不断提升。由英国英富曼集团与上港集团联合举办的海贸（Seatrade）国际海事"2020年终身成就奖"颁奖仪式在上海举行，该奖项是目前全球航运界规格最高、最具世界影响力的海事航运大奖之一。中远海运集团董事长许立荣荣获海贸国际海事"2020年航运终身成就奖"。

（上海航运交易所）

专题9

武汉长江中游航运中心建设综述

2021年,围绕高水平建设中部地区枢纽港,武汉新港管理委员会迎难而上,砥砺前行,全面推动武汉长江中游航运中心建设高质量发展,实现了"十四五"良好开局。

一、2021年建设成效

武汉航运中心建设迈出新步伐。加强前瞻规划研究,编制《武汉新港(武汉市)发展"十四五"规划》《关于推动将武汉建成中部地区枢纽港实施方案》。以阳逻港为核心,汉南港、花山港、金口港为辅的集装箱港口集群化发展态势良好。2021年,武汉港集装箱吞吐量完成243.62万TEU,同比增长26.06%,水水中转比例达到48.74%,枢纽功能显著提升。稳定发展汉申线、运河航线、中三角航线等多层次航线网络。保障武汉至日本集装箱直航航线,装载率持续提升,对外开放拉动作用日益增强。构建船队优势,完成近海直航船型、汉江及三峡集装箱船型设计方案,完成2艘武汉至日本、4艘武汉至韩国近海直航船舶建造准备工作。

水铁联运二期工程建设实现新突破。统筹港区、海关监管区、铁路站区及市政综合配套建设,组织召开5次指挥部会议、37次专题会、现场调度会,超强度协调解决工程推进、设备调试、综合验收等重难点工作,实现一年时间从开工到开港。组织举行大型项目推介活动,冲刺收尾阶段1个月内完成50项清单任务清零,2021年8月1日开港通车,打通水铁联运最后一公里,有力增强了武汉的枢纽功能。

内外联通新通道建设取得新成效。加快构建国际贸易新通道,稳定提升中日集装箱班轮运行质量。加快日、韩直航运力拓展,完成6艘专用船舶建造准备。全年日本直航累计运行80余航次,运输12900余TEU。拓展直航范围,10月27日开行中日韩多边航线。新增日本—武汉—蒙古海铁联运通道,提前布局韩国—武汉—欧洲(中亚)双向国际中转通道。聚焦航贸一体化发展,推动中国湖北—日本关西江海联运带路互通合作项目签约。积极推动沿海进江新通道,开通武汉至宁波舟山直达航线、武汉至东北航线,加速融入国内大循环。大力发展特色区域新通道,延伸开通武汉至济宁航线,新增开通武汉至黄石城市圈水上穿巴,提升武汉港服务辐射能力。

航运综合服务功能实现新提升。武汉新港空港综保区8个分拨中心相继落地运行,国际贸易分拨业务实现集群化发展,完成外贸进出口总值跨越百亿元大关。京东、盘古等头部跨境电商落户园区,全省首个整车口岸在汉启动运营。引进中港物流公司、中实欧陆公司2家进出口额10亿元以上的外向型企业。推动国际贸易分拨业务集群化发展，3个保税分拨中心产能提升25%以上，新增落地保税物流项目5个，储备项目4个。加快武汉航运交易所流域化发展，新增淮安、九江服务网点。开展定制化服务，启动"京杭大运河（淮安）集装箱运输市场景气指数"研究。发挥长江航运产业研究中心智库作用，统筹岸电、港船检测、LNG产业项目等产学研经验，持续开展绿色智慧船舶研究，加快航运产业化进程。

智慧口岸建设体现新气象。高位推进"智慧口岸"，编制《武汉新港智慧口岸建设实施方案》，完成智慧口岸一期项目建设。升级智能通关服务系统，全面提升平台效用，全年累计处理通关业务30万笔，其中转关运抵19.4万笔，同比增长38.67%。加强信息化设备、人员、场地集中统一管理，优化自动化运维平台功能。与湖北省电子口岸运行服务中心签署合作备忘录，建立联席会议制度，形成省市电子口岸协同发展工作机制。发展汽车贸易，与盒马、快马鲜生、湖北湖源、葛洲坝集团文旅发展有限公司等合作开展供应采购。积极加入"一带一路"贸易，与非洲沿线国家客商洽谈合作。打造多元投资矩阵，参与绿色航运，涉足智能船舶信息化开发领域。

二、2022年发展思路

2022年，武汉长江中游航运中心将继续贯彻落实国家和省、市赋予的战略任务，推动武汉港口在双循环新发展格局中发挥更大作用，有力支撑武汉、湖北及长江中游城市群高质量发展。

一是以提升港口枢纽能力为核心，推动中部地区枢纽港全面提速。启动《建设武汉中部地区枢纽港实施方案》核心项目，推动《武汉新港（武汉市）发展"十四五"规划》落地见效。优化港区功能布局，武汉港集装箱吞吐量冲刺260万TEU。优化运输组织，依托汉申线、宁波舟山、东北航线，发展壮大"江海联运"；依托阳逻国际港水铁联运二期项目、海铁联运通道，积极拓展"水铁联运"；依托中日韩多边航线，突破发展"水水直航"；依托中三角航线、运河航线、省内水上穿巴等"支流航线"，大力发展散改集，全力扩大"沿江捎带"；推动城市圈港口一体化发展，努力推动"港城一体"。

二是以水铁联运二期工程运营为契机，加快提升多式联运效能。完善港区、海关监管区后期工程建设，积极完善口岸功能，推动阳逻港始发中欧班列，实现全程"一站式"、"一单制"服务。推动水运与西南、西北等地区及亚欧铁路运输的双向互动，切实增强武汉枢纽功能。

三是以新通道建设为突破，积极服务和融入新发展格局。加快充实日韩直航运力，完成2艘直航船舶建造，力争形成周双班运转，年运输量不少于1万TEU。链接中欧班列扩大国际中转辐射范围，壮大国际中转规模。深化与日本、韩国经贸合作，推动湖北省政府与韩国贸易机构达成战略合作，加快打造双向贸易枢纽。发展壮大内贸新通道，谋划武汉至东南沿海航线，助力打造国内大循环重要节点。

四是以四大平台为载体，提升产业发展能级。武汉新港空港综保区，发挥"区港联动"优势，做强保税物流，做大加工贸易，做优保税服务功能，实现跨境电商等创新业态量、质双提升，成为开放型经济新高地。武汉航运交易所，全力推广网络货运平台、船舶资产交易平台，夯实基础交易功能；完善长江航运指数体系、深耕航运法务服务、开展定制化航运人才服务、擦亮航运文化品牌，全面打造高端航运服务体系。武汉电子口岸公司，全面推进智慧口岸一期建设，优化平台功能，做好集中运维和线上线下通关服务。大力开展商贸服务，探索公司贸易业务模式。航运产业研究中心，统筹智能船舶、智慧港口、岸电、港口数字孪生等研发与推广，促进武汉航运中心绿色发展。

五是以五大智慧工程为重点，加快培育智慧航运新优势。智慧港口，全面建成阳逻西港区智能码头示范项目，提升码头智能化水平；智慧船舶，加快"四型"绿色智能船舶推广应用，构建船队核心竞争力；智慧口岸，以阳逻港为试点，实施口岸通关全程"无纸化"和辅助监管便利化。智慧物流，完成智慧航道、智慧理货场景应用。智慧交易，将传统的货运交易、船舶交易向线上引流，初步构建"云上航交所"。

（武汉新港管理委员会）

专题10

重庆绿色航运发展情况综述

近年来,重庆航运深入践行习近平生态文明思想,认真落实"共抓大保护、不搞大开发"要求,坚定不移走生态优先、绿色发展之路,全面贯彻落实交通运输部和重庆市政府节能减排和环境保护工作部署,切实增强"上游意识"、担起"上游责任",运用新技术、新科技全面推动绿色航运取得显著成绩。

一、绿色港口建设

2021年12月10日,重庆市涪陵水上绿色综合服务区如期建成投入运营,这是继12月8日四川省泸州水上绿色综合服务区正式挂牌运营后,长江上正式运营的第12个水上绿色综合服务区。此外,重庆还在港口污染防治、港口岸电推广使用、LNG等清洁能源加注使用等方面全力推进绿色港口建设。

(一)港口污染防治

落实《水污染防治行动计划》《长江经济带船舶和港口污染突出问题整治方案》,制定了《重庆市船舶污染物接收、转运、处置联单制度(试行)》,切实做好污染物接收、转运、处置工作。目前,全市共投入使用11艘多功能船舶垃圾接收船,奉节县等16个区县的船舶废弃物接收处置工程暨清漂码头,1764个船舶污染物固定或移动接收设施。全年累计接收船舶污染物15.8万单,接收生活污水、含油废水、船舶垃圾分别为15万吨、2719吨、2493吨,转运率、处置率指标平均超过90%,基本实现船舶水污染物"零排放"。

船舶洗舱站方面,按照《长江干线水上洗舱站布局方案》,重庆完成长寿川维、涪陵泽胜洗舱基地升级扩能改造,洗舱能力达到1200艘次/年,基本能够满足全市危化品运输船舶洗舱需求。2021年,泽胜、川维洗舱基地共完成作业600余艘次。

(二)港口岸电推广使用

大力推广港口岸电使用,全年新建云阳张飞庙、巫山北门客运码头岸电设施,完成主城果园、佛耳岩以及长寿重钢等9座码头31个泊位岸电标准化改造,截至2021年底,全市具备岸电供应能力的泊位达到215个,岸电覆盖率达45%,高于长江经济带32%的平均水平,但与长三角地区相比仍有差距。全年累计船舶靠港接岸电3.25万艘次,岸电接电次数约1.54万次，使用率47.4%，接电总时间22.2万小时，使用岸电710万度，同比增长12.2%，减少二氧化碳排放6900吨，减少大气污染物3000吨。

（三）LNG清洁能源加注设施

2021年，巴南麻柳LNG加注码头正式投用，是长江上游地区第一座LNG加注码头。全年累计实施加注作业16艘次，16.8万立方米。

二、绿色航道建设

（一）绿色航道建设与养护

长江朝天门至涪陵段和渠江、黛溪河等支流航道整治加快推进。其中：朝涪段工程地处三峡水库变动回水区，生态环境构成多样，鱼类资源丰富，且123公里工程河段点多线长，涉及国家级水产种质资源保护区和10余处取水口，生态环境敏感。航道部门在施工是采取了多重措施，确保生态环境稳定，打造绿色航道。一是施工时水下钻爆采用高风压一体化钻爆设，减少对鱼类和水下生物的影响。二采用适合川江航道生态环境的施工手段，实现弃渣的再利用。三是通过生态护坡工程恢复岸坡对水流的控制作用，保持岸线稳定。四是施工过程中，同时进行取样工作监测施工对环境影响。五是渠江重庆段航道整治工程采用《高大整体模板现浇大体积水下混凝土施工工法》，提升了工程进度，节约了工程成本。

（二）航道支持与保障系统

支持保障系统建设过程中，航标船用富锌底漆代替传统的沥青油漆，岸标全部采用铝合金贴反光膜代替钢材加油漆，航标灯采用一体化太阳能航标灯代替传统的铅酸电池加航标灯，安全标志标牌钢结构采用热浸锌工艺，代替油漆，使得支持保障系统进一步低碳、绿色、环保。

三、绿色船舶建设

（一）船舶大型化发展

近年来，重庆市持续推进船舶大型化、专业化进程，船舶运力结构进一步优化。截至2021年底，全市货运船舶运力规模达到960万载重吨，船舶平均吨位突破4000吨，达4325吨。

（二）绿色标准化船队

在推进船舶标准化方面，重庆市全年新建130米大长宽比三峡船型60艘、累计达230余艘；新建110米集装箱船型45艘；集装箱、化危品、汽车滚装等专业化船舶比例达到31.15%；船型标准化率达到86%，居全国内河前列。在新能源船型及推进方式使用方面，截至2021年底，已运营LNG动力船舶4艘，在建LNG动力船舶4艘。其中已运营的长航货运001号采用"柴油主机+轴带电机+LNG气体燃料发电机组+锂电池"混合动力系统，是工信部"内河绿色智能船舶创新专项"示范船。在游轮方面，世纪游轮成为长江唯一全系列均为"电力推进绿色环保游轮"舰队。"长江叁号"游轮采用全电力全回转舵桨推进方式，达到零排放标准；"华夏神女3号"采用三机三桨三舵设计，最大限度节能降耗，在船体线型、阻力系数、推进效率、减震降噪和空间布局有效利用的方面，均达到了新的高度；"美维凯悦"游轮是长江上唯一采用直流电力组网推进技术的豪华游轮，推进效率、节能环保等创行业新高。

（三）船舶单位能耗

2021年，全市货运船舶平均单位油耗约1.65千克/千吨·公里，较2003年三峡成库前的7.6千克/千吨·公里大幅减少，是全国内河船舶能耗最低的省市之一。按2021年重庆水运货运周转量2436亿吨公里测算，船舶消耗柴油约42万吨，火车需消耗柴油约115万吨，汽车需消耗柴油约380万吨，水路、铁路、公路碳排放比例为1:3:10，航运明显更符合碳达峰、碳中和的要求。

（四）船舶污染防治

大力开展船舶防污染改造工作，加快推进船舶防污染设施的配备和使用。全年重点完成100总吨以下船舶污水装置改造200艘，超额完成货运船舶受电设施改造1120艘、约占"十四五"期总任务的80%，累计完成"两江四岸"新一轮船舶治理198艘。目前，全市所有营运船舶均安装了符合内河船舶技术法规要求的生活污水处理装置、污油水处理装置、垃圾收集设施和各类收集转岸储存舱（柜）等设施，长江重庆段辖区共3400多艘重庆籍船舶以及到港外港籍船舶实现了污水、垃圾"零排放"。

四、绿色运输组织

近年来，水路运输在重庆跨省长距离、大宗货物运输中的主导作用进一步巩固强化，全市水运货运周转量占综合交通比重常年高于60%。铁水联运、水水中转等绿色运输组织方式为重庆航运发展提供新动能。

（一）铁水联运

重庆进一步加快港口集疏运建设，现已基本形成以主城果园、涪陵龙头、万州新田、江津珞璜为核心的铁公水联运枢纽体系，交通运输格局也从单一水路运输逐步向多式联运转变，铁水联运组织发展成效显著。2021年全市铁水联运到发量完成2162.2万吨，同比增长6.1%，约占港口货物吞吐量的11%，"铁水联运"集装箱量达到13.5万TEU，同比增长22.8%，约占全市集装箱吞吐量的10.1%。

（二）水水中转

重庆水水中转运输快速发展，覆盖港口不断扩大，开行航线不断增多，运输货类更加丰富。除稳定开行宜宾、泸州至重庆果园港的集装箱水水中转外，近两年还相继开通了重庆果园、涪陵等港口至四川广元、广安、南充、云南水富、湖北宜昌等港口的水水中转航线。2021年，全市跨区域水水中转航线达到近10条，集装箱水水中转箱量达到19.1万TEU，同比增长21.4%，约占全市集装箱吞吐量的14.3%。

（三）新型运输方式

随着长江上游地区经济社会不断发展，运输需求也发生深刻变化，中长距离大宗货物"公转水"运输积极推进，滚装运输、甩挂运输等运输方式加快发展，特别是"散改集""杂改集"运输蓬勃发展，既降低了综合物流成本，也产生了明显的环保效益。目前，贵州开磷硫磺和磷产品、云南水富磷矿石和四川威钢铁矿石等货源已广泛采用"散改集"形式，通过重庆港实现了集装箱重去重回的对流多式联运。

（重庆航运交易所）

专题11

南京区域性航运物流中心发展综述

2021年,牢牢把握长江经济带、长三角一体化发展等战略机遇,围绕"开展全员素质提升年活动,促进航运中心高质量发展"工作思路,聚焦服务、聚力发展、聚心谋划,航运中心高质量发展取得显著成效。

一、2021年建设成效

(一)航运中心重点项目建设加快推进

持续推进南京区域性航运物流中心和海港枢纽经济区建设。南京区域性航运物流中心规划有序推进。龙潭港区铁路专用线投入运营,汽车滚装码头集疏运道路进行路面施工。下关长江国际航运物流服务集聚区二期工程南京港集团大楼项目正式交付,长江南京通信管理局、南京航道局已签署入驻协议,集聚效应逐步显现。

(二)航运交易中心业务蓬勃发展

航运数据初步汇聚。依托南京航运交易综合信息管理平台,打通了南京航运交易中心与江苏省港集团科技信息公司、省电子口岸、货代企业的数据接口,汇聚整合了近5年的南京区域港口物流、电子口岸、船舶交易、船舶动态、航线动态、航运人才、船货代理等航运数据,为深化南京区域航运数据的应用,扩展航运指数、航运信用、航运决策等创新性航运服务提供了基础保障。南京航运交易综合信息管理平台二期开工建设。

船舶交易迎难而上。全年累计成交各类船舶249艘,交易额6.28亿元。持续推进国资船舶在线竞拍处置工作,与江苏海事局各分支局、南京市板桥汽渡服务中心等单位进行业务对接,竞拍业务稳步增长,全年累计竞拍22批次拍品,成交额4070.03万元,平均溢价率达36.65%,竞拍成交额同比上涨35.48%。船舶在线竞拍微信端小程序项目投入使用,实现移动端和PC端互联互通。

货运交易再创新高。全年发布货运交易信息17919笔,成交1883笔,承运量2131.5万吨,交易额8.31亿元,交易额同比增长19%。货运交易平台自上线以来累计发布交易信息71253笔,成交5409笔,承运量6115万吨,交易额20.37亿元。

航运人才服务便民。航运人才平台实现自主运维,编写完成《航运人才工作手册》,成功举办两场航运人才专场线上招聘会,吸引招聘单位41家,提供航运相关企业岗位需求274个。

诚信建设助推监管。推行绿色通道，营造公平、竞争、诚信的营商环境。通过建立信用档案、提供信用查询、签订信用承诺书等方式，信用体系初步建立，从引导、倡导诚信到自觉诚信。建立航运企业信用档案154家，签订《船舶交易鉴证信用承诺书》43份。

数字档案提档升级。根据《江苏省数字档案室等级评估办法》等标准规范，启动5A航运交易数据数字档案室运维及评估内控在线归档项目建设，有效整合和保存南京航运交易中心各种类型档案，建设全文、多媒体、专题等数字内容数据库，建成数字环境下历史档案数字记录永久保管档案室，全面提高南京航运交易中心档案信息化服务水平。

（三）航运服务中心品牌有力塑造

推进港航服务中心建设。成立南京港航服务中心联盟，南京长江航运服务中心公共服务大厅已具备入驻条件，可实现海事、边检、海关、港航等"一站式"综合服务。

宣贯航运物流优惠政策。持续做好"港口物流专项资金补贴"审核，为南京水运口岸外贸集装箱运输提供重要支撑，助力枢纽经济和现代物流业转型发展。继续深化"放管服"改革，落实兑现惠企政策，对符合通行费优惠政策的集装箱运输车辆100%完成新系统安装，确保集卡优惠政策执行精准度和有效性，全年全路网优惠车辆78万辆次、优惠金额1.42亿元。

发布江海航运物流集装箱货量指数。完成江海航运物流集装箱货量指数首发工作。作为南京地区首个发布的航运指数，主要体现南京区域集装箱运输市场发展基本形态，客观、动态反映集装箱运输市场规模、货量结构等发展趋势。启动南京出口集装箱运价指数研究，起草南京江海河航运物流指数建设工作方案、大运河航运指数研究方案，合力共建江海河航运物流指数体系。

经过几年努力，航运中心实现由基本建设向全面履职的转型，初步完成了"四个基本"：即航运中心基础构架基本建立、履职能力基本具备、引领作用基本显现、发展格局基本明确。

二、2022年发展思路

（一）完成区域性航运物流中心规划编制工作

联合交通运输部水科院，加快编制《南京区域性航运物流中心规划》，明确南京区域性航运物流中心建设的重点任务、重大工程。

（二）完善南京长江航运服务中心公共服务大厅功能

推动南京港航服务中心实体化运作，实现口岸、港航政务、航运交易等"一站式"服务，彻底解决长期以来港航企业办证办照"两头跑"的顽症。成立港航服务中心管理办公室，具体承接南京港航服务中心日常管理工作，逐步提升南京区域港航服务整体水平。

（三）完成航运物流数据交互平台二期建设

在一期项目建设的基础上，编制南京地方航运数据交互标准规范，对接南京海事局、省港口集团等单位，通过汇聚、整合、分析南京区域航运物流基础数据，打造航运数据交互平台、航运公共服务平台、航运业务管理系统，优化配套基础设施，年内上线运行，实现"定标准，汇数据，强服务"目标，统筹推进新阶段南京航运发展。

（四）全力开展江海航运物流研究

继续做好江海航运物流集装箱货量指数发布工作。制定南京出口集装箱运价指数编制方案，成立运价编制委员会，发布南京出口集装箱运价指数。结合货量指数及运价指数研发项目成果，整合区域港航信息，编制航运市场分析报告。

（五）推进落实航运物流优惠政策

继续贯彻落实航运物流优惠政策。利用航运物流数据交互二期平台，实现港口集卡车辆优惠政策实施的信息化管理、港口物流发展专项资金的信息化审核，进一步规范工作流程、提升管理效能，更好为南京区域港航物流企业提供服务，助力港口经济发展。

（南京航运交易中心）

专题12

舟山江海联运服务中心建设综述

2021年，以服务长江经济带发展和"一带一路"建设为统领，以重大项目为抓手，以改革创新为动力，以专班推进为保障，坚持与浙江自贸区建设融合发展，各项工作取得新进展、新成效。港口货物吞吐量突破6亿吨，同比增长5.1%；江海联运量2.8亿吨，增长9%。海事服务总产出350亿元，增长30%。

一、2021年发展成效

（一）江海联运综合枢纽港功能不断提升

港口规划不断优化。完成舟山港航和口岸"十四五"发展研究。全面启动宁波舟山港总体规划修订工作。六横LNG规划指标调剂、港区规划调整及规划环评报批实现突破，有力保障项目建设。推动舟山口岸22个扩大开放项目纳入《国家"十四五"口岸发展规划》，舟山口岸首次被纳入全国重点水运口岸示范工程。

重点项目加快建设。采取容缺受理、联合审批、建批同步等方式，高效推进国家铁矿石储运基地建设，启动工程开工。大浦口3#泊位交工验收；虾峙门30万吨级扩建和鱼山航道二期工程完成疏浚施工；大浦口4#和5#泊位、大洋世家产业园码头、小洋山北陆域形成工程、浙石化二期液化码头等一批重点项目加快建设。攻克册子—马目管线通油难题，为浙石化保供原油3200万吨，切实保障鱼山石化基地生产稳定。

（二）江海联运物流组织不断优化

长江沿线物流节点不断打通。开辟至武汉、黄石2条江海直达准班轮航线，开拓舟山至川渝地区的东西部协作陆海联运物流大通道。

江海直达运输加速发展。主体不断扩大，全年引进江海直达运输企业2家，累计达到5家。建成投运2艘全国首制1.4万吨江海直达船，在建5艘，全国首支江海直达散货船队启动运营。实现粮食"散改集"常态化，业务量突破1万TEU。全程物流货运量超过2000万吨，基本覆盖沿江主要钢厂。

江海联运数字化建设初见成效。高质打造"江海联运在线"，构建"联运申报一站办""物流跟踪一键达"等5个特色应用场景，打通长江21个数字节点，数据服务基本覆盖安徽、江苏等长江下游主要港口，服务省内外企业增至3000多家、船舶增至3.7万艘次。入选浙江省政府2021数字政府系统最佳应用、浙江省交通运输厅2021年交通数字化改革基层和社会"最佳实践"和舟山市2021数字政府系统最佳应用。

（三）现代航运服务业快速发展

航运业加快转型升级。拟定新一轮促进航运业高质量发展政策。持续推进运力结构优化，全市货船平均吨位5811吨，比上年增加741吨，增幅达15%。扩大专业化船队规模，全市油品船运力达到178万载重吨，占全国沿海16%；化学品船运力达到40万载重吨，占全国沿海32%。发展绿色航运，组织完成海进江船舶受电设施改造18艘，推广应用船舶水动力节能装置10艘。加强船检服务，开展"小船检验优化"和"长三角通检互认"试点工作。

国际海事服务基地成效显著。保税油供应量突破550万吨，跃升为全球第六大加油港；外轮供应货值超30亿美元，同比增长30%。锚地供应试点成效显著，业务量、供应货值分别增长35%和100%。产业链招商提质增量，新引进美国船级社（ABS）等海事服务企业150家，累计集聚头部企业42家。船舶供应、船级社、检验检测等8个产业链节点初具国际竞争力。配套要素持续完善，对标新加坡研究建立国内首套海事服务产业统计体系。打造产业集聚平台，启动小干岛海事服务产业园基建、招商工作；启用新城国际海事服务中心大楼。破解防溢油应急难题，新增1艘专业浮油回收船。补齐锚地气象、通信、监控等短板，提升锚地服务功能。出台国内首个保税LNG加注试点管理办法。牵头发布全省首个油品仓储综合价格信息。

（四）口岸营商环境持续优化

推进宁波舟山港通关监管一体化，实施船舶转港"一次查验"模式，创新实现甬舟两地指定监管场地资源共享。大力推进通关便利化，深化"提前申报""两步申报"等通关模式，油品、铁矿石等货种实行"两段准入"，开展进境空箱"船边直提"业务；持续打造船舶通关最高效口岸，建立保税油加注夜间值班预约机制，实现"即加即走"，国际航行船舶国内续驶段边检转港手续办理"零次跑"，浙江海上智控平台在舟山试点并正式上线。

（五）区域港口一体化发展成效凸显

合力打造宁波舟山港世界一流强港，发布《虾峙门等航道禁捕区通告》，率先实现跨港区拖轮、理货经营一体化，宁波舟山港主通道全线通车。深入推进长三角一体化发展，推动实现舟沪跨港区供油常态化，成为长三角自贸试验区十大制度创新案例；首创国际航行船舶转港数据复用模式，成为全国自贸试验区第四批"最佳实践案例"；推动落地边检"临时入境许可"长三角互认，进一步便利外籍船员换班出境；推动建立长三角船舶检验"通检互认"机制，实现长三角地区船检一体化。

二、2022年发展思路

2022年，将以宁波舟山港为依托，以江海联运为载体，以服务功能拓展为核心，以改革创新为动力，主动融入长三角一体化战略，着力构建国际一流综合枢纽港，更好服务长江经济带。重点做好以下几方面工作：

（一）加快重大项目建设，提升江海联运综合枢纽港集散能力

推进国家铁矿石储运基地建设，加强工程质量安全管理，强化协调服务，加快主体工程前期报批。建成金塘大浦口集装箱码头4号和5号泊位、东白莲油品码头、浙石化液体化工二期码头。推进六横海港中奥油品码头改扩建、双屿门航道一期和衢山北部海事服务锚地等工程建设。力争完成港口货物吞吐量6.2亿吨，同比增长3.3%。

（二）壮大江海直达运输规模，增强联运物流组织能力

不断完善江海联运运输体系，继续加强与长江沿线港口对接，打通2个以上沿江物流节点，开辟1~2条直达运输航线。做大江海直达船队，新引进1~2家江海直达运输企业，开建5艘、建成3艘1.4万吨江海直达船，总运力达到9万载重吨。强化物流组织模式创新，发展水铁联运、全程物流等新模式，提高市场化运营能力。全程物流货运量超2400万吨、增长超10%，粮食"散改集"业务量翻一番，超过2万TEU，实现翻一番。全年力争完成江海联运量3亿吨，同比增长7%。

（三）做大海事服务产业，推进现代航运服务提档升级

强化产业链招商，力争引进丹麦WRIST（威斯特）、新加坡明辉、盐田港集团综合海事服务项目等重大产业链项目，全市新引进海事服务企业150家，招引国际知名海事服务企业3家。提升综合服务能力，开展LNG加注试点，做大浙沪跨港供油量，实现北部港区常态化供油，推进锚地夜间供油，推动深水锚地开展大船加油业务。扶持做大物料供应，培育锚地供应市场。建设海事服务电商平台，打造"船供超市"和智能供应链物流。加强配套要素保障，协调推进浙江船员评估中心和"一园一楼"建设。持续提升全港域防溢油、气象等锚地配套服务能力，建成北部海事服务锚地。深化宁波舟山港港口服务一体化，指导企业开展跨港域经营。海事服务总产出达400亿元，增长15%。

（四）加强市场开放共享，深入推进区域港口一体化

持续推动宁波舟山港一流强港建设，协助完成宁波舟山港总体规划修订，保障重点项目布局建设。做好小洋山北江海联运内支线泊位、沈家湾LNG第二接收站规划报批等服务支撑工作。配合省级层面以现有港口调度系统为基础，整合宁波舟山两地信息资源，打造数字化应用场景，做好强港服务业一体化数控平台建设。共建长三角一体化服务市场，不断做大浙沪跨港区供油规模。

（五）以数字化改革为牵引，持续推进港口治理现代化

深化港航口岸数字化改革，开发建设"舟山数字口岸综合服务和监管平台"二期，迭代升级"江海联运在线"。落实交通运输领域碳达峰、碳中和目标，深化"腾笼换鸟、凤凰涅槃"攻坚行动，开展低效港口企业整治。推进绿色港航建设，新（改）建岸电设施4套，安装船舶受电设施50套。推广海事服务"舟山船型"新能源技术应用。进一步优化口岸营商环境，统筹推进通关便利化，探索口岸监管模式创新，持续提升通关无纸化和监管智能化水平，巩固全国船舶通关效率最高口岸。

（舟山市港航和口岸管理局）

专题13

浙江港口服务长江多式联运发展情况分析

浙江加快建设宁波舟山港、舟山江海联运服务中心，积极参与长江经济带"无水港"布局和长江黄金水道沿线码头合资合作，以沿海港口为支点，以长三角高等级航道网为网络，以长江黄金水道为纵深，深入推进江海河多式联运，江海直达运输已深入安徽、江西、湖北、湖南等省。

一、多式联运运行情况

2021年，浙江省累计完成江海河联运3.9亿吨，同比增长8.3%。其中，江海联运3.5亿吨、海河联运4209.7万吨，分别增长7.9%、12%。浙江省江海河联运完成情况见图1。

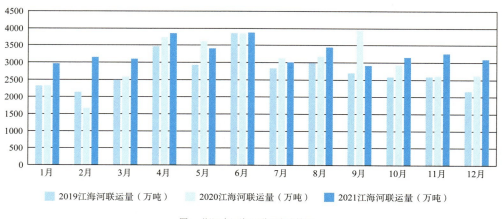

图1　浙江省江海河联运完成情况

（一）江海联运

浙江省累计完成江海联运量35014.4万吨，增长7.9%。其中宁波、舟山分别完成6916.3万吨、28098.1万吨，分别增长1%、9.7%。累计完成集装箱江海联运量55.1万TEU，增长30.6%。浙江省江海联运完成情况见图2。

（二）海河联运

浙江省累计完成海河联运量4209.7万吨，增长12%。其中完成散货海河联运量3656.3万吨，增长9.1%；嘉兴、宁波和温州分别完成2931.6万吨、693.7万吨、31.1万吨，分别增长13.3%、增长6.6%、下降3.3%。累计完成集装箱海河联运量530979TEU，增长44%，其中嘉兴地区完成525880TEU，增长45%，宁波地区完成5099TEU，下降17.6%。浙江省海河联运完成情况见图3。

图2　浙江省江海联运完成情况

图3　浙江省海河联运完成情况

（三）海铁联运

宁波舟山港累计完成海铁联运量120.4万TEU，增长19.8%，全国排名第二位。辐射江苏、安徽、湖北、四川、重庆等9个长江经济带沿线省市的30余个城市，稳定开行江西上饶、南昌班列，开通马鞍山、盐城、六安等6个海铁联运业务点，新增株洲等2条海铁联运班列。宁波舟山港自2009年开通海铁联运业务以来年均增速达78.7%，增量及增速在全国沿海主要港口保持前列，业务辐射16个省（自治区、直辖市）的61个地级市，形成"北接古丝绸之路、中汇长江经济带、南壤千里浙赣线"三大物流通道。

二、运行特点

（一）江海直达船型向规模化发展

近年来，浙江省创新研发特定航线江海直达船型，推动建立全国第三套船舶技术规范，在国内率先建成运营万吨级特定航线江海直达散货船队，直达船型、航线拓展至长江中游。截至2021年底，2艘全国首制1.4万吨江海直达船投运，2艘试航，5艘在建。

（二）海铁联运不断突破创新

运输模式方面，2021年新增武汉、上饶等地至宁波舟山港"船公司专列"，大大提高了腹地城市出口箱的运输效率。达飞轮船开通首个"光伏号"海铁专列，以星航运开通针对出口跨境电商货物的海铁专列，实现了电商海铁专列与电商航运快线的无缝衔接，为我国产品参与全球贸易竞争提供有力支撑。物流技术方面，创新实施双层集装箱运输技术，采用承载能力强的专用车底，每节车厢搭载1个40英尺集装箱和2个20英尺集装箱，运能提高38%，推动海铁联运实现高运能、高效率、新模式的飞跃。

（宁波航运交易所）

附录篇

附录 1

2021年14省市航运基础数据表

内河航道通航里程及构成　　　　　　表1

省（市）	总计（公里）	长江干流				支流及其他水系							等外航道
		一级	二级	三级	四级	一级	二级	三级	四级	五级	六级	七级	
合计	96444.5	1140.1	1283.5	384.1	30.0	167.8	1554.1	5943.2	7981.2	4917.4	13113.0	12055.8	47722.6
上海市	1871.7	119.9				153.4		127.7	54.1	19.4	325.4	280.8	791.0
江苏省	24367.9	369.9					514.0	1620.4	749.1	1013.2	2050.0	2474.4	15576.9
浙江省	9769.9					14.4	12.0	455.1	1178.8	472.3	1518.4	1390.3	4728.6
安徽省	5775.5	342.8					131.2	533.8	823.1	459.2	2193.3	707.0	585.1
江西省	5638.0	78.0					175.0	206.0	87.0	237.0	406.0	1160.0	3289.0
山东省	1123.6						205.0	319.4	57.9	20.9	215.5	67.8	237.1
河南省	1725.0							583.0	299.0	460.0	278.0		105.0
湖北省	8546.6	229.5	688.1				33.0	1019.1	289.0	811.4	1787.9	1187.9	2500.7
湖南省	11967.7		80.4				454.4	604.0	274.0	67.0	1549.2	1190.2	7748.5
重庆市	4467.8		515.0	159.8			29.5	402.0	171.5	189.0	126.2	350.5	2524.3
四川省	10881.0			224.3				641.7	882.0	417.0	473.0	1390.0	6853.0
贵州省	3953.7							988.3	571.6	779.7	441.4		1172.7
云南省	5138.5				30		14.0		1843.3	330.9	1080	889.6	950.7
陕西省	1217.6							151.9	9.4	148.4	248		659.9

注：上海市支流一级航道包括黄浦江53.6公里及长江口12.5米深水航道南槽6.0米航道86公里；安徽省支流三级航道包括长江干线支汊航道87.5公里。

附录篇　附录1　2021年14省市航运基础数据表

水路交通固定资产投资完成情况　　表2

省（市）	内河建设（万元）	同比增速（%）	沿海建设（万元）	同比增速（%）	其他建设（万元）	同比增速（%）
上海市	181145	−42.5			360	−85.6
江苏省	955475	4.2	767474	40.8	14023	−76.1
浙江省	741517	0.01	1124801	−1.7	7358	−68.3
安徽省	875621	−3.7			6040	—
江西省	852081	46.8			3889	−65.1
山东省	536186	−14	850667	34.2	1021	−20.7
河南省	157637	6			168268	−29.4
湖北省	643146	−9			46522	−34.8
湖南省	371336	108.1			50032	135.3
重庆市	314373	10.8			1777	44.8
四川省	382083	14.1			29684	−63.5
贵州省	67267	−22.4			27292	−87.8
云南省	119638	7.8			3620	−72.2
陕西省	206	−73.1			11672	36

内河航道维护里程表　　表3

省（市）	维护里程（公里）			
	合计	一类维护	二类维护	三类维护
合计	73524.1	10868.9	15689.0	46578.7
上海市	1667.2	556.5	661.0	449.7
江苏省	23984.5	4922.5	3161.5	15900.5
浙江省	9694.2	1784.1	1940.3	5969.8
安徽省	3820.5	378.4	3052.1	390.0
江西省	5560	494	537	4529
山东省	1123.7	485.6	224.9	413.1
河南省	763.9	89	634.6	40.0
湖北省	2645.7	658.9	615.2	1371.6
湖南省	9122	1304		7821
重庆市	3649.4	196	607.4	2846
四川省	4661.3		3131.2	1530.1
贵州省	1123		751.8	371.2
云南省	5107.8		372	4735.8

水上运输船舶拥有量 表4

省（市）	船舶数（艘）	其中		载客量（客位）	净载重量（吨位）	箱位（TEU）	总功率（千瓦）
		机动船	驳船				
总计	104100	96536	7564	535033	208608010	2104398	55390281
其中内河	96627	89087	7540	430273	123604356	263594	29171908
沿海	6845	6821	24	94699	54863084	201481	14757297
远洋	628	628	0	10061	30144425	1639323	11461076
上海市	1440	1431	9	33181	28052187	1684250	13376197
江苏省	27998	25842	2156	39389	38420753	75868	9329748
浙江省	13362	13362	0	92822	32520594	59492	7649421
安徽省	24821	24128	693	14583	54281284	130181	11197223
江西省	2403	2400	3	13958	5442029	6905	1287105
山东省	10173	6852	3321	75945	15518632	16185	3602514
河南省	5409	5095	314	18383	10886317	2442	2294515
湖北省	3177	3101	76	36058	7862413	3825	1935024
湖南省	4334	4250	84	57119	4902111	10087	1564958
重庆市	2616	2587	29	37932	9039277	111455	2239862
四川省	4495	3806	689	37314	1345249	3666	545218
贵州省	1284	1280	4	31738	114839	0	123530
云南省	1366	1363	3	29452	189734	42	183511
陕西省	1222	1039	183	17159	32591	0	61455

客运船舶运力情况 表5

省（市）	合计		其中					
			内河		沿海		远洋	
	船舶数（艘）	载客量（客位）	船舶数（艘）	载客量（客位）	船舶数（艘）	载客量（客位）	船舶数（艘）	载客量（客位）
合计	10486	481801	9859	417901	627	63900	1	345
上海市	112	32836	112	32836			1	345
江苏省	327	29371	322	29271	5	100		
浙江省	1255	92381	1103	50228	152	42153		
安徽省	337	14583	337	14583				
江西省	268	13,958	268	13958				
山东省	1015	35871	545	14224	470	21647		
河南省	881	18383	881	18383				
湖北省	324	36058	324	36058				
湖南省	1527	56419	1527	56419				
重庆市	342	37932	342	37932				
四川省	1332	37314	1332	37314				
贵州省	906	31738	906	31738				
云南省	1114	28720	1114	28720				
陕西省	746	16237	746	16237				

附录篇 附录1 2021年14省市航运基础数据表

货运船舶运力情况 表6

省（市）	合计		其中					
			内河		沿海		远洋	
	船舶数（艘）	净载重吨（吨）	船舶数（艘）	净载重量（吨）	船舶数（艘）	净载重量（吨）	船舶数（艘）	净载重吨（吨）
合计	84215	201465790	77660	116886975	6776	50276089	580	30063325
上海市	1271	28005643	472	274357	378	6208737	421	21522549
江苏省	24728	35980403	23103	19668056	1517	11585358	108	4726989
浙江省	12040	32520592	9383	5561354	2645	26406468	12	552770
安徽省	23691	53891149	22916	48612600	1576	1039148		
江西省	2127	5438999	2034	5050821	93	388178		
山东省	5323	11896146	4922	6085936	364	2694193	37	3116017
河南省	4201	10583338	4201	10583338				
湖北省	2724	7676344	2536	5930859	188	1745485		
湖南省	2719	4873057	2704	4542942	13	185115	2	145000
重庆市	2220	8985519	2218	8962112	2	23407		
四川省	2294	1282555	2294	1282555				
贵州省	373	111561	373	111561				
云南省	216	189137	216	189137				
陕西省	288	31347	288	31347				

集装箱运输船舶运力情况 表7

省（市）	合计				其中：内河			
	船舶数（艘）	箱位（TEU）	净载重量（吨）	总功率（千瓦）	船舶数（艘）	箱位（TEU）	净载重量（吨）	总功率（千瓦）
合计	852	1871371	16733490	6525775	426	64777	1080953	294912
上海市	290	1684250	13702001	5599415	55	7101	32402	21464
江苏省	106	43706	670842	212263	40	7727	127126	34641
浙江省	208	49729	814013	290746	169	7508	212465	43387
安徽省	105	53563	914849	243710	41	13309	232147	69326
江西省	5	878	12444	4098	5	878	12444	4098
山东省	12	5777	77657	33913				
湖北省	12	3825	57464	14426	9	2199	33284	8396
湖南省	23	6783	97049	25534	16	3195	43914	11930
重庆市	68	20550	336795	85006	68	20550	336795	85006
四川省	20	2268	48796	12900	20	2268	48796	12900
云南省	3	42	1580	3764	3	42	1580	3764

水路旅客运输量　　　　表8

省（市）	客运量			旅客周转量		
	全年（万人）	同比增长（%）	其中：内河	全年（万人公里）	同比增长（%）	其中：内河
全国	16337	9.0		331117	0.4	
14省市合计	11263	5.2	7373	203993	-6.2	126541
上海市	361	12.1	361	7068	26.6	7068
江苏省	2140	37.0	2140	8254	-36.2	8254
浙江省	3846	14.5	819	49403	9.1	9422
安徽省	161	45.0	161	2130	40.2	2130
江西省	159	40.7	159	2406	36.1	2406
山东省	1047	26.9	184	38521	-2.6	1050
河南省	203	18.0	203	4296	25.7	4296
湖北省	314	34.8	314	18775	86.4	18775
湖南省	764	-9.0	764	16897	-10.4	16897
重庆市	610	16.6	610	29847	39.3	29847
四川省	865	-9.3	865	9784	-6.0	9784
贵州省	370	-63.6	370	8890	-75.6	8890
云南省	357	-29.3	357	6334	-14.8	6334
陕西省	66	-61.8	66	1388	-50.0	1388

水路货物运输量　　　　表9

省（市）	货运量			货物周转量		
	全年（万吨）	同比增长（%）	其中：内河	全年（万吨公里）	同比增长（%）	其中：内河
全国	823973	8.2		1155775068	9.2	
14省市合计	590095	7.6	338946	683533993	6.5	157989953
上海市	101380	9.5	5937	330183278	2.9	3478857
江苏省	98232	5.1	61447	77432909	10.0	21308322
浙江省	109210	2.8	24882	100295135	1.5	3754000
安徽省	134580	9.2	123756	65132585	6.8	55878773
江西省	12843	20.1	12034	3542415	33.0	2493557
山东省	19329	6.2	4287	28024112	40.8	1728807
河南省	17541	15.8	17541	12637039	14.8	12637039
湖北省	47625	17.0	39849	34463874	25.8	25774869
湖南省	21272	7.2	21131	4496243	13.7	3609326
重庆市	21462	8.3	21462	24359447	7.3	24359447
四川省	5400	-17.3	5400	2647296	-9.3	2647296
贵州省	560	-54.5	560	237349	-36.8	237349
云南省	576	11.0	576	79198	10.3	79198
陕西省	85	-42.2	85	3113	-49.9	3113

附录篇 附录1 2021年14省市航运基础数据表

港口货物吞吐量　　　　　　　　　　　　　　　　　　　　　　　　表10

省（市）	总　计		沿海港口		内河港口	
	全年（万吨）	同比增长（%）	全年（万吨）	同比增长（%）	全年（万吨）	同比增长（%）
合计	944168	8.4	435122	6.7	509046	10.0
上海市	76970	8.2	69827	7.3	7143	19.1
江苏省	320836	8.2	38127	17.5	282709	7.0
浙江省	192834	4.0	149010	5.3	43824	-0.4
安徽省	58326	7.8			58326	7.8
江西省	22905	22.1			22905	22.1
山东省	184743	5.8	178158	5.5	6585	15.0
河南省	2154	463.9			2154	463.9
湖北省	48831	28.6			48831	28.6
湖南省	14094	3.8			14094	3.8
重庆市	19804	20.0			19804	20.0
四川省	2044	50.3			2044	50.3
贵州省	25	8.7			25	8.7
云南省	602	42.7			602	42.7

港口外贸货物吞吐量　　　　　　　　　　　　　　　　　　　　　　表11

省（市）	总　计		沿海港口		内河港口	
	全年（万吨）	同比增长（%）	全年（万吨）	同比增长（%）	全年（万吨）	同比增长（%）
合计	264859	6.2	217115	106.7	47744	4.2
上海市	41491	6.8	41491	106.8		
江苏省	59498	6.6	16948	111.4	42550	4.8
浙江省	59433	5.2	59170	105.2	263	2.3
安徽省	1522	-5.5			1522	-5.5
江西省	444	17.2			444	17.2
山东省	99506	6.7	99506	106.7		
湖北省	1787	-2.5			1787	-2.5
湖南省	460	-10.7			460	-10.7
重庆市	578	9.5			578	9.5
四川省	140	29.6			140	29.6

港口集装箱吞吐量

表12

省（市）	总　　计		沿海港口		内河港口	
	全年（万TEU）	同比增长（%）	全年（万TEU）	同比增长（%）	全年（万TEU）	同比增长（%）
合计	14749.4	9.5	12180	8.1	2569.4	16.6
上海市	4703	8.1	4703	8.1		
江苏省	2180	15.0	541	6.7	1639	18.1
浙江省	3611	8.5	3489	8.4	122	13.0
安徽省	204	5.2			204	5.2
江西省	78	4.0			78	4.0
山东省	3447	8.0	3447	8.0		
河南省	1.4	24.0			1.4	24.0
湖北省	284	22.4			284	22.4
湖南省	82	15.7			82	15.7
重庆市	133	16.0			133	16.0
四川省	26	9.5			26	16.6

港口分航线集装箱吞吐量

表13

省（市）	箱数（万TEU）		国际航线（万TEU）		内支线（万TEU）		国内航线（万TEU）	
	合计	重箱	合计	重箱	合计	重箱	合计	重箱
总计	14750.5	9459.8	8068.0	5538.0	1815.4	1276.4	4876.3	2657.5
上海市	4703.3	3407.0	3416.6	2546.3	538.7	421.6	748.0	439.1
江苏省	2180.1	1290.1	405.8	184.5	548.2	380.7	1226.1	724.9
浙江省	3610.7	2154.1	2536.6	1591.0	251.7	182.2	822.4	380.9
安徽省	204.1	98.9			64.6	38.4	139.5	60.4
江西省	78.2	58.7			43.7	35.5	43.7	35.5
山东省	3446.5	2120.7	1709.0	1216.2	124.5	71.9	1613.0	832.6
河南省	1.4	0.8					1.4	0.8
湖北省	284.3	160.2			141.3	80.0	143.1	80.2
湖南省	82.5	59.3			46.8	25.4	35.7	33.9
重庆市	133.1	92.4			49.2	36.3	83.8	56.2
四川省	26.3	17.5			6.7	4.4	19.6	13.0

附录篇 附录1 2021年14省市航运基础数据表

内河港口主要货类吞吐量　　表14

省（市）	内河港口吞吐量（万吨）	主要货类						
		煤炭及制品（万吨）	石油、天然气及制品（万吨）	金属矿石（万吨）	钢铁（万吨）	矿建材料（万吨）	粮食（万吨）	滚装汽车（万辆）
合计	509046	95289	13740	78699	27906	160452	12762	225
上海市	7143	1	53	19	277	5140	128	0
江苏省	282709	63607	9481	54439	15220	74297	8873	14
浙江省	43824	3076	531	13	4111	22913	225	0
安徽省	58326	8920	522	7344	2703	20362	691	14
江西省	22905	5216	449	1522	958	7840	244	0
山东省	6585	4474	0	40	108	1710	2	0
河南省	2154	474	0	90	186	278	651	0
湖北省	48831	3739	908	7664	2287	20080	668	109
湖南省	14094	3273	733	5382	1039	907	390	21
重庆市	19804	2362	991	2109	999	6002	798	67
四川省	2044	114	72	77	18	871	92	0
贵州省	25	25	0	0	0	0	0	0
云南省	602	8	0	0	0	52	0	0

沿海港口货物吞吐量（分港口）　　表15

省（市）	货物吞吐量		其中：外贸货物吞吐量		集装箱吞吐量	
	全年（万吨）	比上年增长（％）	全年（万吨）	比上年增长（％）	全年（万TEU）	比上年增长（％）
上海港（不含内河）	69827	7.3	41491	6.8	4703	8.1
连云港港	26918	11.3	13919	5.1	503	4.8
盐城港	11209	35.6	3029	53.4	38	42.1
嘉兴港	12691	8.3	1438	-3.0	222	13.6
宁波舟山港	122405	4.4	56179	4.7	3108	8.2
宁波港域	62340	3.7	36832	3.2	2937	8.6
舟山港域	60065	5.1	19347	7.6	171	2.3
台州港	5938	16.6	1146	103.8	55	9.4
温州港	7976	7.8	407	-17.7	104	2.4
滨州港	4007	9.3	22			
东营港	5880	-2.4	567	-12.6		
潍坊港	4515	-15.2	745	18.1	58	12.1
烟台港	42337	6.0	16484	14.4	365	10.6
威海港	4273	10.6	1239	4.6	134	9.9
青岛港	63029	4.3	45881	3.2	2371	7.8
日照港	54117	9.1	34568	8.3	517	6.4

长江干线港口货物吞吐量（分港口） 表16

港口	货物吞吐量		其中：外贸货物吞吐量		集装箱吞吐量	
	万吨	比上年增长（%）	万吨	比上年增长（%）	万TEU	比上年增长（%）
苏州港	56590	2.1	17100	6.7	811	29.0
泰州港	35291	17.2	2726	2.7	32	−1.8
江阴港	33757	36.6	658	4.2	61	19.6
南通港	30851	−0.5	5382	1.5	203	6.1
南京港	26855	6.9	3211	0.1	311	2.9
镇江港	23706	−32.4	4892	12.3	44	16.9
重庆港	19804	20.0	578	9.4	133	16.0
九江港	15175	26.0	358	−5.2	65	6.3
芜湖港	13475	−0.5	315	−3.5	115	4.4
池州港	12602	24.3	21	−39.3	1	−27.3
武汉港	11679	10.8	964	−7.7	248	26.1
宜昌港	11470	41.3	50	−16.6	15	20.6
马鞍山港	11046	8.0	1063	−4.6	18	−9.0
扬州港	10144	3.9	1269	22.8	61	16.7
岳阳港	8957	2.4	343	−18.5	60	18.1
铜陵港	8498	0.8	29	−5.3	3	−2.8
常州港	5202	−4.4	1206	−12.8	36	1.2
黄石港	4992	5.9	731	6.2	4	−28.0
荆州港	4375	23.0	42	9.5	15	21.5
安庆港	2438	18.0	43	−12.5	17	4.0
泸州港	743	7.0	115	30.2	17	10.9
昭通港	602	43.5				
宜宾港	532	2.0	19	−4.0	9	−23.9

内河其他重点港口货物吞吐量（分港口） 表17

省（市）	港口	货物吞吐量		集装箱吞吐量	
		万吨	比上年增长（%）	万TEU	比上年增长（%）
上海市	上海内河港	7143	19.1		
江苏省	徐州港	4674	6.4	11	74.2
	无锡港	7308	6.0	5	1.1
	宿迁港	1860	-9.3	14	18.5
	淮安港	7373	3.1	31	20.1
	扬州内河港	428	14.7		
	镇江内河港	958	-0.6		
	苏州内河港	17668	53.4	10	33.2
	常州内河港	9053	92.5		
浙江省	杭州港	14655	-4.9	13	31.2
	嘉兴内河港	12637	-3.6	38	22.7
	湖州港	13108	7.3	61	9.8
	宁波内河港	291	35.1		
	绍兴港	2104	-13.7	9	-8.3
浙江省	金华港	205	139.1		
	青田港	291	23.0		
安徽省	阜阳港	264	-33.5		
	合肥港	4282	18.6	40	7.8
	六安港	319	7.5		
	滁州港	1204	-13.6	2	215.9
	淮南港	1139	14.9		
	蚌埠港	1759	1.6	7	35.3
	亳州港	19	-62.4		
江西省	南昌港	3701	-23.9	13	-5.5
山东省	济宁港	4600	10.1		
	枣庄港	1713	38.9		
湖北省	襄阳港	4	-48.3		
	潜江港	104	-0.7		
	汉川港	9	31.8		
湖南省	长沙港	1689	25.1	20	38.0
	湘潭港	1936	-2.1		
	株洲港	20	-81.4		
	沅陵港				
	常德港	108	-1.0	2	27.2
四川省	乐山港	33	25.0		

附录 2

2021年长江航运大事记

一月

4日　由交通运输部政策研究室、长航局联合主办的为期3个月的"我家住在长江边"主题宣传活动圆满收官，网络话题总阅读量、播放量达2.6亿，打造出"现象级爆款"的新媒体宣传效果，荣获湖北省网信办"网络宣传好作品奖"，中国交通快手平台"优秀策划奖"和"十大优秀直播"奖。

15日　长航局与长江水利委员会在武汉召开合力推进长江经济带高质量发展座谈会。

20日　长航局召开长江航运安全生产专项整治三年行动"集中攻坚年"工作部署会，部署开展安全生产重点领域专项整治活动，坚决防范和遏制重特大事故发生，确保安全形势持续稳定。

26日　武汉新五里水上绿色综合服务区正式启用。

二月

2日　长江江苏段存在近40年的水上过驳浮吊全面清零。累计处置浮吊700艘，释放可航水域面积约18.31平方公里。

25日　长航局驻建始县茅田乡雪岩顶村帮扶工作队获"全国脱贫攻坚先进集体"荣誉称号。

28日　湖北省建造的全国内河最先进、装载量最大的集装箱船"汉海5号"首航。

三月

1日　长江单体设施最大的太仓水上绿色综合服务区投入试运行。

11日　第七届"长航双十杰"颁奖报告会在武汉召开，长航局对"双十杰"代表进行了表彰。

16日　皖江第一座集船舶污染物接收、转运、处置为一体的专业化接收站在马鞍山建成并投入运行。

26日　长江干线武汉至安庆段6米航道水深全线贯通，万吨级船舶可常年直达武汉。

四月

2日	长航局召开干部大会，宣布交通运输部、部党组对长航局领导班子调整的决定：付绪银同志任交通运输部长江航务管理局局长，免去唐冠军同志交通运输部长江航务管理局党委书记、局长、党委委员职务。
20日	三峡北线船闸、葛洲坝二号船闸于3月16日8时起同步停航检修。4月16日20时，葛洲坝二号船闸恢复通航。4月20日零时，三峡北线船闸恢复通航，较原计划提前8小时。
20日	在全国交通运输脱贫攻坚总结暨巩固拓展脱贫攻坚成果全面推进乡村振兴动员电视电话会议上，长航局系统3个集体、5名个人荣获全国交通运输脱贫攻坚表彰。
25日	交通运输部党组书记杨传堂先后到湖北省武汉市、黄石市开展党史学习教育宣讲，并就长江经济带发展、长航系统改革发展及基层建设等情况开展调研和座谈。

五月

13日	海员自助信息采集系统在江苏海事局南通地区试行，于全国率先实现全自助海员信息采集。
20日	长航局组织召开长江经济带船舶岸电系统受电设施改造动员视频会，宣布全面启动长江经济带运输船舶岸电系统受电设施改造工作。

六月

3日	"新长江26007"轮通过三峡南线船闸，成为"正式运行LNG动力船通过三峡船闸"政策实施后的首艘LNG动力过闸船舶。
11日	长江南通段第一家水上绿色航运综合服务区在如皋整体投入运营。
25日	长江港航物流联盟洗舱专业委员会在武汉成立。
28日	太仓港集装箱四期码头正式启用，这是长江流域首个堆场自动化码头。
30日	湖北省港口集团有限公司在武汉正式成立。

七月

1日	《长江江苏段船舶定线制规定（2021年）》正式实施。
1日	由长航局制定的《长江干线省际客船、水系液货危险品船运输市场信用信息管理办法》正式实施。
29日	交通运输部、国家发改委、国家能源局、国家电网有限公司等部门联合印发《关于进一步推进长江经济带船舶靠港使用岸电的通知》。

八月

1日　阳逻国际港集装箱水铁联运项目开港通车。

5日　长江干线泸州段首艘船舶污染物接收船投入运营。

10日　长航局召开长江航运高质量发展推进会,对深入推进长江航运高质量发展进行部署。

九月

2日　推动成渝地区双城经济圈建设暨重庆港务物流集团和四川省港航投资集团合资公司签约活动正式举行,双方将共同组建合资公司。

6日　交通运输部印发《关于长江航务管理局开展内河航运安全管控与应急搜救建设等交通强国建设试点工作的意见》。

23日　长江三峡通航综合服务区荣获中国郑和航海风云榜"2020年航海风云人物·领航人物"。

26日　三峡升船机圆满完成首次计划性停航检修工作,并按期复航,工期35天。

十月

1日　"长江江苏段港口船舶岸电管理信息系统"上线运行,实现到港船舶对长江江苏段全部951个非液货码头泊位线上预约和扫码用电。

22日　交通运输部副部长赵冲久率部调研组一行先后到湖北宜昌、武汉地区,调研加快建设交通强国和推动长江航运高质量发展工作。赵冲久强调,要着力构建沿江综合立体交通走廊,全力以赴抓好长江航运安全发展,协调推进长江水上搜救体制机制和能力建设,系统全面推进长江航运绿色发展,加快实现航道区段标准统一,加强绿色航道建设。

27日　交通运输部党组批复依托长江万州、武汉、南京航道处建设长江万州、武汉、南京水上应急救助基地。

十一月

4日　江苏海事局牵头起草的全国首部船舶载运散装液体危险货物的省级地方标准《船舶载运散装液体危险货物作业条件及要求》(DB/T4125—2021)正式发布。

18日　交通运输部印发《长航系统"十四五"发展规划》,明确到2025年,初步形成安全、便捷、高效、绿色、经济的长江航运高质量发展体系,总体实现航道更畅通、衔接更高效、服务更优质、发展更绿色、运输更智慧、管理更科学,为建成人民满意、保障有力、世界前列的交通强国提供有力支撑。

26日	长江经济带船舶岸电系统受电设施改造项目管理信息系统上线试运行。

十二月

6日	长江南京以下12.5米深水航道二期工程荣获"2020—2021年度国家优质工程金奖"。
9日	重庆、四川、贵州、云南、陕西五省市签署《关于共同推进长江上游地区航运高质量发展战略合作协议》，共同打造长江航运高质量发展示范区、长江航运绿色发展样板区、长江航运协同发展先行区。
30日	总投资17.52亿元的长江口南槽航道治理一期工程顺利通过竣工验收，标志着长86公里、水深6米、底宽600~1000米的长江口南槽航道正式投入运行。
31日	2022年长江航务管理工作（视频）会议在武汉召开，交通运输部副部长、党组成员赵冲久及有关司局负责同志在部机关视频会场出席会议。长航局局长、党委副书记付绪银作了题为《深入推进长江航运高质量发展助力交通当好中国现代化的开路先锋》的主题报告。